ADMINISTRATIVE LAW

제3판

행정법 入門

김종보 저

fides 도서출판

PREFACE

제3판 서문

행정법입문이 2022년 제3판으로 이어집니다. 그 사이 집필되었던 행정행위 무효이론, 협의의 소익이론에 대한 논문을 반영하고, 새로 제정된 행정기본법의 내용을 간략히 추가한 것이 제3판의 주요 내용입니다.

지난 3년은 코비드－19로 전 세계와 한국 사회가 커다란 고통을 받은 기간이었습니다. 행정법의 입장에서 그 기간에 얻은 소득(?)이 있다면 대한민국의 국민 모두 행정청이 발표하는 다양한 조치와 기준들이 일상을 지배하는 것을 경험하면서, 자신의 기본권이 법률과 국가, 자치단체에 의해 쉽게 제약되는 경험을 해보았다는 점입니다. 그래서 국가가 매우 강력한 권한을 가지고 있고, 사전에 법률을 통해 섬세하게 행정권력을 견제하고 또 법집행과정에서도 합리적인 통제절차를 마련하지 않으면 무시무시한 결과가 나타날 수 있다는 점을 국민 모두 인식하게 되었습니다. 여기서 말하는 법률들이 바로 행정법이고 그 법을 집행하는 국가나 자치단체가 행정주체 또는 행정청입니다.

방역패스를 둘러싸고 벌어진 행정소송에서 본 것처럼 행정청은 본능적으로 자신의 권한을 마음껏 사용하고 싶어하고, 그 결과 일부 국민의 권리는 너무 심하게 침해될 수 있습니다. 입법과정에서 또 법집행과정과 재판에서 비례원칙과 평등원칙 등 행정법의 법리가 잘 지켜지도록 하는 막중한 책임이 법률가에게 부여되어 있다는 점을 잊지 않아야 합니다.

제3판의 교정을 위해 수고해 준 김은정 박사, 로스쿨 학생 김진홍, 이윤중, 정복현에게 고맙다는 말을 전하고 이들의 앞날에 큰 성취가 있기를 기원합니다. 이번에도 행정법 입문의 출판을 도와주신 피데스 신창동 사장님과 직원분들께도 감사드립니다.

2022년 8월

관악에서

제2판 서문

행정법입문 초판을 발간한지 3년이 지났습니다. 초판 작업에서 시간에 쫓겨 소홀했던 부분이나 미처 생각하지 못했던 쟁점들을 일부 추가하는 방식으로 제2판을 냅니다.

제2판에서는 도시계획시설의 장기미집행, 실시계획의 인가와 사업인정의 의제, 변경처분과 협의의 소익 등 판례와 행정실무에서 뜨거운 관심을 받고 있는 부분을 추가했습니다. 이 분야들은 사회적으로 매우 중요한 영역이지만 행정법을 처음 배우는 학생들에게는 약간 어려울 수 있다는 점이 마음에 걸립니다. 그래도 실무적으로 중요한 문제는 알고 이해해야 할 것이라 믿습니다.

행정법을 공부하는 이유는 행정법을 잘 활용하기 위해서입니다. 심지어는 수험용으로 행정법을 공부하는 경우에도 역시 시험에 합격하면 행정법을 이용해서 업무를 처리하는 직업일 가능성이 높습니다. 그런데 행정법을 공부하고 이를 적용하는 직업을 갖고 있는 변호사나 공무원 중 많은 분들이 행정법을 이해하는 데 어려움을 겪는 경우가 많습니다. 아마도 행정법을 수험에 적합하게 준비하고 공부한 결과가 아닐까 싶습니다.

행정법을 공부하는 초기에 행정법을 자신의 언어로 정확하게 이해하고 재량, 부관, 행정계획 등 다양한 개념들이 어디에 어떻게 사용되는 개념인지 잘 이해하는 것이 매우 중요합니다. 이 책이 이런 점에서 여러분들에게 도움이 되기를 바랍니다.

제2판의 교정을 위해 수고해 준 최종권 박사, 김은정 변호사, 신준섭 변호사에게 감사의 말을 전합니다. 항상 책의 집필과 출판을 격려해 주시는 피데스 신창동 사장님과 직원 선생님들께도 감사드립니다.

2019년 8월

관악에서

초판 서문

오랜 망설임 끝에 행정법입문이라는 이름으로 책을 냅니다. 이 책은 학술적인 입장을 밝히기 위한 것이 아니라, 필자가 지난 기간 대학에서 강의용 교재로 학생들과 공유하던 자료를 책의 형태로 만들어낸 것에 불과합니다.

행정법을 처음 접하는 법학도들이 처음부터 시험을 의식하고 공부를 하는 것이 반드시 좋은 것은 아닙니다. 부관, 재량행위와 같은 총론의 이론들이 실제 사건에서 어떤 도움을 주는지 이해하는 것이 우선이고, 이러한 이해가 나중에 변호사가 되었을 때도 가장 중요한 자산이 됩니다.

행정법총론은 어렵고 복잡한 이론들로 구성되어 법률가들 사이에서도 어려운 과목으로 평가되고 있습니다. 그러나 잘 살펴보면 행정법총론을 구성하는 각 이론들은 단순한 목적과 기능들을 위해서 만들어지기 시작한 것입니다. 여기서 설명되고 있는 이야기들은 총론이론들의 간단한 목적과 기능을 보여주기 위한 것입니다. 이런 맥락에서 책의 분량도 자연스럽게 한정되었습니다.

행정법을 공부하다 보면 우면산 산사태, 국정교과서 제도의 도입 등 법적이라기보다는 사실적, 정책적인 상황들을 종종 만나게 되는데, 이 때 법학도에게 익숙한, 대립하는 1:1 구도의 분쟁은 잘 보이지 않습니다. 분쟁을 둘러싼 공법상 제도의 체계를 정확하게 이해하고 개선의 방향을 찾는 것, 그리고 이와 동시에 분쟁상황을 공법상 1:1의 대립구도로 재구성하는 힘이 법률가가 갖추어야 할 중요한 능력입니다. 이런 점에서 각 장의 앞에 놓여 있는 도입사례들을 관심 있게 봐 주길 부탁합니다.

이 책을 출판하는 데 도움을 주신 신창동 사장님과 피데스 실무진들께 깊이 감사드립니다. 또 바쁜 시간을 내서 이 책의 교정을 맡아준 제자 박은정, 김산, 문제윤의 노고에도 고마움을 표합니다.

2016년 8월

관악에서

행.정.법.입.문

행정법을 공부하기 전에

I 행정법학의 관점

행정법은 공법이라고도 불리는 법학의 영역이지만, 일반적인 민사법과는 관점이 전혀 다르다. 행정법은 대한민국이라는 국가를 중심점으로 해서 한 국가를 꾸려나가기 위해 선택해야 하는 제도에 관한 연구이다. 그리고 이러한 제도가 작동되는 것을 전제로 할 때 민사법 역시 작동될 수 있다. 예컨대 초등교육부터 마지막 정규교육과정에 대해 어떤 이름(초등학교, 중학교, 고등학교, 대학교)을 붙이고 각 과정을 몇 년제로 할 것이며, 어떤 과목을 어느 정도의 난이도로 가르칠 것인가는 공동체 전체의 이해관계가 걸린 문제이다. 그래서 초중등교육법과 고등교육법, 사립학교법과 같은 행정법이 존재하고 이를 집행하는 행정부서로 교육부가 만들어져 있으며, 이를 전제로 이른바 각종 사교육 시장이 작동되어 사적 계약이 활성화된다.

민사법 영역에서는 개인을 중심으로 가장 현명하고 지혜로운 경제활동을 보장하기 위해 법률관계를 해석하고 판단한다. 하지만 공법 영역에서는 국가가 잘 기능하고 공동체 구성원에게 이익이 가장 잘 돌아가도록 제도가 설계되고 운영되는 것을 법학의 중요한 목적으로 본다. 공법적 분쟁이 발생한 경우 이를 판단하려면, 여러분이 가상의 국가지도자가 되었다고 생각하고 국가의 행정작용에 이의를 제기한 자의 불만을 어느 정도까지 받아들이는 것이 국가를 위해 이익이 되겠는가를 먼저 생각하여야 한다.

중학교 1학년에 입학하여 교실에 들어갈 때 친구들을 어떻게 잘 사귈까 하는 것을 고민하는 입장이 민사적 관점이라면, 그 교실에 담임 선생님으로 들어가 누구에게 반장을 맡기고 청소를 어떤 식으로 시킬 것인지, 또 교실폭력을 어떻게 막을 것인지 등을 고민하는 입장은 행정법적 관점이다. 담임 선생님이 어떤 학생에게 청소를 시키면 같이 하교하고 싶은 다른 친구는 남아서 기다리거나 혼자 가야 하는데, 행정법적 조치가 민사적 관계에 영향을 주는 것도 이와 유사한 논리를 띤다. 그래서 비유컨대 민법을 배우고 나면 중학교 1학년을 마친 것과 유사한 경험을 얻고, 공법을 배우고 나면 선생님으로서 교실과 교무실에서 일정 기간 근무를 한 것과 유사한 경험을 얻게 되어야 한다.

Ⅱ 행정법을 공부할 때 유의할 점

1. 이론들의 독립성

행정법총론에서 배우는 이론들은 서로 상관관계가 없는 논리체계들이다. 그러므로 수학공식을 공부할 때처럼 앞의 이론과 뒤의 이론을 잘 맞추려는 시도는 하지 않는 것이 좋다. 단지 그 이론체계가 적용되기 위한 요건과 범위, 효력을 잘 아는 것으로 초학도는 만족하는 것이 좋다.

2. 실무에 대한 관심

법학은 실무를 모르는 상태에서 학교에서 배우는 이론만으로 정답을 찾기 매우 어렵다. 그러므로 실무에서 벌어지는 일에 관심이 없다면 법학도로서 성공하기 어렵다. 물론 여러분은 아직 학생 이외의 경험을 갖지 못한 경우가 많을 것이고, 실무적인 문제를 가까이에서 접해본 경험이 많지 않을 것이다. 실무적인 관점은 나중에 법률가가 되어서 충분히 확보하게 될 것이므로 겁을 먹을 필요는 없다. 다만 실무가 어떻게 돌아가는지 흥미를 갖고, 잘 관찰하는 자세를 갖출 것을 권한다.

3. 각론의 중요성

행정법은 여기서 배우는 총론과 다양한 각론으로 구성되어 있는데, 각론은 건설법, 지방자치법, 교육법, 의료법, 경찰법 등 다양한 분야를 망라한다. 총론을 배우는 이유는 각론을 정확하고 체계적으로 이해하기 위해서이다. 총론을 위해 각론이 존재하는 것이 아니라 각론을 해결하기 위해 총론이 보조적으로 기능한다는 점을 잊지 말라.

4. 입법, 사법, 행정 그리고 법학연구

행정법의 목적은 문제를 해결하는 것(분쟁해결: 사법), 합리적인 제도를 설계하는 것(입법), 제도를 합리적으로 운용하기 위한 논리를 찾는 것(행정)으로 구성된다. 그리고 이 모든 목적을 위해 이론적인 배경을 연구하는 것이 행정법학이다. 행정법을 공부하면서 이 모든 영역의 목적을 고르게 반영하고 있는가를 스스로 자문하면 좋다.

참고문헌

김동희 · 최계영, 행정법 I, 제26판, 박영사, 2021
김철용, 행정법, 제11판, 고시계사, 2022
박균성, 행정법강의, 제16판, 박영사, 2019
김도창, 행정법론(상), 청운사, 1983
정하중, 행정법개론, 제13판, 법문사, 2016
박정훈, 행정법의 체계와 방법론, 박영사, 2005
김남진 · 김연태, 행정법 I, 법문사, 2008
류지태 · 박종수, 행정법신론, 13판, 박영사, 2009

CONTENTS

C/O/N/T/E/N/T/S

제01장 행정법의 기초개념

I 행정의 개념

>> 도입사례 1-1

2020년 초 COVID-19가 대한민국에 유행하기 시작했다. 감염병 환자가 발생했을 때 누가 가장 먼저 나서서 확산을 방지하는 것이 옳은가?

- 국민의 건강과 위생을 관리할 일차적인 책임은 누가 지는가?
- 법원과 국회는 무슨 일을 해야 하는가?
- 감염병에 감염된 사인들의 책임은 민사적인가 공법적인가?

1. 행정의 개념은 왜 필요한가?

행정법은 '행정에 관한 법'이라는 의미에서 만들어진 용어이므로 행정법을 정의하기 위해 행정의 개념을 정의해야 한다. 행정은 통상 정부 또는 행정부로 불리는 국가기관에 의해 수행되는 국가작용을 말하며, 국가작용 중 가장 넓은 비중을 차지한다.

행정법의 개념범위를 정하는 것은 이론적인 것에 그치는 것이 아니고, 헌법의 요청이기도 하다. 삼권분립의 원칙에 따라 입법, 행정, 사법의 국가권한이 국회, 정부, 법원에 분리 귀속되어야 하며, 행정권은 헌법에 따라 대통령을 수반으로 하는 정부에 속한다(헌법 제66조 제4항). 따라서 입법부나 사법부가 행정권을 행사하거나 행정권 발동여부를 직접 결정하는 것은 헌법위반이 된다. 물론 행정부도 행정의 영역에 대해서 권한을 행사할 수 있을 뿐, 사법과 입법의 영역에 속하는 권한을 행사할 수 없다.

2. 행정의 개념 형성과정

연혁적으로 행정은 근대국가가 형성되는 과정에서 입법과 사법이 국가권력으로부터 분리되는 과정에서, 이를 제외하고 여전히 국가권력에 남아 있는 국가작용으로 그 형체를 드러내게 되었다. 국가작용 중 입법, 사법을 염두에 두고 정의하는 것이므로 행정의 개념은 궁극적으로는 권력분립의 원칙과 연결된 개념일 수밖에 없다.

재산권과 신체의 자유를 보장받기 위해 시작되었던 프랑스 시민혁명 등 근대국가의 성립을 촉진하는 사건들은 주로 입법권을 둘러싼 투쟁이었다. 그 결과 절대왕정시대에 비해 국민의 힘이 강력해지고, 국왕은 배타적 입법권을 서서히 잃게 되었다. 또 국가에 따라 차이가 있지만, 이 시기에는 또 하나의 국가권력으로서 사법권도 국왕의 지배로부터 서서히 분리되기 시작했다. 이러한 과정에서 국왕의 수중에 남게 된 나머지의 권력이 행정의 원형을 이루게 된다.

참고 미국의 독립전쟁: '대표 없이 과세 없다' 보스턴 차(茶)사건

멀리 영국에 있는 의회에서 미국의 세율을 정하는 것에 대한 미국 시민의 불만으로 전쟁이 촉발되었다. 국왕과 국민 간의 갈등은 아니었으나 결국 입법권을 둘러싼 투쟁이었다는 점에서 프랑스혁명과 맥을 같이한다.

참고 행정부의 주도권

우리나라는 사법부, 입법부가 약해서 실제로는 행정부가 주도하는 나라이며, 행정부가 국가의 방향을 결정하는 경우가 압도적으로 많다. 그러므로 사법부가 강한 나라(미국)의 법제도와 실무는 한국과 잘 맞지 않는다. 다만 최근에는 우리나라의 입법부가 점점 강한 힘을 행사하기 시작한다는 점에서 변화가 감지되고 있다.

3. 행정의 개념에 관한 학설

(1) 소극설

행정의 개념을 소극적으로 이해하는 견해는 국가의 모든 작용 중에서 사법과 입법작용을 제외한 것이 행정이라는 입장으로, 공제설이라고도 한다. 소극설이라 하는 이유는 행정의 중요한 징표를 찾아서 적극적으로 묘사하지 않고, 입법과 사법이라는 요소를 제외(공제)한 것을 행정으로 정의하기 때문이며, 이 설에 의하면 행정에 대한 적극적인 기준은 제시되지 않는다. 연혁적으로는 행정이라는 개념이 왕이 통할하던 국가권력 중에서 입법과 사법이 제외되면서 형성되었다는 점에서 가장 역사적 사실에 가깝다.[1)]

(2) 적극설

적극설은 소극설과 달리 행정이 어떠한 적극적인 징표를 가지고 있다고 보고 이를 적극적으로 묘사하거나 설명하려는 학설을 말한다. 적극설은 어떤 것을 행정의 징표로 보느냐에 따라 세 가지 정도의 학설로 나뉜다.

1) 양태설

양태설은 행정작용이 적극적으로 '사회를 형성'하는 기능을 담당한다는 점에 주목하고 이러한 양태를 띠는 국가작용을 행정으로 파악한다. 사법부는 사후적으로 요청이 있을 때만 재판을 통해 관여하고, 입법부는 법률을 제정함으로써 추상적으로만 관여하지만, 행정은 사전적 · 구체적인 사회형성적 국가작용이라는 모양새를 띤다. 예컨대 COVID-19 상황에 대처하는 중앙정부의 방역당국와 자치단체의 활동, 한일 무역갈등에 대응하는 정부의 다각적 방안, 우면산에 산사태가 났을 때 이에 대처하는 국가작용은 그 양태에 있어 입법, 사법과 구별된다.

---

1) 김동희 · 최계영, 행정법 I, 4면; 김철용, 행정법, 43면 등.

2) 목적실현설

목적실현설은 국가목적이나 사회목적을 실현하기 위한 국가작용을 행정으로 파악한다.

3) 기관설 또는 형식설

기관설 또는 형식설은 관료제적 조직에 의해 수행되는 국가작용을 행정이라고 주장한다.

4. 행정의 개념징표

행정의 개념징표	
사회형성	제도설계 등 사회를 형성하는 양태적 요소
공익실현	행정적 판단에서 반드시 고려해야 하는 공익목적
구체성	입법(추상성)과 대비되는 요소
능동성	사법(수동성)과 대비되는 요소

(다수설에 가까운) 양태설의 설명에도 불구하고 행정의 개념은 사실상 국가의 활동 전체를 포괄하는 의미를 갖게 되어 이를 하나의 개념으로 설명하는 것이 불가능하다. 결국 행정의 개념 징표를 통해 행정의 윤곽을 확인하는 것이 최선의 방법이다.

도입사례 1-1의 해결

국민의 건강과 위생에 대한 1차적인 관리책임은 행정에게 있다. 그러므로 행정이 가장 먼저 감염병 확산 예방을 위한 인력과 조직 등을 갖추고 있어야 한다.

법원과 국회는 이러한 업무에 대해 직접적이고 구체적으로 대처하는 조직은 아니다. 그렇지만 국회는 COVID-19와 유사한 감염병 확산 및 예방을 일반적으로 방지하기 위한 법률을 제정할 의무가 있고, 법원은 감염병 확산의 결과 발생한 다양한 민·형사상의 책임을 묻는 기능을 담당한다. 감염병 환자들은 법률의 규정에 따라 격리의무를 부담하고 이에 위반하면 공법상 불이익을 받는다. 동시에 사인으로서 민사상 불법행위책임을 일부 부담할 수 있다.

주요 키워드 행정의 개념징표

Ⅱ 행정'법'의 개념

>> **도입사례 1-2**

최근 식당에서 아동의 출입을 금지하거나 장년층의 손님을 사절하는 등의 사례들이 빈발하고 있다. 이러한 문제들이 한 두 식당에 그치지 않고 상당한 범위의 식당으로 이어져 사회문제화 한다면 이에 대한 우리 공동체의 대응책은 무엇인가?

1. 행정법의 개념

(1) 실정법으로서 행정법

행정법이라는 용어는 행정에 특유한 공법을 의미하면서(실정법률), 동시에 이러한 공법들이 작동하기 위해 필요한 논리체계(행정법학)를 지칭한다. 대법전 상에 1,300개가 넘는 법률들 중 민법, 형법 등 100여 개를 제외한 대다수의 법률이 행정법(실정법률)에 속한다. 이러한 법률들은 국민의 공법상 권리의무에 관한 사항을 규율하고, 행정주체에게 일정한 처분권을 부여하는 특징을 보인다.

이런 의미의 행정법에는 도로교통법, 식품위생법, 공중위생관리법, 건축법, 국토계획법(국토의 계획 및 이용에 관한 법률), 토지보상법(공익사업을 위한 토지등의 취득 및 보상에 관한 법률), 도시정비법(도시 및 주거환경정비법), 여객자동차운수사업법, 국가공무원법, 고등교육법, 법학전문대학원법 등등 헤아릴 수 없을 정도로 많은 법률이 속한다. 행정법 분야가 넓고 다양하기 때문에 행정법에 강한 법률가라고 해서 이들 모든 분야에 정통하기는 어렵다.

전통적인 민사, 형사문제를 소송의 형태로 해결하는 법률서비스는 시장에 충분히 제공되어 있지만, 민법·형법 등 기본법에 속하는 법률보다 10배 가까이 많은 행정법에 대해서는 법률서비스가 충분히 제공되지 않고 있다. 이를 위한 법률서비스는 단순히 법정을 둘러싼 소송의 형태로 나타나지 않으며, 다양한 직역의 전문적 법률가에 의해서만 공급될 수 있다. 현재 법률시장에서 법무법인 등에 의해 제공되는 법률서비스가 획일화되어 사회의 다양한 수요에 부응하지 못하는 것도 주로 행정법에 대한 법률서비스의 부재에 기인한다. 이것이 변화하는 사회에서 그에 부응하는 법률서비스를 제공하기 위해 법률가들이 행정법을 공부해야 하는 이유이다.

(2) 행정법학의 개념

민법과 민법학, 형법과 형법학의 관계와 같이 행정법과 행정법학의 관계도 실정법 대 법학이론이라는 점에서 동일한 대응관계에 있다. 다만 민법학이나 형법학의 경우에는 민법 또는 형법이라는 이름의 실정법이 존재하는 것과는 달리, 행정법학에 대응해서 행정법이라 불리는 하나의 실정법이 존재하는 것은 아니며, 일정한 특성을 갖는 법률들을 묶어서 행정법이라 부른다. 실정법의 개별조문을 전제로 논리를 전개하는 다른 법학 분야와는 달리 행정법학은 자신만의 고유한 논법으로 법리를 구성하고 설명한다.

이런 의미에서 행정법학은 실정법인 행정법들이 작동하는 원리를 연구하는 이론체계를 말한다. 즉, 도로교통법, 식품위생법, 건축법과 같은 개별법과 그 개별법의 개별조문에 대한 연구가 아니라, 그러한 법률들의 작동원리에 대한 연구인 행정행위론, 재량이론 등과 같은 이론체계를 중심으로 한다. 좁은 의미의 행정법학은 행정행위론을 중심으로 한 행정법 총론을 뜻하고, 넓은 의미의 행정법학은 행정법각론을 포함해서 행정법으로 분류되는 모든 실정법을 연구대상으로 하는 공법학을 포괄한다.

(3) 총론과 각론

행정법학은 총론과 각론으로 구성되며, 총론은 개별행정법학 영역에 공통하는 요소를 묶어서 설명하고 있다. 따라서 총론은 어느 각론의 영역에서도 대체로 타당한 논리체계라고 보면 된다. 각론은 세법, 건설법, 환경법, 지방자치법, 경찰법 등 별도의 체계와 실무를 보유하고 있으며, 그 안에 다시 각론적인 법학이론들이 존재하고 있다.

도입사례 1-2의 해결

민사적인 면에서 보면 식당주인이 특정한 손님을 거절하는 것은 계약자유의 원칙상 금지되는 것으로 보기 쉽지 않고, 다만 그것이 위법한 정도에 이르면 손해배상책임의 문제가 생길 수 있다. 이와 달리 공법적인 면에서 보면 식당을 운영하기 위한 식품위생법상의 면허의 조건에 일정한 의무를 부과하는 방법이 고려될 수 있다. 일반음식점의 면허조건으로 '특별한 사유가 없는 한 연령, 인종 등을 이유로 손님을 거절할 수 없도록' 정하는 것이 가장 일반적인 방법이 될 수 있다. 다만 이러한 제도를 도입하려면 식당주인들이 영업의 자유가 제한되므로 원칙적으로 법률을 개정하는 방법이 사용되어야 한다. 이러한 규제적 조항의 입법은 의회에서 이익조정의 절차를 거치게 된다. 손님차별을 금지하는 의무는 제도의 설계방식에 따라 면허와 함께 조건의 형태로 부가될 수도 있고, 법률 자체에 직접 규정될 수도 있다.

주요 키워드 행정법, 행정법적 규제

2. 공법의 개념

도입사례 1-3

골프장을 건설하고자 하는 갑(甲)은 대부분의 토지를 확보하였지만, 동쪽 기슭에 있는 을(乙) 소유의 토지를 매입하지 못해 전체 골프장을 건설하는 데 애를 먹고 있다. 이에, 갑은 변호사의 조언을 받아, 골프장 건설을 목적으로 토지보상법상 수용재결을 받음으로써 을의 토지를 수용하였다. 갑이 민사적으로 소유권을 확보하는 것과 수용을 통해 소유권을 확보하는 것은 어떤 점에서 다른가?

(1) 공법의 개념

공법은 공동체의 이익과 관련된 공공적 제도를 규율하는 법(현재의 주류는 이익설)을 의미하며 실제로는 주체설, 이익설, 권력설을 혼합해서 정의되고 있다.

(2) 공법과 사법의 구별기준

공법과 사법을 구별하는 기준을 무엇으로 삼을지에 대한 관점의 차이에 따라 다음과 같은 학설이 존재한다.

1) 이익설

이익설은 법이 보호하거나 실현하려는 이익을 기준으로 공익을 실현하는 법을 공법, 사익을 위한 법을 사법으로 분류한다.

2) 주체설

주체설은 법률관계의 한쪽 당사자가 행정주체이면 공법, 그렇지 않으면 사법으로 분류한다.

3) 권력설

권력설은 법률관계가 상하관계이면 공법, 대등관계이면 사법이라고 분류한다.

4) 신주체설

신주체설은 공권력 주체에게만 배타적으로 권한 또는 의무를 부과하는 법을 공법으로 본다.

(3) 공법과 사법의 다양한 관계

공법과 사법의 구별은 상대적인 것이다. 예컨대 국립대학교와 사립대학교의 설립목적은 교육이라는 공적 목적의 달성이라는 점에서는 유사하지만(이익), 전자는 공법관계가 지배적이고 후자는 사법관계가 지배적이라고 이해되고 있다(주체). 또한 공법과 사법은 서로 중첩되거나 모순되는 경우가 많다. 따라서 대부분의 분쟁은 사법적인 측면과 공법적인 측면을 동시에 갖고, 사법적인 면이 부각되면 민사소송으로, 공법적인 면이 부각되면 행정소송으로 이어진다.

주요판례 대법원 2009. 9. 17. 선고 2007다2428 전원합의체 판결.

주택재건축정비사업에서 관리처분계획안에 대한 조합 총회결의에 대해서는 당사자소송으로 다툴 수 있으나 관리처분계획의 인가가 있으면 더 이상 당사자소송으로 다툴 수 없고, 관리처분계획 취소소송을 제기해야 한다는 판례

예컨대 옆집의 건축행위로 인해 불이익을 보는 이웃이 권리를 구제받는 방법도 역시 두 가지로 나뉜다. 소유자는 공사중지가처분 및 소유권에 기한 방해배제청구권(민사소송)을 행사하거나 건축허가취소 및 집행정지(행정소송)를 신청할 수도 있다. 이처럼 하나의 목적을 위해 행정소송과 민사소송이 중복되는 경우도 있지만, 이는 민사소송법상 중복제소의 범주에 속하지는 않는다.

3. 공법과 행정법의 관계

현재 학문의 분류체계상 공법은 헌법과 행정법이 주된 구성부분이고, 사법은 민법, 상법 등이 속하는 것으로 이해되고 있다. 한편으로 공법은 행정법을 아우르는 더 넓은 영역이라 이해되지만, 맥락에 따라서는 행정법과 거의 대등한 의미로 사용되는 경우도 많다. 특히 공사법을 구별할 때 사법과 대조해서 존재하는 것으로 상정되는 법은 통상 행정법을 의미하는 경우가 많다. 행정법과 공법은 같은 개념은 아니지만, 세월이 가면서 같은 개념처럼 혼용되기도 하고, 그것이 더 바람직하다고 생각되기도 한다.

행정법의 개념을 설정할 때는 행정의 개념이 결정적인 역할을 하는데, 행정법이 '행정에 관한 법'이라고 정의되기 때문이다. 이러한 정의를 따를 때 행정의 개념은 주체설적 입장에서 정해지는 것이다. 그러나 다른 한 편 행정법과 거의 같은 개념처럼 쓰이는 공법에 대한 정의는 공법과 사법의 구별이라는 관점에서 이익설, 주체설, 권력설 등 다양한 기준에 의해서 정의된다.

행정법을 행정에 관한 법이라고 정의하면 공사법 구별의 차원에서는 주체설의 기준과 상당히 유사해지지만, 주체설에 한정해서 공법을 정의하면 공법

의 범위가 너무 좁아지는 단점이 있다. 공사법 구별의 문제에서는 학자들이 주장하는 공법의 범위가 넓지만, 행정법학(총론)의 연구대상과 범위가 행정주체의 처분을 중심으로 진행되면서, 공법의 전범위를 포괄하지 못하고 있다.

이를 해결하기 위해 가장 시급한 과제는 개별행정법의 영역에서 독자적이고 체계적인 공법연구의 성과물들을 만들어내고, 이들을 행정법총론과 체계적으로 연결시키는 일이다. 이를 통해 행정청에 한정하지 않고 개별 실정법들이 담고 있는 공법적인 규율 전체를 법적으로 조망할 수 있는 기회가 생긴다.

도입사례 1-3의 해결

갑이 수용을 통해 공법적으로 소유권을 확보할 때에는 을의 합의(동의)를 요하지 아니한다는 점이 민사적 법률관계와 가장 큰 차이이다. 갑에게 타인의 소유권을 강제로 취득할 수 있는 법적 지위를 부여할 것인가 하는 점이 이 사안에서 공법적인 관심사이다.

* 참고 : 도시계획시설 설치를 위한 토지 수용의 과정[2]

골프장은 도시계획시설 결정을 통해 설치되기도 하는데, 도시계획시설 설치절차는 당해 부지의 소유권을 확보하는 과정을 중심으로 진행된다. 먼저 도시계획시설결정(동법 제30조)을 통해 당해 시설의 위치와 면적이 확정된다. 그 다음으로 공사를 위한 구체적 설계도면을 확정하는 실시계획의 인가(동법 제88조)가 이루어지며, 이때 토지보상법상 사업인정이 의제됨으로써 수용권의 기초가 마련된다(동법 제96조).

위 절차를 거친 뒤에 사업시행자와 토지소유자 간 협의매수가 성립하지 않으면, 사업시행자는 지방/중앙토지수용위원회에 수용재결을 신청하고, 위원회에서 수용재결을 내림으로써 토지의 소유권이 이전된다.

주요 키워드 토지수용, 공법과 사법의 관계, 운동시설

Ⅲ 소송법학과 제도법학

행정법 또는 공법을 이해할 때는 두 가지 측면이 있다. 우선, 법학전문대학원 제도나 운전면허 제도와 같은 제도적 측면이 있는데, 이는 소송과는 무관하게 만들어지는 것이 원칙이다. 그에 비해서 취소소송에서 제기되는 재

2) 이 책 제18강-V., 보다 자세히는 김종보, 건설법의 이해, 피데스, 2018, 328면 이하 또는 김종보, 도시계획시설의 공공성과 수용권, 행정법연구 제30호, 2011. 8. 277-307면 참조.

량행위, 부관 등에 대한 논의는 제도적 측면과는 다른, 공법적 소송에서 주로 문제되는 쟁점들이다.

근대적 행정법의 체계가 완성되어 가는 과정에 가장 중요한 목표는 행정작용에 의한 국민의 권리침해와 그에 대한 권리구제수단의 발전이었다. 따라서 행정법학은 행정소송의 권리구제적 측면에 관심을 집중하고 수많은 논리체계들을 발전시켰다. 이 과정에서 행정법총론은 자연스럽게 행정청의 처분을 중심으로 하는 소송위주의 논리체계로 발전하게 되었다.

그러나 권리구제중심의 행정법학(소송법학)은 소송으로 전환되기 어려운 각종의 공법상 제도들을 체계적으로 포섭하기 어렵다. 도로교통법상 운전면허 취득, 전동킥보드 속도제한 등 국민의 자유를 제한하는 각종의 공법상 제도들이 모두 소송을 의식하고 설계되는 것이 아님에도 불구하고, 행정법총론은 행정소송이라는 열쇠구멍을 통해 전체 제도 중의 일부만을 선별적으로 조망하는 방식을 취하기 때문이다. 예컨대 면허정지처분을 다투는 소송에서 현출되는 쟁점만으로는, 여전히 소송 외에 남아 있는 면허의 발급을 위한 시험, 교육제도, 횡단보도나 신호등의 관리 등을 체계적으로 이해하는 것은 불가능하다. 그래서 행정법학의 연구자 또는 행정법학으로 무장한 법조인들도 소송 외에서 하나의 공법상 제도에 직면하면 제도 일반에 대한 전문성 부족을 절감하게 된다.

행정법학은 '행정주체의 처분'에 대한 권리구제만을 연구의 내상으로 하는 것이 아니라 '국가제도와 행정작용, 공공의 제도에 관한 법'을 대상으로 하는 법학이론체계여야 한다.[3] 국가제도와 공공의 제도는 입법 · 사법제도를 포함하여 국가계약, 국유재산, 경찰제도, 국가배상 등 국가나 자치단체의 공법적 위상과 관련된 법제에서부터 공적 임무를 수행하는 자들에 대한 공법적 규율 등을 망라한다. 공법상의 각종 제도의 현황과 이론을 이해하는 것이 행정법학의 가장 중요한 목표가 되어야 하며, 이는 각론에 대한 연구를 통해 달성될 수 있다.

3) 자세히는 김종보, 행정법학의 개념과 그 외연(外延), 행정법연구 제21호, 2008, 1-22면 참조.

제02장 행정의 유형

Ⅰ 개 관

행정은 규율대상, 이익 상황, 법 형식, 행정주체의 유형 등을 기준으로 다시 다양한 종류로 나뉠 수 있다.

Ⅱ 대상에 의한 분류

행정의 규율대상을 기준으로 행정을 분류하면 복지, 경제, 교육, 건설, 환경, 경찰행정 등으로 분류될 수 있다. 대체로 행정 각부 장관의 규율대상과 유사하다.

Ⅲ 이익상황에 의한 분류

수익적 행정은 국민에게 이익을 주는 행정을, 침익적(부담적) 행정은 의무를 명하거나 권리를 박탈하는 등 불이익을 주는 행정을 의미한다.[4] 이익상황에 의한 행정의 분류는 행정소송에서 법적 분쟁의 실질을 파악하는 데 가장 중요한 기능을 한다. 예컨대 수익적 행정에 대한 소송이 제기된다면 원고는 아직 자신이 원하는 것을 얻지 못한 상황이고 주로 거부처분 취소소송으로 권리구제를 모색하게 된다. 이에 비해 철거명령, 부담금부과와 같은 침익적 행정에 대해서는 이미 발급된 처분의 취소를 구하는 소송이 제기된

4) 아직 처분에 대해 설명하기는 이르지만, 이곳에서는 침익행정을 침익처분, 수익행정을 수익처분과 거의 동의어로 보고 설명을 진행한다. 처분은 좁게 취소소송의 대상이 되는 행정작용을 의미한다(6-Ⅲ 참조).

다. 따라서 행정소송에서는 사안을 처음 만날 때 수익·침익의 이익상황을 먼저 파악해야 분쟁의 핵심에 쉽게 접근할 수 있다.

Ⅳ 법형식에 의한 분류

도입사례 2-1

갑은 지하철에서 내린 후 집으로 귀가하기 위해 동네의 작은 도로를 건너야 한다. 횡단보도만 있던 길을 자유롭게 건너다니던 갑은 어느 날 횡단보도에 행정청이 신호등을 설치하여 파란불이 들어올 때만 길을 건널 수 있게 되었다. 무척 귀찮아진 갑이 이에 대해 다툴 수 있는 방법을 찾는 중이다. 과연 행정소송이 해결책이 될 수 있을까?

행정은 수단 또는 형식을 기준으로 해서 권력행정, 관리행정, 국고행정으로 분류된다.

1. 권력행정

권력행정이란 행정주체가 공권력을 발동하여 국민에 대하여 일방적으로 명령·강제하는 행정작용이다. 상대방의 동의를 요하지 않는다는 것이 중요한 요소이며 결국 상대방의 의사를 제압할 수 있다는 특징을 갖는다. 형식에 의한 분류 중 가장 중요한 행정작용이 권력행정이다. 철거명령과 같은 처분의 형식도 있고, 경찰병력의 배치와 같은 사실행위도 이에 포함될 수 있다.

권력행정은 상대방의 공법적 지위에 변동을 가져오는 것으로 행정작용 중 양적 비중은 작으나 효과가 강력하고 따라서 행정소송의 대부분은 권력행정에 대한 것이다. 권력행정이라고 해서 무조건 침익적 행정인 것은 아니며 수익적 처분도 권력행정이 될 수 있다는 점에 유의해야 한다. 예컨대 영업허가가 거부되거나 건축허가가 거부된 경우에 수익적 처분에 대한 거부처분취소소송이 전형적인 권력행정에 대한 취소소송이다.

2. 관리행정

관리행정은 대체로 공적 시설물을 관리하는 행정을 말한다. 공익을 위한 것이라는 점에서는 권력행정과 목적을 같이 하지만, 국민의 권리의무에 직접 영향을 주는 것은 아니라고 이해된다. 예컨대 공공청사의 관리, 횡단보도를 설치하거나 신호등을 설치하는 행위 등이 관리행정에 속한다.

3. 국고행정

국고행정은 공행정주체의 활동이지만, 행정주체가 사경제 주체로서의 지위에서 행하는 행정을 말한다. 원칙적으로는 사법원리에 의해 규율되지만, 행정주체의 공적 성격 때문에 전적으로 사법적일 수는 없다. 예컨대 조달행정, 「국가를 당사자로 하는 계약에 관한 법률」에 따른 공법계약 등이 이에 해당한다.

참고 행정소송의 요건인 처분성(6-V 참조)

행정소송의 요건인 처분성은 '국민의 공법상의 지위에 실질적인 변경을 준 행정청의 행위가 있었느냐'로 판단한다(행정소송법 제2조 참조). 처분성이 있어야 취소소송 등 행정소송이 가능하다.

도입사례 2-1의 해결

신호등의 설치는 관리행정으로 행정주체에 의한 행정작용이지만, 이에 의해 갑의 공법상 지위에 실질적 변경이 있다고 보기 어려우므로 소송을 통해 다투지 못하는 것이 원칙이다.

주요 키워드 관리행정, 처분성, 행정소송

V 행정주체에 의한 분류

도입사례 2-2

구청장 갑은 군부대가 구청의 허가도 없이 개발제한구역에 골프연습장을 지은 것을 발견하고 철거명령을 내렸다. 갑이 철거명령을 내리기 위해 상대방을 정하다 보니 결국 국가를 상대로 불법건축물의 철거를 명하는 구조를 띠게 되었다. 구청장은 국가로부터 위임받은 철거명령권을 국가를 상대방으로 행사할 수 있는가?

1. 행정주체의 개념

행정주체란 국가, 지방자치단체, 공공조합 등 국민에 대해 행정권을 발동할 수 있는 법적 권한을 보유한 자를 말한다.

(1) 조직법과 작용법

국가나 지방자치단체 등 행정주체는 자체 조직의 구성 등에 대한 근거로서 정부조직법, 지방자치법 등 조직법을 가지고 있다. 그러나 조직적 근거만으로는 개별적인 행정권을 발동할 수는 없고, 처분을 위해서는 별도의 법적 수권이 필요하다. 이렇게 행정주체의 권한행사를 수권하는 개별적인 법률을 작용법이라 한다. 국고행정이나 관리행정 정도는 작용법적 근거가 없어도 허용될 여지가 높지만, 권력행정은 작용법적 근거가 반드시 필요하다(권력행정유보설). 예컨대 시청이나 구청은 지방자치법에 의해 설립된 자치단체이지만, 식품위생법, 도로법 등 별개의 작용법에 근거해 처분의 권한을 갖게 된다.

(2) 공법인: 공법에 있어 법인격의 의미

1) 공법인의 의미

국가나 자치단체에 속해 있던 '공적인 단체'에 법인격이 부여되면 그 기관이 독자적인 권리의무의 주체가 될 수 있고, 따라서 소유권의 주체도 될 수 있다. 예컨대 서울대학교의 법인화 이후 서울대학교 부지는 서울대학교 법인의 소유가 된다. 이에 비해 전남대학교나 경북대학교와 같이 법인이 아닌 국립대학은 법인격이 없고 공법인이 아니므로 대학의 부지들은 모두 국가소유이다.

그러나 공법인이라고 해서 여타의 공법상 단체보다 법적으로 더 우월한 지위를 인정받는 것은 아니고,[5] 단지 민사적인 관점에서 권리의무의 주체가 될 수 있다는 정도의 의미를 갖는다는 점에 유의해야 한다. 법인격의 유무에 대한 판단은 민사적인 의미가 더 강하다고 이해해 두는 것으로 충분하다.

2) 영조물 법인

민사의 영역에서는 법인이 재단 또는 사단으로 한정되지만, 공법적인 면에서는 이와는 또 다른 영조물 법인도 인정되어야 한다는 견해들이 유력하다[6]. 예컨대 서울대학교는 법적으로 재단법인이 되었지만, 서울대학교를 단순히 재단법인으로 이해하기에는 인적 조직이 너무 강력하고, 그렇다고 서울대학교와 그 구성원의 관계를 사단과 사원의 관계로 환원하기도 어려워 사단법인이라 보는 것도 어색하다.

(3) 소유권과 관리권

공법의 영역에서는 국유재산법상의 관리권 등 관리권한이 소유권보다 더 중요한 경우가 많이 있다. 특히 국공유지에 대해서는 국유재산법상 관리권이 인정되는 기관에게 사실상 소유권에 준하는 권한이 인정되는 것이 실무의 관행이다.[7]

---

5) 오히려 서울대학교는 공법인이 된 이후 다른 국립대학에게는 부과되지 않는 각종 지방세 등에 시달리고 있다. 이런 점에서 법인화된 서울대학교는 실무상 공법적 성격이 더 약화된 것으로 받아들여지고 있다.

6) 영조물 법인이란 일정한 공적 목적에 제공된 인적·물적 조직의 결합체로서 공공도서관, 국립대학 등에 법인격이 부여된 상태를 말한다. 이에 대해 자세히는 박정훈, 국립대학 법인화의 공법적 문제, 서울대학교 법학, 47권 3호, 2006, 427-444면 참조.

2. 국가행정, 자치행정, 위임행정

행정권이 귀속되는 주체가 누구냐에 따라 행정은 국가행정, 자치행정, 위임행정으로 나뉜다.[8] 국가행정이란 국가가 직접 자신의 기관을 통하여 행하는 행정을 말한다. 행정권은 원래 국가의 통치권의 일부이므로, 국가행정이 행정의 원칙적인 형태이다. 자치행정은 지방자치단체 기타 공공단체에게 행정업무가 귀속되어 있는 행정을 말한다. 위임행정은 원래 국가행정에 속하였지만 위임에 의해 자치단체 등에 위임된 행정을 말한다. 실무상으로는 위임행정이 다수를 이룬다.

▌국가 및 자치단체의 입법권▐

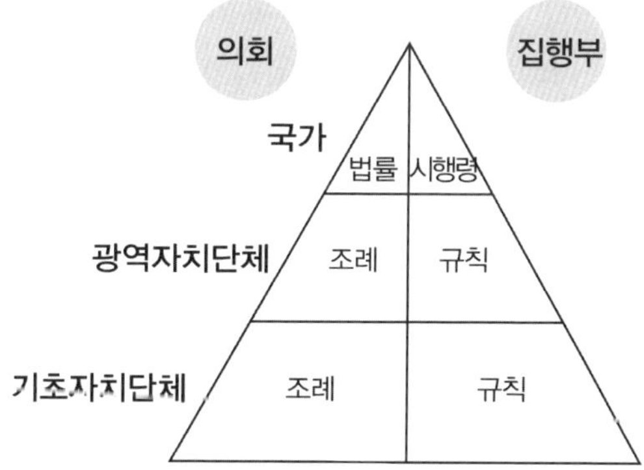

국가의 위임으로 자치단체가 처리하는 행정업무는 위임행정과 자치행정이 혼재되지만 이들은 서로 엄격하게 구별해야 한다. 위임행정과 자치행정은 법규의 형식, 예산과 감독 등에서 차이를 보이기 때문이다. 우선 지방의회는 자치행정(사무)에 대해서는 조례를 제정할 수 있지만 국가의 위임행정(사무)에 대해서는 조례를 제정할 수 없고, 이에 위반하면 조례는 무효이

---

7) 김종보, 개발사업에서 국공유지의 법적 지위, 행정법연구, 제57호, 2019. 5. 8면 이하 참조.

8) 김동희 · 최계영, 행정법 I, 18면; 김철용, 행정법, 47면 등.

다[9]. 또한 위임행정은 국가가 비용을 부담하고 감독권도 폭넓게 행사할 수 있다는 점에서 자치행정과 다르다.

위임행정과 자치행정의 구별기준에 대해서는 형식설과 실질설이 있다. 형식설은 법문(法文)에 따라 권한의 주체가 국가로 정해진 경우와 자치단체(장)로 정해진 경우를 구분하여 국가행정과 자치행정으로 나눈다. 이에 비해 실질설은 행정사무의 전국적 통일성, 사무의 성격 등을 종합적으로 고려해서 판단하고자 한다. 판례는 형식설과 실질설을 종합적으로 취하고 있다[10].

위임행정과 자치행정을 구별할 때 가장 이상적인 것은 입법자의 의도를 존중해서 법문을 기준으로 삼는 것일 수 있다. 그러나 현재 우리의 입법수준이나 구별의 난이성 등을 고려하면 형식설에 의하기는 어렵고 결국 실질설에 의할 수밖에 없다. 전국적 통일성이 필요한 사무, 위험방지 사무 등은 국가행정으로, 교육・위생・복지 등 자치단체장이 할 수 있고 자치단체별로 달라져도 상관없는 일은 자치행정으로 판단할 수 있다.

3. 특수한 행정주체

(1) 공공단체로서 정비조합

1) 정비조합의 뜻

재건축, 재개발사업에서는 토지 또는 건물을 소유하는 다수의 사람들이 단체를 구성하여 사업시행자가 되는데, 이를 정비조합이라 한다. 현재 서울을 비롯한 수도권에서 1,000개 이상의 정비조합이 사업을 진행하고 있다.

초기에는 구청이 불량정착촌 정비사업의 일환으로 재개발사업을 시행하였지만, 세입자와 소유자의 반발이 거세 사업을 원활하게 진행하기 어려웠다. 그 후 1970년대 제정된 도시재개발법은 토지소유자에게 조합을 결성하

9) 대법원 1996. 7. 11. 선고 94누4615 전원합의체 판결.
10) 대법원 1999. 9. 17. 선고 99추30 판결 등.

여 사업시행자가 되도록 정하고 구청에게는 인허가권을 부여했다. 종래 국가나 자치단체가 수행하던 공적 임무가 정비조합에게 상당수 이양되는 형태의 제도개편이었다.

재건축사업은 재개발과는 약간 다른 차원에서 발전된 사업이다. 재건축사업은 1970년대 강남에 건설된 아파트가 20년이 지나 낡게 되자 이를 헐고 새로운 아파트를 짓는 것으로 시작된 사업으로 2000년대 초반 노무현 정부 당시 부동산시장 과열의 원인이 되었다. 2003년 재건축과열 현상을 막기 위해 재건축과 재개발사업을 통합하는 「도시 및 주거환경정비법」(이하 도시정비법)이 제정되면서 재건축과 재개발사업이 통합되었다.

2) 행정주체인 정비조합

1990년대를 거치면서 확고한 판례에 의해 재개발조합은 관리처분계획 취소소송의 피고가 되는 것으로 인정되었으며,[11] 이에 의해 조합은 부분적으로 행정주체의 지위를 승인받게 된다. 취소소송은 처분을 행한 '행정청'을 피고로 하는 것이기 때문이다(행정소송법 제13조). 대법원은 2009년 정비조합의 설립을 인가하는 처분을 행정주체로서의 지위를 부여하는 설권행위로 보아 이에 대한 취소소송을 허용하였다.[12] 대법원은 또한 2009년 전원합의체 판결을 통해 정비사업의 관리처분계획은 행정주체인 조합이 수립한 처분이므로 이에 대한 민사소송을 불허하고 취소소송만을 허용한다는 입장을 취했다.[13]

(2) 공무수탁사인

공무수탁사인이란 행정청으로부터 공적임무를 수탁 받아 행정청의 지위에 선 사인(私人)을 말한다. 통상 행정법에서 국민 또는 사인으로 지칭되는 사람들은 행정청과 대립관계에서 권리의무가 제약되는 상대방을 말하지만,

---

11) 대법원 1996. 2. 15 선고 94다31235 전원합의체 판결.
12) 대법원 2009. 9. 24 선고 2008다60568 판결.
13) 대법원 2009. 9. 17 선고 2007다2428 전원합의체 판결.

공무수탁사인의 경우에는 행정청의 지위에 서게 되므로 통상적인 경우와는 다르다. 선장, 원천징수를 담당하는 자 등이 공무수탁사인의 예이다.

Q&A 공무수탁사인과 공의무부담사인의 구별

Q 행정법 입문에 공무수탁사인의 예로 나와 있는 원천징수를 담당하는 자가 혹시 공무수탁사인과 구별되는 공의무부담사인으로 분류될 수 있는지 궁금합니다.

A 공부하는 초기에는 공무를 담당하는 다양한 사인들을 구별하는 것에 큰 관심을 기울일 필요는 없어요. 행정주체 대신 행정임무(공적임무)를 수행하는 사인들이 있고 그들이 경우에 따라 행정소송에서 피고가 될 수 있다는 점 정도를 알고 있는 것으로 충분합니다.

도입사례 2-2의 해결

불법건축물은 사인에 의해 건축될 것을 상정하고 만들어진 개념이다. 따라서 갑이 철거명령을 내릴 수 있는가 하는 문제는 건축법의 직접 적용되는 문제라기보다는 유추적용되는 문제에 가깝다. 국가에 대한 구청의 철거명령은 법적으로 매우 어색하고 건축법상 근거도 없는 것으로 보아야 한다.

주요 키워드 행정법의 수범자, 불법건축

제03장 법치행정

>> **도입사례 3-1**

법학전문대학원장 갑은 학생을 선발하는 과정에서 법학을 전공하지 않은 학생을 선발하게 될 경우 성적차이가 과도하게 발생한다는 점을 발견하게 되었다. 갑은 고민 끝에 법과대학 출신학생이 2/3를 초과하는 합격자 명단을 발표하였다. 이러한 갑의 행위는 법적으로 정당화될 수 있는가?

※ 법령에는 법학전공자가 2/3를 초과하지 못하도록 정해져 있다.

법치행정 또는 법치주의는 행정과 법의 관계에 주목하여 법이 행정을 지배한다는 원칙을 말한다. 법치행정의 원칙은 '행정의 입장에서 행정권을 행사할 때 법에 그 근거가 있어야 하는가' 또는 '법과 다른 판단을 하는 것이 더 타당해 보일 때 어떻게 행동해야 할 것인가'에 대한 지침을 준다. 행정법에서 법치주의의 기본구도는 '법률(또는 법령)' 대 '행정'의 관계를 중심으로 한다는 점을 명심해야 한다.

I 형식적 법치주의

1. 형식적 법치주의의 개념

형식적 법치주의란 국민의 권리의무에 관한 사항은 의회가 제정한 형식적 법률에 의해서만 제한될 수 있다는 원칙을 말한다. 국민주권과 의회주의를 이론적 근거로 삼아 국민의 자유와 재산에 대한 국가의 침해를 법률로 하도록 형식적 제약을 가하지만, 그 법률의 내용에 대해서는 심각하게 생각하지 않았던 단계의 초기 이론이다. 제2차 세계대전이 종료된 후 형식적 법치주의를 무력화 시켰던 나치 독일에 대한 반성으로 초기 형식적 법치주의에 대한 보완이 필요한 것으로 판단되었다.

2. 형식적 법치주의의 초기 3원칙

초기 3원칙은 모두 행정과 법률의 관계를 전제로 이해되어야 한다.

(1) 법률(만)의 법규창조력

법률(만)의 법규창조력은 의회가 제정하는 법률만이 국민의 권리의무에 관한 사항을 구속적으로 정할 수 있다는 의미이다. 행정은 스스로 국민의 권리의무에 관한 일반적 규범을 제정할 수 없으며, 다만 법률의 수권에 따라 국민의 권리의무를 규율하는 처분 등을 발할 수 있다.

(2) 법률의 (행정에 대한) 우위

법률의 우위는 행정주체의 의사에 비해 법률이 상위에 있다는 원칙으로서 법적 안정성을 확보하는 기능을 한다. 이에 따르면 법률이 정하고 있는 내용과 행정의 판단이 서로 다를 때 행정청의 판단보다 법률이 우선한다.[14) 법률의 우위 원칙에 위반하면 행정법원에 의해 취소되거나, 공무원에 대한 징계 등이 뒤따른다.

(3) (행정에 대한) 법률유보

1) 법률유보의 뜻

법률유보란 행정작용은 반드시 법률의 수권에 의해야 한다는 것이다. 행정작용의 권한을 수권하는 법조항을 '법적 근거'라고 하는데, 법적 근거는 조직법만으로는 부족하고 작용법적 근거가 있어야 하는 것이 원칙이다.

---

14) 예컨대 국가계약법은 국가계약의 체결에 대해 공개입찰을 요구하고 있으므로 행정청이 급하게 업체가 필요하고 그에 적합한 업체가 있더라도 임의로 계약을 체결할 수 없다.

2) 법률유보의 범위

법률유보의 범위에 대해서는 학설이 나뉜다.

가) **침해유보설**: 침익적 행정작용에만 법률의 유보가 필요하다는 견해.

나) **권력행정유보설**: 권력행정이라면 법률의 유보가 필요하다는 견해.

다) **중요사항유보설**: 국민의 권리의무에 중요한 사항에 대해서는 법률이 근거를 마련해야 한다는 견해.

라) **급부행정유보설**: 침익적 행정작용만이 아니라 급부행정에도 법적 근거를 만들어 법적 안정성을 보장하여야 한다는 견해이다.[15)]

마) **전부유보설**: 모든 행정작용은 법률의 유보가 필요하다는 견해.

참고 우리나라의 법률유보

(우리나라의 법률유보는 이 정도)

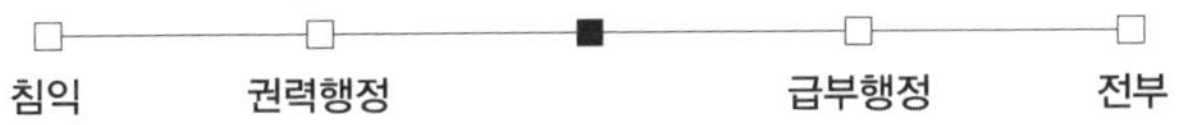

참고 의회유보설과 법률유보설의 차이

의회유보는 헌법재판소가 "법률의 위헌성"을 심사하는 데 더 적합한 개념으로 법률과 행정입법의 관계에 있어서 행정입법에 포괄적으로 위임한 법률은 위헌이라고 판단하는 데 사용되는 개념이다. 반면, 법률유보는 "행정처분의 위법성"을 심사하는 데 사용되는 개념으로 법률(시행령 포함)과 처분의 관계에 있어서 처분에 법적 근거가 있는지 살피는 것이다.

15) 침해유보설과 권력행정유보설과 같은 초기 법률유보이론은 침익적 행정을 막기 위한 목적으로 주장되었던 반면, 급부유보설은 수익적 행정을 법률로 제도화하고 보장하기 위한 차원에서 주장된 것이므로 이들을 동일 평면에서 논의하는 것이 부당할 수 있다.

Q&A 의회유보설과 중요사항유보설의 관계

Q 의회유보설과 중요사항유보설은 명확히 구분되는 것인지, 그렇다면 의회유보설은 법률유보설의 문제와 동일 차원의 논의인지 궁금합니다.

A 의회유보설은 국회의 법률과 행정입법에 더 초점이 집중되어서 어떤 "법률이나 시행령 등 법규명령의 위헌성"을 심사하기 위한 기준으로 발달한 것입니다. 그중에서도 특히 법률의 위헌성심사가 중요한 것이지요. 의회유보설은 미군정이 독일을 점령하고 강제한 헌법(기본법) 조항에 연유한 것입니다.

또 용어로서 의회유보설은 의회에 중요사항이 유보되어야 한다는 주장과 동일한 것이고, 중요사항유보설은 그래서 의회유보설의 또 다른 이름이라고 보는 것이 옳지요. 다만 중요사항유보설은 한국에 도입되는 과정에서 침해유보설, 급부행정유보설 등과 대등한 차원에서 법률유보의 한 종류로 분류된 것이라 보입니다.

Q&A 법규창조력과 법률유보의 관계

Q 형식적인 법치행정원리와 관련하여 법률의 법규창조력과 법률의 유보원칙의 차이가 잘 이해되지 않습니다.

A 법규창조력은 법규(법률 및 법규명령)의 정당성은 의회로부터 나온다는 것을 의미합니다. 법률유보가 문제되는 영역이 있고, 법규창조력이 문제되는 영역이 있어서, 어떤 때는 둘이 동일한 원칙인 것처럼 보이지만, 엄밀히 보면 둘 다가 문제되는 경우도 있을 수 있어요.

법규창조력의 이야기는 원론적이고 총론적인 것이라 최초에 제도를 설계할 때 중요한 지도이념이 됩니다. 예컨대 노령화가 진행되면서 80세 이상 운전자에 의한 사고가 많이 나고, 이에 따라 경찰청에서는 이들에 대해 운전을 금지시키고자 하는 조치나 정책을 마련해야 할 상황이 올 수 있습니다(이건 순전히 예입니다. 착각하지 마세요). 그러나 법적 근거 없이 이러한 조치를 한다는 법률유보 원칙에 반하므로 다음과 같은 법률조항을 도로교통법에 추가해야 합니다.

1) "제00조에 따른 운전면허는 운전자가 80세에 이르면 효력을 상실한다."

이때는 법률유보문제는 개입할 여지가 없어요. 별도의 처분을 할 필요가 없으니까. 이 조항은 행정이 원하는 결과를 법률의 법규창조력에 의존해서 바로 획득하는 예가 됩니다.

2) "제00조에 따라 운전면허가 발급된 경우에도, 행정청은 운전자의 연령이 80세를 초과하면 이를 정지하거나 취소할 수 있다." 이렇게 되면 면허정지나 면허취소가 법률유보의 원칙을 충족합니다. 이 조항은 동시에 법률의 법규창조력을 보여주기도 하지요. 이 조항이 없었다면 80이상의 운전자들은 공법상 권리가 더 넓게 보장되니까요. 그러나 이 경우에는 면허정지처분이라는 처분을 매개로 법률유보가 조금 더 선명하게 부각될 것입니다.

주요판례 대법원 2012. 11. 22. 선고 2010두19270 전원합의체 판결

법률의 위임을 받지 않은 채 당해 시설물이 소멸될 때까지 부설주차장의 용도를 변경할 수 없도록(주민의 권리제한에 관한 사항) 규정한 순천시 주차장 조례 규정이 법률유보의 원칙에 위배되어 효력이 없다고 본 판례.

Ⅱ 실질적 법치주의

1. 실질적 법치주의의 등장 배경

형식적 법치주의는 포괄적 위임, 광범위한 행정재량, 헌법위반의 법률(예컨대 반인권적 법률), 법률로부터 자유로운 영역(특별권력관계 등)을 용인하여 결과적으로 법치주의를 형해화시킬 수 있다는 우려가 있었고, 이런 우려는 부분적으로 현실화되었다. 이러한 초기 형식적 법치주의의 한계를 보완하기 위해 법치주의의 추가적 원리가 개발되었다.

2. 실질적 법치주의의 내용

(1) 합헌적 법률의 우위(헌법재판)

의회가 제정하는 법률 중에서도 합헌적인 법률만이 우위에 선다는 것이다. 이는 구체적으로 헌법재판소의 위헌법률심사권에 의해 보장된다. 1988년 헌

법재판소가 설립되었을 때 법원의 재판은 헌법소원대상에서 제외되었었다. 그러나 1997년 12월 24일 헌법재판소는 모든 판결을 헌법소원대상에서 제외하는 헌법재판소법이 위헌이라고 선언하였다.16)

Q&A 실질적 법치주의

Q 96헌마172 결정을 읽었을 때, 주로 발견되는 논의의 구조는 대법원의 판결에 대한 헌법재판소의 통제가 가능한지의 문제를 둘러싸고 있는 것 같습니다. 이는 언뜻 보기에는 사법부 내에서의 작용처럼 보일 뿐, 합헌적 법률의 우위라는 원칙은 잘 보이지 않습니다.

A 질문한 헌재결정례는 질문자가 생각하는 것과 같이 내부적으로는 대법원 판례를 헌법재판소가 통제할 수 있는가에 대한 문제를 다루고 있는 것이지만, 외부적으로는 또 다른 의미가 있지요.

이 사건은 행정청이 국민에게 양도소득세를 부과한 사건이고 헌법재판소는 이러한 양도소득세의 부과가 (한정)위헌인 법률에 터잡아 부과된 것이었기 때문에 위헌이라는 입장이었지요. 그러나 이렇게 판단한 헌재의 결정이 당해 사건에서 대법원에 의해 무시되었고 양도소득세가 취소되지 않고 사건이 종료되자, 원고가 다시 이 대법원 판례에 대해 헌법소원을 제기한 것입니다. 그러니 헌재가 보기에 위헌적 법률의 효력을 배제함으로써 원고를 행정청으로 부터 구해줄 수 있는 유일한 방법이 대법원판례를 취소하는 것이라 생각한 것이고 이는 헌법재판소법의 위헌선언을 매개로 가능하게 되는 것이지요.

(2) 포괄위임금지

포괄위임금지란 법률이 하위법령에 위임하는 경우 그 위임의 목적과 범위를 한정하여 위임해야 하고 막연하게 위임하는 것을 금지한다는 원칙이다. 이는 헌법원칙으로 선언되어 법률의 위헌심판에 영향을 준다.

16) 헌법재판소 1997. 12. 24. 96헌마172, 173(병합) 결정.

주요판례 대법원 2007. 10. 26. 선고 2007두9884 판결

구 대도시 광역교통관리에 관한 특별법 제11조에서 부담금 납부대상이 되는 사업을 구체적으로 적시하면서 "기타 이와 유사한 사업으로 대통령령이 정하는 사업"이라는 형식으로 위임한 것은 그 대강의 내용을 예측할 수 있는 것으로서 포괄위임금지원칙에 위배되지 않는다고 한 판례.

주요판례 대법원 2008. 5. 15. 선고 2007두26001 판결

개인택시운송사업자의 운전면허가 취소된 경우에만 법령상 개인택시운송사업면허를 취소할 수 있도록 규정되어 있을 뿐이라면, 관할관청은 운전면허가 취소되지 않은 한 개인택시운송사업면허를 취소할 수 없다고 한 판례.

(3) 법률유보 범위의 확대

법률유보 범위에 대하여 다수설은 전부유보설의 방향으로 이동하는 경향을 보인다.[17] 다만 법률유보의 범위를 넓히는 것이 항상 국민의 권익구제에 더 유리한 것만은 아니라는 점에 유의해야 한다.

(4) 특별권력관계, 통치행위 등의 기능 축소

통치행위, 특별권력관계 등 법치주의가 침투하기 어려웠던 다양한 영역에 실실석으로 법치주의를 관철하기 위한 개별적인 노력이 이루어졌다.

도입사례 3-1의 해결

갑은 행정청으로 법률우위 원칙에 따라야 하며, 상위의 법령을 위반하여 행정결정을 내렸으므로 위법한 처분이 된다. 불합격한 자들은 소송을 통해 구제받을 수 있다.

주요 키워드 법치주의, 법률의 우위

17) 이원우, 금융행정의 새로운 패러다임의 가능성과 타당성, 김건식, 정순섭 편, 새로운 금융법체제의 모색, 2006, 228-254면 참조.

Ⅲ 통치행위

>> **도입사례 3-2**

연평도에서 군사적 긴장이 높아지자, 국방부는 연평도 인근 어민들에게 6개월간 조업을 금지하는 조치를 발하였다. 이에 어민들은 국방부장관의 조업금지 조치를 취소해 줄 것을 청구하는 취소소송을 제기하였다. 사법부는 국방부의 조치를 심사해서 어민들이 조업을 재개할 수 있도록 판결할 수 있는가?

1. 통치행위의 의의

통치행위란 국가작용 중에 고도의 정치성을 가진 것으로 사법심사의 대상에서 제외되는 행위를 말한다. 통치행위라는 개념을 인정하면 이에 대해 법치행정의 원칙이 전부 또는 일부 후퇴하게 된다. 통치행위에는 국회의원의 제명, 새만금사건, 대북송금, 이라크 파병 등 정치성 뿐 아니라 사회적으로 사법심사의 대상으로 하기에 과도한 정책적 의미를 갖는 국가작용이 포함될 수 있다.

2. 통치행위에 대한 학설

통치행위의 인정 여부와 인정근거 등에 따라 견해가 나뉜다.

(1) 부정설

부정설은 법치주의가 예외 없이 관철되는 것이 원칙이므로, 통치행위라는 관념 자체를 인정할 수 없다는 입장이다. 모든 국가작용이 사법심사의 대상이 된다는 원칙에 입각하고 있다.

(2) 권력분립설

권력분립설은 권력분립의 원칙에 따라 입법부, 행정부, 사법부는 고유한 결정영역을 보유하므로, 행정부의 고유한 권한에 속하는 통치행위에 대해서는 사법부가 심사할 수 없다는 견해이다. 입법부와 행정부가 독자적으로 민주적 정당성을 갖는다는 점에 주목한다.

(3) 사법자제설

사법자제설은 정책설적 입장으로 사법부가 정치적 사건으로부터 거리를 유지해서 사법의 정치화를 스스로 막는 것이라 이해하는 견해이다. 사법자제설을 따르면 사법부의 역량에 따라 통치행위의 범위가 달라질 수 있고, 명확한 기준이 설정되기 어렵다는 문제가 있다.

(4) 재량행위설

통치행위는 재량행위이기 때문에 사법부가 심사할 수 없다는 견해이다. 과거 재량행위가 행정소송의 대상에서 제외되었던 소송제도 하에서 주장되던 견해였으며, 현재 더 이상 통용되지 않고 전통적으로만 주장되던 학설이다. 현재 한국에서는 재량행위도 취소소송의 대상이 된다는 점이 행정소송법에 명시되어 있다(법 제27조).

> **행정소송법 제27조(재량처분의 취소)**
>
> 행정청의 재량에 속하는 처분이라도 재량권의 한계를 넘거나 그 남용이 있는 때에는 법원은 이를 취소할 수 있다.

3. 판례의 입장

통치행위의 개념 자체를 부인하는 입장과 개별 사안에서 그 행위가 통치행위에 해당되지 않는다고 판단하는 것은 구별되어야 한다. 헌재는 이라크전쟁에 대한 파병, 긴급재정경제명령 등에 대한 판단에서 통치행위의 개념을 인정하고, 이를 통치행위라고 보았다. 그러나 대북송금 사건에서 그 행위자체는 통치행위에 해당하지 않는다고 보았다.

> **참고** 통치행위 관련 판례들
>
> - 계엄선포, 긴급조치(대법원 78도813 판결) 등
> - 긴급재정명령(헌재 93헌마186 결정) : 본안판단, 원고패소
> - 대북송금(대법원 2003도7878 판결) : 통치행위의 범위(통치행위성 부인)
> - 자이툰부대 파병(헌재 2003헌마814 결정) : 통치행위로 각하
> - 새만금사건(대법원 2006두330) : 1심 행정법원에서 무효판결(2001구합33563). 국가적 차원의 결정으로 행정부가 10여 년 동안 추진하던 것을 법원에서 판단하는 것에 대한 의문을 불러왔다.

4. 결 론

통치행위의 개념을 부인하는 것은 이론상 명쾌하지만, 현실적인 한계를 극복하기 어렵고 또 실무와도 잘 맞지 않는다. 그러므로 통치행위의 개념은 필요최소한의 범위라 해도 인정할 수밖에 없다. 기본적으로 사법자제설이 통치행위 이론의 중요한 논거이며, 권력분립설 등이 보충적인 논거가 된다.

> **도입사례 3-2의 해결**
>
> 국방부장관의 조업금지조치는 정치적 판단이 고도에 이를 정도는 아니므로 법원에 의해 심사될 수 있다고 보인다.
>
> **주요 키워드** 통치행위, 고도의 정치성

Ⅳ 특별권력관계

1. 특별권력관계의 의의

(1) 개 념

특별권력관계란 일반권력관계에 대응하여 특별한 법률상 원인에 의해 성립된 법률관계로서 구성원에 대한 '포괄적'이고 일반적인 '지배권'을 특징으로 하는 공법상 법률관계를 말한다. 일반권력관계에 대해서는 법치주의 원칙이 지배하지만, 특별권력관계에서는 특별권력이 부여된 목적의 범위 내에서 법치주의의 원칙이 일부 제한 받는다.

(2) 기 능

특별권력관계는 초기 입법권과 사법권을 상실한 근대국가의 국가권력(행정)이 자신과 긴밀한 관계 하에 존재하는 공무원 등에게 법치주의의 원칙을 배제시키기 위해 만들어낸 개념이다. 즉, 특별권력관계라는 개념 자체가 특정한 목적을 가지고 만들어진 개념으로, 이런 관점에서는 특별권력관계라는 용어 자체도 이미 중립적일 수 없다.

한국에서는 권위주의 정부를 경험하면서 특별권력관계에 대한 부정적 인식이 확산되었다. 그러나 민주주의가 상당한 수준 보장되는 현재에도 행정법에서 널리 승인되고 설명되고 있는 것을 보면 특별권력관계는 여전히 유용한 개념이다.

2. 특별권력관계의 종류

공법상 근무관계(공무원, 군복무), 영조물 이용관계(국립대학 재학관계, 교도소 재소관계), 특별감독관계(도로공사와 국토부, SH공사와 서울시의 관계 등), 사단관계(공공조합) 등이 특별권력관계의 유형이다.

3. 특별권력관계에 대한 학설

(1) 부정설

특별권력관계를 일반적으로 부정하는 일반적 부정설과 해당 법률관계의 내용을 개별적으로 검토하여 특별권력관계의 인정 여부를 결정하는 개별적 부정설이 있다.[18]

(2) 제한적 긍정설

일반권력관계와 구별되는 특별권력관계의 존재를 전면 부정하는 것은 타당하지 않다고 보아, 이를 제한적으로 인정하는 견해이다. 판례도 특별권

18) 김동희 · 최계영, 행정법 I, 117면; 김철용, 행정법, 74면; 박균성, 행정법강의, 96면 등.

력관계라는 개념 자체는 인정하고 있다.

4. 특별권력관계의 특질

(1) 법률유보의 일부 배제

특별권력은 구성원에 대해 다양한 지시를 내릴 수 있고, 이러한 지시나 조치에는 법적 근거가 꼭 필요한 것이 아니라는 점에서 특별권력관계에서는 법률유보의 원칙이 일부 배제될 수 있다.

(2) 포괄적 지배권

특별권력은 구성원에 대해 포괄적인 지배권을 누린다. 일반권력관계에서 행정청은 운전면허를 정지하거나 취소하는 등 제한적 권한을 행사할 뿐이지만, 특별권력관계에서 공무원은 봉급, 근무수칙, 직위 등이 모두 특별권력에 의해 포괄적으로 지배당하는 상황에 놓인다.

(3) 기본권의 제한

특별권력은 포괄적 지배권을 통해, 구성원에 대해 법적 근거가 없는 조치를 내릴 수 있으므로 다양한 형태로 기본권이 제약될 수 있다. 군부대 훈련 중 또는 교도소에서 인권침해가 일어날 가능성이 높은 것도 특별권력관계의 이러한 특성에 기인한다.

(4) 사법심사의 배제

원래 전통적 특별권력관계이론에서는 구성원이 특별권력의 조치에 대해 소송을 할 수 없다는 것이 원칙이었다. 전통적 이론이 약해지면서 최근에는 중요한 처분인 징계, 면직 등에 대해서는 소송을 할 수 있다는 원칙이 확립되어 있다[19]. 다만 특별권력관계 내에서는 그 외에도 다양한 형태의 불이익

---

19) 대법원 1982. 7. 27. 선고 80누86 판결, 대법원 1991. 11. 22. 선고 91누2144 판결 등.

이 있을 수 있고, 이를 모두 소송으로 보호받기는 어렵다. 예컨대 보직을 불리하게 변경하거나, 근무지를 불이익하게 변경하는 등의 행위는 사법심사를 통해 보호받기 쉽지 않다.

5. 특별권력관계이론의 장점

특별권력관계 이론의 강점은 조직의 효율성, 단일성 및 독립성을 보장해 준다는 데 있다. 그래서 이런 특별권력관계의 내부에는 일반권력이 침투하기 어렵고, 특별권력관계의 자율규범이 법률보다 우선하여 적용되는 경우가 있다. 국립대학교의 학칙은 특별권력관계 내부를 규율하는 자율규범으로 법률보다 우선 적용될 수 있으며, 그에 따라 구성원들의 위법행위에 대해 책임을 물으면, 일반권력관계의 형사처벌 조문이 특별권력관계에 침투하지 않을 수도 있다.

제04장 행정법의 법원(法源)

I 개 관

도입사례 4-1

영화의 한 장면처럼 갑은 아침에 낯선 집의 거실에서 잠을 깬다. 갑은 심한 갈증을 느끼고 물을 마셔야 겠다고 생각한다. 갑은 냉장고로 향할 수도 있고 싱크대의 수도꼭지를 찾을 수도 있다. 그것도 적당하지 않으면 어쩔 수 없이 화장실로 갈 수 밖에 없다. 갑의 갈증과 물을 행정법의 법원과 비교해서 설명하라.

법원(法源)은 사람들이 법을 인식하는 원천을 의미하는 것으로, 법을 인식할 수 있는 법의 존재형식 또는 인식근거를 의미한다. 성문법원일 경우 법전, 법제처 사이트, 관보 등이 법원이 된다. 행정법의 법원도 행정법의 존재형식 또는 인식근거를 뜻한다. 행정법의 법원을 검토하는 이유는 구체적인 상황에서 행정법이 필요할 때 그것을 어떻게 찾아내 당해 사안에 적용할 것인가 하는 문제와 연결된다.

분쟁을 심판하는 법관, 입법을 준비하는 소관부서, 구청에 민원을 제기하려는 국민, 토지를 수용당하는 국민 등 다양한 주체가 다양한 경우에 행정법의 법원을 찾게 된다. 처분을 하는 공무원이 그 처분에 필요한 행정법을 어떻게 찾아내서 사안에 적용할 것인지, 허가 등을 신청하는 국민이 어떻게 행정법을 찾을 것인지의 문제가 법원을 찾는 문제이다.

도입사례 4-1의 해결

비유하면 갑의 갈증은 법적 문제에 휘말린 근심과 이를 해결하기 위해 관련 법조를 찾으려는 욕구이며, 물은 그 욕구를 풀어주는 법이다. 물을 얻기 위해서 물의 원천(源泉)인 냉장고나 수도꼭지를 찾아가는 것처럼 개별 국민이 법을 확인하기 위해 사용하는 법전, 법령정보사이트 등과 그에 통해 얻어지는 법의 내용이 바로 법원(法源)이다. 넓은 의미에서 종이법전 등도 법이 유래하는 원천이라는 점에서 법원이라 할 수 있지만, 좁은 의미의 법원은 이를 통해 확인하는 법의 내용이라고 이해하면 된다.

주요 키워드 행정법의 법원, 성문법, 판례

Ⅱ 성문법

1. 성문법의 의의

성문법은 법원(法源)의 대표적인 예로서, 통상 종이와 문서형식으로 존재하므로 소법전, 대법전의 형태를 띤다. 편의상 성문법이라 하고 서면에 표현되는 것으로 이해하지만, 성문법도 유형적인 실체를 전제로 하는 것은 아니다. 성문법도 법률이 담고 있는 내용 자체를 의미하기 때문이다.

2. 성문법의 구성

헌법, 법률, 대통령령, 부령, 조례, 국제조약 등이 성문법을 구성한다. 1,000개를 넘는 이르는 현행 행정법은 ㅇㅇ법 또는 ㅇㅇ법률 등의 명칭이 붙어있는 성문법이다. 헌법도 특정한 사안에서 개별법률 또는 개별처분의 위헌여부에 대한 기준을 제시함으로써 행정법의 법원으로 기능하며, 행정법들은 국민의 공법상 권리의무를 최초로 규율하므로 당연히 행정법의 법원이다.

이하에서는 성문법 중에서도 특히 문제가 될 수 있는 법규명령, 조례, 국제조약에 대해 살펴본다. 이들이 행정법의 법원이 된다는 것은 그 규율내용에 따라 허가요건이 정해지기도 하고 시설기준이 정해지기도 한다는 것을 의미한다.

(1) 법규명령

법규명령이란 대통령령과 부령 등 법률 하위의 법령을 지칭하는 강학상의 명칭이다. 법규이므로 국민의 권리의무에 관련된 사항을 담고 있으나, 법률이 위임한 범위 내에서 이를 정하거나 법률 집행을 위해 필요한 기술적 사항을 정한다. 실정법상 통상 ○○법 시행령, ○○법 시행규칙으로 불리지만 경우에 따라서는 전혀 다른 명칭(예컨대 주택건설기준에 관한 규정: 주택법의 부속법령인 대통령령)이 붙는 경우도 있음에 유의해야 한다(자세히는 17-II 참조).

(2) 조례 · 규칙

지방자치단체에 의해 제정되는 성문법은 의회가 제정하는 조례와 자치단체장이 발령하는 규칙으로 나뉜다. 조례란 지방자치단체 의회가 주민의 권리의무에 관한 사항을 정하는 자치법규이다. 규칙은 집행부에 의해 발령되는 것으로 보통 규칙은 ○○조례시행규칙의 형식으로 이름이 붙는다.

자치사무의 영역에 한정하면 조례와 규칙의 관계는 법률과 법규명령의 관계와 유사하고 조례가 우위에 있다. 다만 국가사무가 자치단체장에 위임된 경우(기관위임사무) 이에 대해서는 조례가 간여하면 무효가 되므로, 자치단체장이 규칙을 통해 규율해야 한다.

(3) 국제조약

국제조약은 협정, 협약 등 국가와 국가 사이 또는 국가와 국제기구 사이의 법적 구속력 있는 합의를 말한다.[20] 물론 국제조약이라고 해서 모두 행정법이 되는 것은 아니며, 국제조약에는 사법적 성격의 조문과 공법적 성격의 조문이 다양하게 존재할 수 있다. 국제조약 중 공법상 법률관계 또는 국민의 공법적 지위에 관해 구속력 있는 조문이 있으면 이 또한 행정법의 법원으로 보아야 한다. 예컨대 한일어업협정, 한미행정협정, FTA 등은 공법적 성격의 조문인 행정법의 법원을 포함한다.

---

20) 김동희 · 최계영, 행정법 I, 48면.

Ⅲ 불문법

1. 불문법의 의의

불문법이란 일정한 형식에 따라 문자로 표시되는 법(성문법)은 아니지만 국민의 공법상 권리의무를 규율하는 법을 말한다. 불문법을 인정하면 규범의 내용이 불분명해서 법률관계가 불안정해질 수 있으므로 행정법에서는 불문법원을 인정하는 데 소극적이며, 성문법주의가 원칙이다. 그렇지만 성문법만으로 완벽하게 행정을 규율할 수 있는 것은 아니기 때문에, 불문법원의 존재를 부인할 수는 없다.

불문법은 관습, 판결, 법의 일반원칙 등으로, 법이 존재하는 형식이 의회의 입법에 의해 명확한 형태를 띠는 성문법과 차이를 보인다.

2. 불문법의 구성

불문법원은 관습법, 판례법, 조리(법의 일반원칙)[21]로 구성된다.

(1) 관습법

도입사례 4 2

새로운 주택가로 이사를 간 갑은 자신의 집 앞 골목의 주차공간에 차를 주차했으나 저녁 무렵 이웃 을이 찾아와 자신이 오랜 기간 주차해오던 공간이고 이 주변 사람들 중에 그 자리에 주차하는 사람을 없다고 주장하며 차를 빼줄 것을 요구하고 있다. 갑은 이 주차공간에 대해 을의 독점적인 우선권을 어떻게 확인할 수 있는가?

관습법이란 관습에 의해 인정되는 법을 말하며, 일정한 관행이 존재하고 이에 대한 법적 확신이라는 요건이 충족되어야 한다. 관습법 행정청이 취급

21) 최근에 제정된 행정기본법 제9조, 제10조, 제12조에 평등의 원칙, 비례의 원칙 및 신뢰보호의 원칙을 변형한 문장이 포함되었는데, 위 원칙들이 실정법에 규정됨으로써 성문법원이 되었는가에 대해서는 아직 논란 중이다.

한 선례가 오랫동안 반복되어 형성된 행정선례 또는 다수 국민들의 공법상 관행으로 성립된 민중적 관습법 등이 있다.

(2) 판례법

도입사례 4-3

제2종 보통 운전면허증을 보유한 을은 자동차정비업소의 직원으로, 고장난 택시를 운행하여 정비업소로 가던 도중 경찰에게 적발되어 무면허운전죄로 기소되었다. 이에 대법원은 이 사건 운행의 대상은 택시로서가 아니라 단순 승용차에 불과한 것으로 보아 무죄판결을 하였다. 이 판결은 행정법의 법원으로 어떠한 기능을 하는가?

판례법은 판례에 의해 형성되는 불문법으로, 행정판례는 행정주체가 법 또는 법해석의 제1기준으로 인식한다. 운전면허, 음주운전 등에 관한 대법원 판례는 사실상 국민의 공법상 지위에 영향을 주는 구속력 있는 규범의 기능을 한다. 영미에서 판례는 선례구속의 원칙에 따라 당연히 법원이 되지만, 한국의 경우 선례구속은 법원칙이 아닌 사실상의 강제력에 불과하다(법원조직법 제8조 참조). 그러나 실무에 있어 판례의 중요도와 법원성은 여타의 불문법원을 능가한다.

(3) 조리(條理)

조리(법의 일반원칙)는 일반사회의 정의관념에 비추어 당연히 그러할 것이라 인정되는 것을 의미하며, 통상적으로는 '상식'에 가까운 개념이다. 조리법은 법해석의 기본원칙 또는 성문법이 결여되었을 때 최후의 보충적 법원으로 기능한다.

조리가 원용되는 이유는 행정주체의 처분에 성문법상 위법이 발견되기 어려운 경우 등에 처분의 위법성을 주장하는 마지막 사유가 될 수 있기 때문이다. 예컨대 (설령 법이 그렇게 규정하고 있다고 해도) "불공평하다(평등원칙)", "너무하다(비례원칙)" 등이 조리를 주장하는 경우이다. 주요한 조리법으로는 평등원칙, 비례원칙, 신뢰보호의 원칙 등이 있다.[22)]

도입사례 4-2, 3의 해결

- 도로상에 주차할 권리는 공법적인 권리이지만 그에 대해 법령이 개개인의 배타적인 우선권을 인정하는 경우는 원칙적으로 없다. 따라서 갑은 상당한 기간 거주하면서 을의 우선권을 인정할 수 있는 주민들의 다양한 행태를 관찰하는 방법으로 관행을 인식할 수밖에 없다. 물론 예외적으로 조례에 의해 거주자 우선 주차구역이 설정되는 경우도 있는데 이 경우에는 성문법이 존재하는 경우이므로 관련 조례의 조항을 찾아보고 주민센터에서 등록차량을 확인하는 방법이 가능할 것이다(주차장법 제8조 제2항 및 자치단체 조례).
- 행정법인 도로교통법에 따라 발급된 운전면허는 국민의 운전할 수 있는 공법상 지위를 부여하는 처분이며, 1종, 2종 등 면허의 종류와 운전할 수 있는 대상은 법령에 의해 정해진다. 이 사건 판례를 통해 2종 보통면허의 운행범위가 부분적으로 확대되는 결과가 초래되므로 이 판례가 도로교통법과 유사한 법원으로서의 기능을 '사실상' 담당하게 된다.

주요 키워드 행정법의 법원, 불문법, 불문법의 발견

Ⅳ 평등의 원칙

평등원칙은 행정주체가 행정활동을 함에 있어 특별히 합리적 이유가 존재하지 않는 한 상대방인 국민을 공평하게 처우하여야 한다는 것을 의미한다.

22) 자세히는 박정훈, 행정법의 체계와 방법론, 박영사, 2005, 113-160면(제4장 행정법의 법원), 참조.

V 비례의 원칙(제3회, 제5회 변호사 시험)

도입사례 4-4

검찰의 고검장으로 있던 갑은 자신이 근무했던 지역의 변호사에 대한 수사가 진행되면서 비위의혹을 받자, 근무지를 떠나 서울로 와서 기자회견을 자청했다. 기자회견에서 자신에 대한 수사는 차기 검찰총장의 대상을 내정하기 위한 마녀사냥이라고 주장하였는데, 갑은 이러한 행위를 이유로 결국 면직되었다. 면직취소소송에서 갑은 어떠한 주장을 해야 구제될 수 있을까?

1. 비례원칙의 의의

비례원칙이란 행정작용의 목적과 수단 사이에 합리적인 비례관계가 있어야 한다는 원칙이다. 행정작용으로 얻게 되는 이익(공익)과 그로 인해 초래되는 사인의 이익도 형량(衡量)의 대상으로, 상당한 비례관계에 있어야 한다.

2. 내 용

비례원칙은 적합성, 필요성, 상당성의 원칙으로 구성된다. 행정청이 사용한 수단은 목적에 적합해야 하며, 그 적합한 수단들 중에서도 꼭 필요한 만큼의 침익적 수단이 사용되어야 한다. 또 목적과 수단이 상당한 균형관계를 유지해야 한다.

(1) 적합성의 원칙

적합성의 원칙은 행정목적을 위해 동원되는 수단이 목적과 적합한 관계에 있어야 한다는 것을 의미한다. 목적과 수단을 부당하게 결부시키는 것을 금지하는 부당결부금지원칙과도 상통하는 것으로, 부당결부금지원칙은 넓은 의미의 비례의 원칙에 포함된다. 예컨대 강남 고액과외에 대한 세무조사[23], 정치적 목적의 수사, 술집이 밀집한 지역에서 과세 목적의 음주단속 등은 적합성의 원칙에 맞지 않다.

23) 세무조사는 탈세의 방지 등을 위해 부여된 수단이며, 고액과외와 같이 지탄의 대상이 되는 행위를 직접 규제하기 위한 것은 아니다.

(2) 필요성의 원칙

필요성은 원칙은 달성하기 위한 목적에 맞는 가장 최소한의 수단이 사용되어야 한다는 것을 의미한다. 예컨대 다양한 강도의 제재수단이 존재할 때 행정청은 향후 위반을 억제하기 위해 필요한 만큼의 강도를 가진 수단을 사용해야 한다.

(3) 협의의 비례원칙(상당성의 원칙)

협의의 비례원칙(상당성의 원칙)은 달성하려는 목적과 동원되는 수단 또는 그 수단에 의해 초래되는 불이익 사이에 합리적인 관계가 있어야 한다는 원칙이다. 협의의 비례원칙은 통상 재량행위를 통제하는 원칙으로 행정소송에서 원용되지만, 민사소송으로 이루어지는 경우가 많은 국가배상 등에서도 위법성 판단의 기준이 되기도 한다. 예컨대 경찰이 절도범을 잡기 위해 총을 쏘는 행위는 특별한 사정이 없는 한 협의의 비례원칙에 위반될 소지가 크다.

주요판례 대법원 1991. 6. 11 선고 91누2083 판결.

개인택시운송사업면허의 취소로 인해 실현되는 공익보다 그로 인해 발생하는 불이익이 너무 커 비례의 원칙을 위반하였다고 본 판례.

주요판례 대법원 2018. 7. 24 선고 2016두48416 판결.

사업의 내용과 방법에 대하여 인가처분에 관련된 자들의 이익을 공익과 사익 간에서는 물론, 공익 상호 간 및 사익 상호 간에도 정당하게 비교·교량하여야 하며, 그 비교·교량은 비례의 원칙에 적합하도록 하여야 한다는 판례.

주요판례 대법원 1994. 3. 8 선고 92누1728 판결.

보존음료수제조업에 조건을 붙인 보건사회부장관의 고시가 비례의 원칙에 위반하여 직업의 자유와 행복추구권을 침해하여 헌법에 위반되는 것으로 무효라고 본 판례.

도입사례 4-4의 해결

갑의 의무위반 정도에 비해 파면은 과도한 제재로서 협의의 비례원칙에 위반되는 것으로 본 대법원의 판결이 있었다(대법원 2001. 8. 24 선고 2000두7704 판결).

주요 키워드 비례의 원칙, 과잉금지

Ⅵ 신뢰보호의 원칙

도입사례 4-5

포항에 제철공장을 건설하고자 한 갑은 포항시청에 건축허가를 신청하고 84미터 높이의 공장에 대한 건축허가를 받아 공사에 착수하였다. 나중에 이 사실을 안 군공항에서 당해 지역이 군사시설보호구역으로 66미터 이상의 건축물에 대한 건축허가가 발급될 수 없는 지역이라는 것을 지적하자 포항시청은 공사중지를 명하였고, 건축물에 대한 공사는 현재 약 80%의 공정을 마치고 중지되어 있다. 갑의 신뢰는 보호되어야 하는가?

1. 신뢰보호원칙의 의의

신뢰보호의 원칙이란 행정청의 언동 등을 신뢰한 국민의 보호가치 있는 이익은 보호되어야 한다는 원칙을 뜻한다. 건축허가가 발급되어 건축주가 공사에 착수하였을 때 행정청이 건축허가를 취소한다면 신뢰보호 원칙이 쟁점이 된다.

2. 신뢰보호 원칙의 적용요건(제8회 변호사시험)

일반적으로 행정상 법률관계에 있어 행정청의 행위에 대하여 신뢰보호의 원칙이 적용되기 위한 요건은 다음의 다섯 가지이다.

① 선행조치: 행정청이 공적 견해표명을 하였을 것

② 투자조치: 개인이 이를 신뢰하고 투자 등의 행위를 했을 것

③ 보호가치: 개인에게 귀책사유가 없을 것(고의, 과실 등)

④ 인과관계: 선행조치와 투자조치 간의 인과관계가 있을 것

⑤ 공익침해: 공익을 현저히 해하지 않을 것[24)]

특히 개인의 신뢰는 보호가치가 있는 정당한 것이어야 하므로, 개인의 기망, 사기, 중대한 과실이 있으면 개인의 신뢰는 보호가치가 없어 신뢰보호원칙에 의해 보호받지 못한다.

3. 신뢰보호원칙의 한계

신뢰보호원칙은 법치행정의 원리와 충돌할 수 있다. 법이 금지하는 위법한 처분이 신뢰보호를 위해 발급된다면, 행정은 법에 반할 수 없다는 법치행정의 원리를 정면으로 부인하는 것이기 때문이다. 신뢰보호원칙은 법치행정의 본질을 해하지 않는 범위에서 인정되어야 한다는 점에 유의해야 한다. 신뢰보호원칙을 언급하는 대부분의 판례는 신뢰보호원칙의 적용요건이 충족되지 않음을 이유로 신뢰를 보호해주지 않는 사안들이라는 점도 이와 연결되어 있다.

주요판례 대법원 1998. 11. 13 선고 98두7343 판결.

한려해상국립공원지구 인근의 자연녹지지역에서의 토석채취허가를 약속한 후, 최종적으로는 허가를 거부한 사안에서, 행정청의 거부처분으로 얻게 되는 공익이 원고의 불이익을 정당화할 만큼 강하므로 신뢰보호의 원칙에 반하여 위법하다고 할 수 없다고 한 판례.

24) 대법원 1998. 11. 13 선고 98두7343 판결, 대법원 2001. 9. 28 선고 2000두8684 판결 등.

주요판례 대법원 2008. 1. 17. 선고 2006두10931 판결

국적이탈을 사유로 주민등록을 말소한 것은 공적인 견해표명에 해당하므로 이를 신뢰하여 만 18세가 되기 전 별도의 국적이탈신고 절차를 취하지 않은 원고에 대하여 국적이탈신고를 반려한 것은 신뢰보호의 원칙에 반하여 위법하다고 한 판례.

주요판례 대법원 2005. 4. 28. 선고 2004두8828 판결

구 국토이용관리법상 사업계획 대상지역을 준도시지역으로 입안하라는 등의 이행조건을 붙여 폐기물처리업 사업계획에 대한 적정통보를 한 것만으로 그 사업부지 토지에 대한 국토이용계획변경신청을 승인하여 주겠다는 뜻의 공적인 견해표명을 한 것으로 볼 수 없다고 한 판례.

주요판례 대법원 2006. 11. 16 선고 2003두12899 전원합의체 판결.

변리사시험을 상대평가제로 할 것인지, 절대평가제로 할 것인지를 결정하는 시행령에 대해서 변리사시험 응시생들의 신뢰가 보호되어야 한다고 본 판례.

도입사례 4-5의 해결

행정청이 갑에게 건축허가를 내주었으며, 이를 신뢰한 갑이 공사에 착수하였고, 인과관계가 있다. 다만 갑에게 귀책사유가 없는지, 해당 공장을 짓는 것이 공익을 현저히 해하는지가 쟁점이 될 것이다. 갑의 귀책사유가 있을 가능성이 적지 않으나, 이 사안은 결국 행정내부적인 협상을 통해 조정되었다.

주요 키워드 신뢰보호의 원칙, 신뢰보호의 요건

Ⅶ 부당결부금지의 원칙(제3회 변호사시험)

도입사례 4-6

집창촌에서 불법영업을 일삼는 갑에 대해 행정청은 다양한 수단을 동원하여 이를 제지하고자 했지만, 별로 소득을 얻지 못했다. 행정청은 한국전력공사에

협조를 요청해서 갑의 건물에 대한 단전조치를 요구하였지만 한국전력은 전기요금을 충실하게 납부한 갑에 대해 단전을 하기 어렵다고 통보하였다. 행정청의 단전요청은 행정목적과 상당한 관계에 있는가?

1. 부당결부금지의 원칙의 의의

부당결부금지의 원칙이란 행정처분과 실체적 관련성이 없이 상대방에게 공법상 의무 또는 불이익을 부과하는 것을 금지하는 원칙을 말한다.

2. 적용 영역

부당결부금지의 원칙은 보통 수익적 처분에 부관이 부과되는 경우에 빈번히 목격된다(부관에 관하여는 제15장 참조). 도로개설을 조건으로 건축허가가 발급된 경우,[25] 공원조성을 조건으로 주택건설사업을 승인하는 경우, 기부금을 조건으로 국유재산의 사용수익을 허가하는 경우 등이 부당결부금지 원칙이 문제되는 사례이다.

또한 부당결부금지의 원칙은 침익적 제재처분에도 적용된다. 불법건축물에 대한 단전, 단수요청(건축법 제79조 제2항)이 과연 부당결부인지가 문제될 수 있다.

참고 건축법 제79조 제2항

허가권자는 제1항에 따라 허가나 승인이 취소된 건축물 또는 제1항에 따른 시정명령을 받고 이행하지 아니한 건축물에 대하여는 다른 법령에 따른 영업이나 그 밖의 행위를 허가하지 아니하도록 요청할 수 있다. 다만, 허가권자가 기간을 정하여 그 사용 또는 영업, 그 밖의 행위를 허용한 주택과 대통령령으로 정하는 경우에는 그러하지 아니하다.

25) 대법원 1992. 11. 13. 선고 92누1308 판결 참고.

주요판례 대법원 1997. 3. 11 선고 96다49650 판결.

주택건설사업과 관계없는 기부채납 부담을 붙인 사례에서 부담이 위법하다고 판단한 판례(다만 이 사안에서 당연무효에 이르지는 않는다고 보았음).

도입사례 4-6의 해결

집창촌의 불법영업을 제지하기 위한 단전요청은 부당결부금지원칙의 경계선에 있는 것이라 평가할 수 있다. 엄격하게 해석하면 부당결부로 볼 수 있지만, 법률에 근거가 있어 판단이 쉽지 않다.

주요 키워드 부당결부금지, 단전요청

제05장 공권과 반사적 이익

도입사례 5-1

1. 버스사업자 갑은 최근 승객감소로 고민하고 있다. 이유를 조사해보니 행정청이 갑의 노선과 일부 겹치는 마을버스 노선을 을에게 승인해서 주요 승객이 잠식되고 있기 때문이라는 것을 알았다. 갑은 행정청을 피고로 을에 대한 사업면허를 취소해달라고 소송을 제기하였다. 이 소송에서 갑은 소송을 제기할 적법한 지위에 있을까?
2. 승객 丙은 갑의 버스를 애용하는 시민인데 경영상 어려움을 겪고 있는 갑의 배차간격이 현저히 불규칙해져 출근과 퇴근길에 어려움을 겪고 있다. 丙이 갑의 경영상 어려움의 원인이 된 마을버스사업자 을에 대한 면허발급에 대해 취소소송을 제기한다면 丙의 지위는 어떠한가?

I 공권의 의의

1. 공권의 개념

민사상 법률관계에서 인정되는 사권(私權)에 대응해서 행정상 법률관계에서 인정되는 권리를 공권이라 한다. 통상은 국민이 갖는 권리를 의미하지만 넓게 해석하면 행정주체가 갖는 권리도 통칭하는 개념이 될 수 있으므로 국민이 갖는 권리만을 지칭할 때는 '개인적 공권'이라고 부른다.[26] 초기 공권이론은 '수익적 행정의 상대방'인 국민에게 인정되는 처분의 발급청구권을 상정한 것이었다. 예컨대 건축허가의 상대방이 갖는 건축허가 발급청구권 등이 이에 해당한다.

26) 김동희·최계영, 행정법 I, 92면; 김철용, 행정법, 129면.

2. 공권의 성립요건

공권은 다음의 요건이 충족되어야 인정되는 것으로 해석되었다.

(1) 행정법에 의한 의무부과

행정법규에 의해 행정청에게 공법상의 의무가 부과되어야 한다. 행정청의 의무가 있어야 상대방의 권리가 성립하기 때문이다.

(2) 사익보호성

행정법이 설계한 제도가 그 자체로 개개인의 이익도 보호하고자 하는 취지가 있어야 하고, 전적으로 공익만을 목적으로 하는 경우에는 사익보호성이 인정되기 어렵다. 예컨대 버스중앙차선제, 횡단보도의 설치 등은 사익보호성이 없지만, 운전면허제 등은 사익보호성이 있다.

(3) 소송가능성

실체법상의 권리가 관철될 수 있는 소송상의 절차가 완비되어야 한다. 공권이론이 논의되던 초기에는 이를 요건으로 보는 것이 의미가 있었지만, 현재 한국처럼 행정소송이 일반적으로 허용되는 경우에는 별도의 요건으로 보는 것이 의미가 없다(행정소송법 제2조 참조).

> **행정소송법 제2조(정의)**
>
> ① 이 법에서 사용하는 용어의 정의는 다음과 같다. 1. “처분등”이라 함은 행정청이 행하는 구체적 사실에 관한 법집행으로서의 공권력의 행사 또는 그 거부와 그 밖에 이에 준하는 행정작용(이하 “處分”이라 한다) 및 행정심판에 대한 재결을 말한다.

Ⅱ 공권과 법률상 이익

1. 공권과 법률상 이익의 관계

공권개념은 수익적 행정행위에서 행정청의 처분을 발급받기 위한 법적 근거로 주장되기 시작하였지만, 후에 자신에 대한 침익적 처분을 배제하기 위한 이론[27]과 통합되면서 공권이라는 표현은 '법률상 이익'이라는 개념과 거의 동의어로 받아들여지게 된다. 법률상 이익은 통상 공권을 포섭하는 넓은 개념으로 사용된다(공권 < 법률상 이익).

2. 공 권

공권으로 분류되기 위해서는 제도에 의해 행정청의 의무가 정해지고, 그 의무의 이행이 개개인의 이익과도 직결된다는 요건이 필요하다(공권의 성립요건). 로스쿨 졸업생이 변호사자격을 받을 권리, 식당에 대한 영업허가를 받을 권리 등은 전형적인 공권의 예이다. 공권개념은 원칙적으로 대 행정청 관계에서 인정되는 개념이라는 점에서 행정청을 향해 무엇인가 요청하는(수익적 처분의 발급을 요청하는 등 청구권적 성격의) 권리라는 속성을 띤다. 이는 후술하는 법률상 이익이 법적 지위로서 마치 제3자를 배제하는 효과가 있는 것처럼 해석되는 것과 크게 다른 점이다.

3. 법률상 이익(제5회, 제8회, 제10회 변호사시험)

공권과 법률상 이익은 실무상 서의 같은 표현으로 사용되고 있지만, 연혁상 다른 개념에서 발전한 것이다. 공권과는 달리 법률상 이익은 복효적 행정행위가 승인되고 제3자의 원고적격이 인정되는 과정에서 생성된 개념이다(복효적 행정행위에 대하여는 제7장 참고). 그래서 법률상 이익 중에는 공권이라고 부르기 어색한 것들이 다수 있다[28].

법률상 이익은 일정한 수익적 행정처분에 대해 처분의 상대방이 아닌 제3자에게 소송상 다툴 자격이 인정되기 시작하면서 등장한 개념이다. 이를

27) 엄밀히는 복효적 행정처분에서 침익적 효력을 받는 제3자의 원고적격이 인정되는가 하는 문제(법률상 이익)를 말한다.

28) 행정청이 갑에게 발급한 건축허가에 대해 이웃 을이 취소소송을 하는 경우, 을에게 어떠한 공권이 있는가를 설명하기는 쉽지 않다.

통해 법률관계도 수익적 처분의 상대방과 행정청이라는 2당사자의 대립구도에서 행정청과 상대방 그리고 제3자로 구성되는 3당사자 분립구도로 변경되었다. 이처럼 최초에는 단순하게 수익적 처분이라 이해되던 행정처분 중 일부가 제3자에 대해서도 침익적 효력을 미치는 처분으로 인정되면 이를 복효적 행정처분이라 부른다.

참고 목욕장 거리제한 규정

목욕장에 대한 거리제한 규정이 존재하면 이 조항을 위반한 신규 영업허가는 위법한 처분이 된다. 이를 둘러싼 기존업자와 행정청 사이에 분쟁은 법률상 이익과 반사적 이익을 설명하기 좋은 예이다. 행정주체에게 목욕장 영업허가를 받는 것은 수익적 행정처분이므로 행정청과 허가를 받은 사람 간에는 문제가 없으나, 인근에서 이미 목욕장을 운영하는 제3자는 불만이 있을 것이다. 이처럼 처분의 상대방에 대해서는 수익적이지만, 제3자에 대해서는 불이익을 초래하는 상황은 복효적 행정행위가 발생하게 되는 계기가 된다. 과거에는 목욕장간의 거리제한 규정이 국민 모두가 평등하게 목욕할 권리를 보호하기 위한 (전적으로 공익만을 위한)조항이라 해석되어 기존 업자의 이익은 반사적 이익으로 해석되었다.[29] 그 후 제3자의 법률상 이익이 넓게 승인되면서 거리제한 규정이 1차적으로는 국민의 이익을 보호하기 위한 취지로 마련된 것이지만, '부수적'으로는 기존 업자의 영업상 이익을 보호하기 위한 취지도 있는 것이라고 해석이 일반적인 지위를 차지하게 되었다. 이렇게 해석하면 제3자의 이익은 법률이 보호하고자 하는 이익이므로 법률상 이익이 되고, 제3자는 원고적격을 충족한다. 새로운 목욕장에 대한 영업허가 처분은 처분의 상대방에 대해서는 수익적이지만, 제3자에 대해 침익적인 처분, 복효적 행정처분으로 해석된 대표적인 예이다.

법률상 이익은 수익적 처분의 상대방이 갖는 공권을 포함하여, 복효적 행정처분의 제3자가 누리는 법적 지위까지 포함하는 개념이다. 공권이나 반사적 이익이 강학상의 개념인데 반하여 법률상 이익은 실정법에서도 채택되고 있는 개념이다. 행정소송법은 원고적격을 "법률상 이익"을 갖는 자에게 인정하고 있다(법 제12조)[30].

---

29) 참고판례, 대법원 1963. 8. 13. 선고 63누101 판결 참조.

30) 이러한 원고적격은 처분의 상대방이 아닌 제3자가 소송을 했을 때 비로소 문제가 되는 것이므로, 영업허가가 거부되는 등 직접 상대방과 관련된 사안에서 원고적격을 논하는 것은 오히려 쟁점을 흐리는 오류가 될 수 있다.

> **행정소송법 제12조(원고적격)**
>
> 취소소송은 처분등의 취소를 구할 법률상 이익이 있는 자가 제기할 수 있다. 처분등의 효과가 기간의 경과, 처분등의 집행 그 밖의 사유로 인하여 소멸된 뒤에도 그 처분등의 취소로 인하여 회복되는 법률상 이익이 있는 자의 경우에는 또한 같다.

법률상 이익은 소송요건일 뿐, 본안에서 승소하는지의 문제와는 전혀 별개의 것이라는 점에 각별히 유의해야 한다. 원고적격은 법률상 이익이 침해될 개연성이 있는 자이면 충분하고, 본안 판단을 하여 반드시 실질적으로 법률상 이익이 침해되는 자여야 인정되는 것은 아니다.

4. 반사적 이익

일정한 제도가 도입되면 그 제도의 운영으로 인해 이익이나 불이익이 발생해서 누군가에게 귀속된다. 이러한 과정에서 이익을 받기는 하지만 그것이 제도설계자(입법자)가 의도적으로 부여하고자 했던 것이 아니면 이를 반사적 이익[31]이라 한다(또는 법적으로 보호되지 않는 이익). 반사적 이익은 법률상 이익과 대립되는 개념으로, 판결에서는 "사실상 또는 경제적인 이익에 불과하다"라는 문구로 주로 묘사된다. 반사적 이익과 법률상 이익의 구별은 행정소송에서 원고적격을 판단하는 기준으로 중요하며, 어떠한 제도의 운영에 대해 다툴 자격이 있는 자인가의 여부를 제도의 취지에 따라 판단한다.

Ⅲ 법률상 이익의 확대

1. 원고적격과 소송법 · 실체법

법률상 이익이 확대되는 것은 복효적 행정행위의 인정범위가 넓어지는 것과 맥을 같이 한다. 행정소송법 개정 논의에서는 원고적격의 개념을 구성하는 법률상 이익을 정당한 이익 또는 법적 이익 등으로 바꿀 것을 주장하는

31) 반사적(反射的) 이익이란 이익처럼 보이기는 하지만 거울에 비친 것에 불과하다는 의미이다.

견해가 있었는데, 이는 소송법이 사용하는 법률상 이익이라는 개념을 더 넓히고자 하는 취지이다. 또 일부의 학설이 이와 반대로 법률상 이익의 범위를 좁게 보려는 이유는 원고적격의 범위와 실체법상의 범위를 일치시키고자 하기 때문이다.

행정법에서 실체법과 소송법의 관계를 어떻게 이해하는가를 기준으로 대립되는 커다란 두 개의 입장이 있다. 하나는 실체법을 존중해서 실체법에 소송법을 종속시키려는 견해이며 이에 의하면 소송법이 실체법의 개념에서 벗어나는 넓은 개념을 사용하는 것은 부당한 것으로 이해된다(실체법설). 다른 하나의 견해는 소송법과 실체법의 관계를 상대화하고 소송법에서 사용하는 개념이 실체법보다 넓어질 수 있다는 입장이다(소송법설). 이에 의하면 대체로 소송을 통한 권리구제의 길이 더 넓어진다.

소송법설은 소송법이 실체법에 종속되지 않기 때문에 원고적격, 처분성의 판단에 있어 법원이 실체법에 구애받지 아니하고 자유롭게 원고적격과 처분성을 인정할 수 있어 권리구제의 폭을 넓힐 수 있다는 장점이 있으나 이론적인 정합성이 깨질 우려가 있다. 반면, 실체법설은 소송법을 실체법에 종속시키므로 이론적인 정합성은 있으나 행정소송의 범위를 제한하므로 권리구제의 폭을 좁히는 단점이 있다.

행정소송의 대상이 되는 처분과 행정행위는 동일한 법적 효과를 갖는 것으로 동일하다는 주장, 원고적격은 법률이 보호하는 이익에 국한되어야 한다는 입장 등은 실체법을 중시하는 견해에서 오는 것이다. 이에 비해 사실행위 중에서도 영향력이 있는 행위는 처분성을 인정할 수 있고, 원고적격도 소송법의 관점에서 다르게 평가될 수 있다는 견해는 소송법을 중시하는 견해이다.[32)]

2. 원고적격의 확대

건축허가와 이웃소송, 경원자(競願者)소송, 환경소송 등에서 소송을 할 수 있는 자들의 범위가 점점 넓어지고 있는 추세이다.[33)] 원고적격이 최초로

32) 박정훈, 행정소송의 구조와 기능, 박영사, 2006, 183-288면 참조.

인정되기 시작한 영역도 건축허가와 관련된 것이었으며 건축물이 갖는 영향력이 높아지면서 원고적격의 범위도 점차 넓어지게 되었다.[34] 오폐수를 배출하는 공장, 원자력발전소 등의 시설은 주변지역에 광범위한 영향을 미치므로 이를 다툴 수 있는 법률상 이익도 역시 넓어질 수밖에 없다.

법률상 이익이 인정되는 범위가 점차 확대되어 가는 경향은 특히 다양한 소송에 대처하는 법원의 견해에 의해 더욱 강화되고 있다. 최근 대법원은 '근거법률'이라는 말 외에 '관련법률'이라는 표현을 쓰면서 환경영향평가법과 같이 당해 사안에 적용되는 부수적 법률에서라도 보호하고자 하는 범주에 속하는 사람들에게 원고적격을 인정하고자 노력하고 있다.

주요판례 대법원 1975. 5. 13. 선고 73누96,97 판결.

복효적 행정처분에 관하여 구 도시계획법상 주거지역 내에서 거주하는 자의 '주거의 안녕과 생활환경의 보호'를 법률상 이익으로 최초로 인정한 판례

주요판례 대법원 1998. 4. 24 선고 97누3286 판결.

자연공원법, 자연공원법시행규칙 뿐만 아니라 환경영향평가법 및 그 시행령도 공원사업시행허가 발급의 근거법률이 된다고 보아 환경영향평가대상지역 안의 주민들에게도 환경영향평가대상사업에 관한 변경승인 및 허가처분의 취소를 구할 원고적격을 인정한 판례.

주요판례 대법원 2006. 3. 16 선고 2006두330 전원합의체 판결.

새만금간척개발사업에 대해 환경영향평가법을 근거법률로 보고, 환경영향평가지역 외부에 거주하는 사람들은 처분한도를 넘는 환경피해를 받거나 받을 우려가 있음을 입증하는 경우에 한해서 원고적격을 인정한 판례.

---

33) 이원우, 시민과 NGO에 의한 행정통제 강화와 행정소송, 법과사회 2002년 하반기(제23호), 163-199면 참조.

34) 잠실의 롯데월드빌딩은 주변지역의 토지소유자들뿐 아니라 군비행장의 활주로변경을 매개로 성남시의 재개발조합들에게도 영향을 미쳤다.

주요판례 대법원 2018. 7. 12 선고 2015두3485 판결.

개발제한구역 안에서의 공장건축허가처분에 대해 인근 주민들에게 공장건축허가처분의 취소를 구할 법률상 이익을 인정한 판례

Q&A 강행법규의 개념

Q '강행법규'라고 하는 것이 행정청을 기속하는 혹은 재판규범으로서 의미가 있는 '법규성'을 가지는 법령으로 이해하는 것이 올바른 것인가요?

A 공권의 성립요건으로서 강행법규란 공법상 제도일반 정도로 이해하면 충분합니다. 예컨대 도로교통법상 운전면허제도나 식품위생법상 영업허가제도 등을 생각하면 이 제도의 취지상 법률이 정한 요건을 충족한 자들에게 면허나 허가를 발급할 의무가 행정청에게 부여되어 있다고 해석할 수 있어요. 이러한 공법상의 제도가 행정청에게 의무를 부과한다면 공권의 성립요건 중 하나가 충족되는 것입니다.

Q&A 행정소송법 제12조상 법률상 이익의 해석

Q 원고적격을 널리 인정하여 사실상 이익까지도 포함시켜야 한다는 견해는 입법론에 관한 견해에 불과한 것인지 아니면 해석론으로도 '법률상 이익'을 실체법상 보호되는 이익으로 한정할 필요가 없다고 보는 것인지 궁금합니다.

A 일단 이 문제를 조문해석의 문제로 국한해서 봅시다. 행정소송법 제12조에는 '법률상 이익'이 있는 자가 취소소송을 제기할 수 있다고 하고 있으니까 그것이 없으면 소가 각하된다는 것이지요.

어떤 사람이 당해 조항상의 법률상 이익을 갖고 있는가를 판단할 때, 자연공원법, 환경영향평가법 등 실체법 조항을 보고 그 조항들에서 그자의 이익을 보호하고자 하는 해석이 나오면 그 때 비로소 법률상 이익이 있다고 본다면 이는 실체법설의 입장입니다.

이에 비해 소송법의 독자성을 강조하는 소송법설에 의하면 '법률상 이익'이라는 단어가 판사에게 주어진 용어이고, 판사가 해석을 통해 확정하는 용어라고 보게 됩니다. 이런 입장에서 판사는 경제적, 심리적, 사회적,

사실적 측면을 다 고려해서 법률상 이익의 존부를 정할 수 있어요. 비록 실체법에서 그런 취지가 나오지 않는다고 해도 말이지요. 물론 실체법에서 그런 취지가 나오면 그냥 실체법을 원용하면 되겠지요.

예컨대 행정소송법 제20조에 제소기간이 90일로 정해져 있는데. 이 개념은 판사가 계산해서 지났는지를 확정하지, 실체법과 무관한 것이거든요. 이런 조문처럼 판사가 자신의 판단으로 정할 수 있다는 것이 소송법설이에요. 현재로서는 약간 급진적인 입장이라고나 할까. 질문에 대한 답을 간단히 하면, 그래서 소송법설은 해석론으로도 가능한 것이고 입법론에 불과한 것은 아니에요.

도입사례 5-1의 해결

버스사업자 갑이 제기하는 취소소송은 전형적인 경업자 소송이다. 버스사업 면허는 특허인데, 특허사업자가 받는 이익은 법률상 이익이므로 원고적격이 인정된다고 보는 것이 판례이다. 따라서 갑은 원고적격이 있고 판사를 만날 수 있을 것이다.

그에 비해 승객 丙이 얻는 이익은 사실상 이익에 불과하다고 볼 여지가 많으므로, 丙에게 원고적격이 인정되기는 어렵다.

주요 키워드 원고적격, 경업자 소송, 법률상 이익

Ⅳ 공권의 번형－새로운 공권

새로운 공권에 해당하는 무하자재량행사청구권과 행정개입청구권은 공권의 범위를 넓히는 기능을 하는 공권이다.

1. 무하자재량행사청구권

도입사례 5-2

갑은 관악구에서 음식점을 영업하는 상인으로, 코로나로 인해 영업손실을 입어 상인 재난지원금을 신청하였다. 서울특별시시는 법령의 취지에 따라 200만원까지 지급할 재량을 갖고 있었는데, 갑의 신청을 검토한 후 갑을 지원금

지급대상자로 인정하기 어렵다는 결론에 이르러 지원금의 지급을 거절하였다. 이 사안에서 갑은 구체적으로 어떤 권리를 가지고 있으며, 소송을 하면 무엇이 쟁점이 되겠는가? 구청이 만약 10만원을 지급하기로 결정하였다면 갑이 소송을 할 방법은 무엇인가?

(1) 의 의

무하자재량행사청구권이란 개인이 행정청에 대하여 하자 없는, 즉 정당한 재량처분을 구하는 공권이다. 건축허가나 영업허가의 경우 행정청에게 재량이 없기 때문에 처분의 상대방은 건축허가나 영업허가와 같은 구체적이고도 특정한 처분의 발급을 청구할 권리가 있다. 이에 반해 행정청이 재량을 보유해서 여러 선택지 중의 하나를 고를 수 있거나 심지어는 처분을 하지 않을 수도 있다면 상황이 다르다. 이 경우 처분의 상대방에게는 처분의 '내용을 특정'해서 발급해주도록 요구할 권리는 없고, 행정청에게 의무에 합당한 재량을 행사해서 처분의 내용을 정하거나 또는 처분의 발급여부를 결정해 줄 것을 요청하는 것 이외에는 다른 수단이 없다. 그러나 이때에도 처분의 상대방이 법적으로 아무런 권리도 없는 것은 아니고 절차상 또는 형식상의 권리는 갖는 것으로 이해되며, 이를 무하자재량행사청구권이라 한다.

(2) 적용영역

무하자재량행사청구권은 수익적 처분의 발급거부에서 주로 신청권으로 이해되어 거부처분을 취소소송으로 다투는 것을 용이하게 한다. 무하자재량행사청구권은 검사임용 거부처분이나 보조금지급 거부처분 취소소송과 같이 행정청이 수익적 처분의 발급에 대해 재량을 가질 때 처분의 상대방에게 인정되는 공권이다. (무하자재량행사청구권과 신청권의 관계는 제6장 질의응답 참조)

(3) 무하자재량행사청구권의 특징

무하자재량행사청구권을 형식적 권리 또는 절차적 권리라고 하는 이유는 기속행위의 상대방이 갖는 실체적 청구권에 비해 내용이 특정되지 않는 '무(無)내용의 권리'로 이해되기 때문이다. 운전면허 신청자는 요건이 충족된 경우 자신에게 특정한 처분을 발급해 주도록 요구할 수 있지만, 재량처분인 검사임용의 신청자는 자신을 검사로 임명해 줄 것을 법무부장관에게 청구할 수 있는 구체적인 권리를 갖는 것은 아니다. 단지 재량을 잘 행사해서 순위가 정당하게 매겨지도록 요청할 절차적 권리 정도가 보장되며 이것이 무하자재량행사청구권이다.

참고 검사임용 거부처분 취소소송 (대법원 1991. 2. 12 **선고** 90**누**5825 **판결 참조)**

검사임용 거부처분 취소소송에서 법무부는 검사임용 거부는 처분이 아니고, 상대방이 법무부에 구체적으로 요구할 수 있는 권리가 없다고 주장하였다. 그러나 법원은 검사임용 거부처분의 취소를 구하는 것의 소송요건은 충족된다고 보았다. 즉, 구체적으로 검사임용을 요구할 수는 없지만, 의무에 합당한 재량을 행사할 것을 청구할 권리는 있다고 본 것이다. 그러나 실제로 본안에서는 원고가 패소하였다.

도입사례 5-2의 해결

갑은 지원금을 신청할 일반적이고 추상적인 권리가 있으며, 그러한 권리는 행정청에게 의무에 합당한 재량을 행사해줄 것을 요구하는 무하자재량행사청구권이다. 따라서 갑은 지원금의 지급을 구할 신청권을 갖고 거부처분에 대해 취소소송을 제기할 수 있다. 또 10만원 지급결정이 부족하다고 느끼면 이에 대해서도 취소소송을 할 수 있다. 다만 갑이 갖는 권리는 특정한 금액을 요구하는 것이 아니라는 점에서 그 금액의 결정권은 여전히 행정청의 재량에 놓여있다.

주요 키워드 거부처분의 취소, 신청권, 무하자재량행사청구권

2. 행정개입청구권

도입사례 5-3

복잡한 주택가에 살고 있는 갑은 왕복 1차선의 차도에서 차들이 인도를 잠식하고 주차(이른바 개구리주차)하는 바람에 보행에 항상 어려움을 겪고 있다. 특히 비가 오는 날에는 좁은 인도에서 우산이 서로 지나가기 어려워 정상적인 보행이 거의 불가능하고 차도로 내려가 걷는 것은 위험하다고 판단해서 구청에 이를 견인하거나 주차위반 단속을 하도록 요청했다. 한 달이 지나도 구청에서는 아무런 조치도 하지 않고 있다. 갑은 소송까지 할 수 있는가? 불법주차된 차량에 의해 영업에 지장을 받는 식당 주인 을이 구청에 단속을 요구한다면 어떨까?

(1) 의 의

행정개입청구권이란 원고가 행정청에 대하여 제3자에게 어떠한 감독적 조치를 발동해 줄 것을 요청하는 권리이다. 보통 감독적 조치는 행정청의 넓은 재량범위 내에 있어 구체적인 행위를 요청하는 행정개입청구권이 인정되기는 어렵다. 행정개입청구권의 예로는 제3자 차량의 견인조치 청구, 마을버스에 대한 제재처분 요청, 행정청에 대한 공무원의 징계요청 등이 있다. 예외적으로 행정개입청구권은 생명, 신체 등의 보호의무에 의해 행정청의 재량이 탈락되는 경우 구체적인 청구권으로 전환될 수 있다.

(2) 행정개입청구권의 구조

행정개입청구권은 개입을 요청하는 자와 행정주체, 감독적 조치의 상대방의 3자로 구성된다. 행정개입을 청구하는 자를 제외하면 감독청과 감독적 조치의 상대방이 대립하는 양자의 법률관계로 환원된다. 감독관계에서 행정청의 감독권한은 다양한 상황에 대처하기 위한 여러 조치들로 구성되므로 행정청은 수단 선택에서 광범위한 재량을 갖는다. 따라서 행정개입을 요청하는 자는 행정청이 보유한 다양한 감독권 중 특정한 하나를 발동하도록 요청할 수는 없고, 행정청에게 선택지 중에 가장 합당한 감독적 조치를 발하도록 요청할 수 있을 뿐이다. 이런 점에서 이 청구권도 3자 구조로 변환된 무하자재량행사청구권이라 할 수 있다. 다만 무하자재량행사청구권이 처분의 상대방에게 주어진 '권리'라면, 행정개입청구는 행정청의 고유권한인 감독권에 대해 상대방이 아닌 제3자가 발동을 촉구하는 것이라는 점에서 법적인 권리 또는 신청권으로 인정되는 것 자체가 쉽지 않다.

(3) 소송의 형태

행정개입청구가 거부되면 소송의 형태는 거부처분 취소소송이 되며, 우선 중요한 쟁점은 원고에게 신청권이 있는가 여부가 된다(원고적격의 문제). 만일 원고에게 신청권이 없다면 소가 각하되고, 신청권이 있어도 행정청의 거부가 재량의 범위 내이면 청구가 기각된다.

도입사례 5-3의 해결

행정개입청구권을 떠올리게 하는 전형적인 경우이다. 불법주차한 자에 대해 견인조치라는 감독권행사를 요청하는 것이기 때문이다. 다만 이정도의 법적 지위로는 신청권을 인정받기 힘들어 거부처분 취소소송이 허용되지 않을 것이다(행정개입청구권 부정). 다만 교통사고가 빈발하는 등 생명·신체에 대한 현저한 위험이 입증된다면 행정개입청구권이 인정될 여지는 있다. 영업에 방해를 받는 식당이라면 신청권이 인정될 가능성이 일반 통행자보다는 더 높을 것이다.

주요 키워드 행정개입청구권, 감독적 조치

보.충.학.습

※ 행정소송에 있어 각하, 기각, 인용 판결의 의미를 조사할 것

※ 판결주문과 판결이유의 의미를 확인할 것.

제06장 행정행위의 의의와 기능

I 개 관

행정소송에서 가장 빈발하는 분쟁은 행정청의 일방적 불이익 처분에 대해 불만이 있는 국민이 제기하는 취소소송의 형태를 띤다. 주로 국민의 권리침해가 행정행위에 의해 이루어지기 때문에 행정소송이 '행정행위의 취소를 위한' 취소소송 중심으로 설계되어 있기 때문이다.

그러나 다른 한편 행정소송이 취소소송 위주로 설계된 결과, 행정상 법률관계에서 불이익을 받고 있어도 분쟁의 중심에서 행정행위를 찾아낼 수 없으면 상대적으로 권리를 구제받기가 어려워졌다. 그러므로 권리구제를 위해서는 행정청의 행위가 행정행위(또는 처분)라는 요건이 갖추어지는 것이 실무상 매우 중요하다. 이러한 맥락에서 행정행위의 가장 핵심적인 징표는 행정청이 국민의 권리의무에 직접적으로 변경을 가했다는 점이다. 그러므로 취소소송을 하려고 할 때는 그것이 국민의 권리의무에 직접적인 변경을 초래한 행위(행정행위)이냐 아니냐를 따지는 것이 1차적 문제이다(처분성).

'행정행위'는 강학상 개념으로, 행정소송법상 개념인 '처분'에 비해서 좁은 개념이다. 즉, 통설과 판례에 따를 때 처분이 행정행위를 포함하는 관계에 있고, 따라서 행정행위에 속하는 것으로 해석되면 취소소송의 대상이 되는 데 아무런 지장이 없다.

Ⅱ 행정행위의 의의

1. 행정행위의 개념

행정행위라는 개념의 범위를 둘러싸고 최광의, 광의, 협의, 최협의로 견해가 나누어진다.[35] ① 최광의의 행정행위는 행정청이 행하는 '모든 행위'를 뜻한다. ② 광의의 행정행위는 행정청에 의한 '공법행위'를 말하는 것으로, 최광의의 행정행위에서 사법행위와 사실행위가 제외된다. ③ 협의의 행정행위는 행정청이 '법아래 구체적 사실에 관한 법집행으로서 행하는 공법행위'를 말하며, 광의의 행정행위에서 행정입법이 제외되나, 권력행위와 비권력행위로서의 공법상계약 등이 포함된다.

④ 최협의의 행정행위는 행정청이 법아래서 '구체적 사실에 관한 법집행으로서 행하는 권력적 단독행위인 공법행위'를 말한다. 협의의 행정행위에서 공법상계약 등이 제외되어 공권력 발동으로서의 단독행위만을 지칭하게 된다. 이것이 현재의 통설적 견해이다.

이하에서 행정행위는 최협의의 개념으로 사용한다.

2. 행정행위의 개념징표

행정행위의 중요한 개념징표는 다음과 같다.

35) 김동희·최계영, 행정법 I, 247면; 김철용, 행정법, 207면 등.

(1) 행정청

행정청은 '대외적으로' 일정한 처분 등을 발할 수 있는 법적 권한을 갖는 행정기관을 뜻한다. 원칙적으로 국가, 시청, 구청 등이 행정청이 되지만 행정작용법상 기능적 의미의 행정청도 이에 속한다. 예컨대 국회사무처나 법원행정처와 같이 행정부가 아닌 국가기관도 행정청이 될 수 있다.

(2) 구체적 사실에 대한 법집행

행정행위는 구체적 사실에 대한 법집행행위라는 점에서 일반·추상적인 입법작용과 구별된다. 법령이 음주운전을 일반적으로 금지한다면, 행정은 음주운전자를 단속해서 면허를 정지시키는 구체적인 행위로 법을 집행한다.

(3) 권력적 단독행위

행정행위는 처분의 상대방의 의사를 제압할 수 있고, 상대방의 동의가 필요 없다. 이러한 권능은 법률로부터 수권되어 있다. 단독행위라는 점에서 공법상계약과 구별된다.[36)]

(4) 공법행위

행정행위가 공법행위라는 의미는 행정행위가 사법상 행위가 아니라 '공법상의 행위'이며, 사실상의 효과가 아니라 '법적인 효과'를 갖는다는 것이다.[37)] 법적 효과를 갖는다는 점에서 행정행위는 내부적 행위나 권력적 사실행위와 구별된다. 행정행위는 사법적 효과가 아니라 공법적 효과를 발생시키는 것으로서 예컨대 운전면허증의 발급이나 영업허가 등이 이에 해당한다.

또한 행정행위는 법적 행위로서 법적 효과가 남아야 하므로, 단순한 공권력 행사와는 구별될 수 있다. 예컨대 경찰이 시위대를 막기 위해 도로에 차벽을 설치하는 행위는 공권력행사이기는 하지만 사실행위일 뿐 법적 효

---

36) 박정훈, 행정법의 체계와 방법론, 170-242면(제5장 행정조달계약의 법적 성격) 참조.

37) 이원우, 정부투자기관의 부정당업자에 대한 입찰가격 제한조치의 법적 성질 - 공기업의 행정주체성을 중심으로, 한국공법학의 새로운 전개(목촌김도창박사 팔순기념논문집), 2002, 424-458면 참조.

과를 발생하는 것이라 보기 어렵고 따라서 행정행위로 분류되지 않는다(행정상 사실행위에 관하여는 제19장 참조).

> **참고 행정행위와 취소소송**
>
> 행정행위는 반드시 법적 효과가 남으므로, 이러한 법적 효과를 없애기 위한 소송인 취소소송이 성질상 잘 어울린다. 취소란 관념적이고 추상적인 법적 효과를 소멸시키는 행위를 지칭하는 지극히 법적인 개념이므로, 엄밀하게 이론적으로만 말하면 법적 효과가 없는 행위는 취소될 수 없다. 사실행위를 취소하기 어색한 것도 이 때문이다.

3. 실체법과 소송법 그리고 절차법

실체법은 국민의 권리의무에 관한 사항을 규율한다. 반면 소송법은 이러한 실체적 사항에 관한 분쟁이 생겼을 때 분쟁을 해결할 수 있는 절차와 방법을 정한다. 실체법은 소송에서 처분의 위법성 판단의 기준이 된다는 점에서 실체법이고 소송법과 대조를 이룬다. 도로교통법, 식품위생법은 운전할 권리, 식당을 운영할 권리 등을 정한다는 의미에서 실체법이며, 운전면허정지처분 등의 취소소송에서 소제기기간, 원고적격 등을 소송절차를 정하는 행정소송법이 소송법이다.

절차법은 행정절차법처럼 행정행위의 발급 전에 행정청이 거쳐야 하는 청문, 의견청취 등의 절차를 규정한다. 절차법에 의해 의견진술 등 당사자의 절차상 권리는 보장되지만, 실체적 권리의무가 정해지는 것은 아니라는 점에서 앞서 설명한 실체법과 구별된다. 다만 소송에서 절차위반도 처분의 위법성을 구성한다는 점에서는 실체법과 매우 유사하게 취급된다. 이러한 모든 법률분야는 행정행위라는 개념을 매개로 상호 관련되는 경우가 많다.

<table>
<tr><td>좁은 의미의
실체법</td><td rowspan="2">소송법
※ 좁은 의미의 실체법과 절차법에 대한 견해대립(분쟁)은 소송법으로 해결함.</td></tr>
<tr><td>절차법</td></tr>
</table>

4. 행정소송의 종류

> **행정소송법 제3조(행정소송의 종류) 행정소송은 다음의 네가지로 구분한다.**
>
> 1. 항고소송: 행정청의 처분등이나 부작위에 대하여 제기하는 소송
> 2. 당사자소송: 행정청의 처분등을 원인으로 하는 법률관계에 관한 소송 그 밖에 공법상의 법률관계에 관한 소송으로서 그 법률관계의 한쪽 당사자를 피고로 하는 소송
> 3. 민중소송: 국가 또는 공공단체의 기관이 법률에 위반되는 행위를 한 때에 직접 자기의 법률상 이익과 관계없이 그 시정을 구하기 위하여 제기하는 소송
> 4. 기관소송: 국가 또는 공공단체의 기관상호간에 있어서의 권한의 존부 또는 그 행사에 관한 다툼이 있을 때에 이에 대하여 제기하는 소송. 다만, 헌법재판소법 제2조의 규정에 의하여 헌법재판소의 관장사항으로 되는 소송은 제외한다.

행정소송은 크게 당사자의 권리를 구제하는 주관소송과 객관적 법질서의 회복을 목적으로 하는 객관소송으로 나뉠 수 있다. 행정소송은 행정청의 우월한 일방적 행정권 행사 또는 불행사에 불복하여 개인의 권리를 구제하는 항고소송 중심으로 설계되어 있다. 주관소송의 일종인 항고소송에는 행정청의 위법한 처분 등을 취소하는 소송인 '취소소송', 행정청의 처분이나 재결의 효력 또는 존재 유무의 확인을 구하는 소송인 '무효등확인소송', 행정청의 부작위가 위법하다는 것을 확인하는 소송인 '부작위위법확인소송'이 있다. 항고소송과 함께 공법상 법률관계에 관한 소송인 당사자 소송이 주관소송으로 분류된다.

객관소송에는 행정기관 상호 간의 권한의 다툼에 대한 소송인 기관소송, 국가 또는 공공단체의 기관이 위법행위를 할 때 시정하기 위해 제기하는 소송인 민중소송이 있다. 주관소송은 일반적으로 허용되지만, 객관소송은 개별법에 별도로 정해진 경우에만 허용된다.

<table>
<tr><td rowspan="4">주관소송</td><td rowspan="3">항고소송</td><td>취소소송</td></tr>
<tr><td>무효등확인소송</td></tr>
<tr><td>부작위위법확인소송</td></tr>
<tr><td colspan="2">당사자소송</td></tr>
<tr><td rowspan="2">객관소송</td><td colspan="2">기관소송</td></tr>
<tr><td colspan="2">민중소송</td></tr>
</table>

이러한 행정소송 중에서도 실제 제기되는 대부분의 소송은 취소소송이고, 취소소송의 핵심은 국민의 권리를 제약하는 행정행위의 제거에 있다. 이러한 점에서 행정행위라는 개념을 이해하는 주된 목적은 소송의 과정에서 취소의 대상을 정하기 위한 것이다.

▮ 취소소송과 당사자소송의 관계 ▮

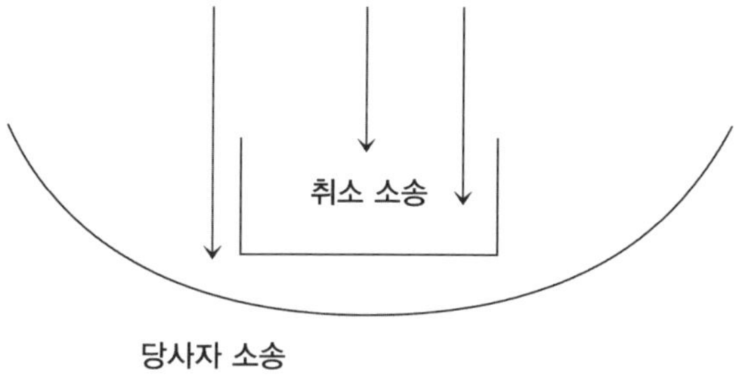

※ 행정상 분쟁의 대부분은 취소소송으로 해결되지만, 취소소송으로 잘 해결되기 어려운 사안들은 공법상 당사자소송이라는 포괄적 분쟁해결수단에 맡겨진다. 물론 당사자소송도 불가능한 경우가 있고, 이 경우에 권리구제는 사실상 어렵다.

5. 행정의 행위형식론

행정의 행위형식론이란 행정행위 외 행정입법, 행정계획, 공법상계약, 사실행위 등을 행정의 행위유형으로 분류하고 각각의 영역별로 이론을 구축하는 논리이다. 행위형식론에서 가장 중요한 위치를 차지하는 것이 행정행위론이다. 이러한 행위형식론 전체에 대응해 행정소송제도가 설계되어 있고, 행정소송법상 처분에 해당하면 취소소송의 대상이 된다. 대체로 행정행위, 행정계획(도시계획) 등이 처분에 해당하고 행정입법이나 사실행위는 예외적으로만 처분성을 인정받을 수 있다.

Ⅲ 행정소송법상의 처분

도입사례 6-1

2021년 대한민국 보건복지부 장관은 코로나19 확산을 방지하기 위해, 이른바 '방역패스' 제도를 시행하도록 하는 '특별방역대책 조치'를 각 시·도지사를 대상으로 발급하였다. 보건복지부 장관의 위 조치에 대해 취소소송을 제기할 수 있는가?

* '방역패스' 제도: 대규모 점포 등 다중이용시설에 출입하는 시민에게 백신 접종확인서·음성확인서를 요구하는 제도.

1. 행정소송법상 처분의 개념

행정소송법상 처분은 "행정청이 법아래서 구체적 사실에 대한 법집행으로 행하는 공권력행사 또는 그(공권력행사의) 거부 기타 이에 준하는 행정작용 및 행정심판의 재결"(행정소송법 제2조)을 의미한다.[38]

QA 공권력행사의 판단기준

Q 행정소송법 제2조의 "공권력행사"에 해당하는 행위를 결정하는 기준이 궁금해서 질문 드립니다. 예컨대 차벽 설치 등의 사실행위는 법적 효과를 발생하지는 않지만 공권력행사에는 해당되지만, 공립대학 강의실의 "의자의 교체"는 공권력행사는 아니라고 보아도 되는지요?

A 통상 의자의 교체는 관리행정이 되거나 또는 국고행정에 속할 수는 있어

38) 이원우, 항고소송의 대상인 처분의 개념요소로서 행정청, 저스티스 68호, 2002, 160-199면 참조.

도 권력적 요소는 없어요. 차로 시위대를 막는 것과는 전혀 다르지요. 경찰버스를 길가에 세우는 것은 보통 권력적이지 않지만 시위대를 막기 위해 차를 일렬로 세우는 행위는 권력적이 될 수 있습니다.

주요판례 대법원 1989. 9. 12 선고 88누8883 판결.

피고(구청장)이 원고에게 내린 재개발구역 내 지정물 철거명령처분은 권한 없는 행정청이 한 철거명령으로서 무효라고 본 판례

주요판례 대법원 2011. 1. 20 선고 2010두14954, 전원합의체 판결.

자족적 신고로 보아왔던 인·허가의제 효과를 수반하는 건축신고를 수리를 요하는 신고로 보아 처분성을 인정하고, 개발행위허가 기준 미달을 이유로 한 건축신고 수리거부처분을 적법하다고 본 판례.[39)]

주요판례 대법원 2010. 11. 18 선고 2008두167 전원합의체 판결.

행정처분인지 여부는 ① 관련 법령의 내용과 취지, ② 그 행위의 주체·내용·형식·절차, ③ 그 행위와 상대방 등 이해관계인이 입는 불이익과의 실질적 견련성, ④ 법치행정의 원리와 당해 행위에 관련한 행정청 및 이해관계인의 태도 등을 참작하여 개별적으로 판단해야 한다고 본 판례

2. 처분개념의 특성

처분개념은 실정법상의 개념이라는 점에서 강학상 개념인 행정행위와 구별된다. 그러나 처분의 개념은 행정행위를 의식하고 설계된 개념이고 그 의미도 거의 동일한 것이 원칙이다. 다만 행정소송법의 입법과정에서 행정행위보다는 더 넓은 행정작용을 포섭해서 국민의 권리구제 범위를 넓히기 위한 정책적인 이유로 행정행위라는 용어 대신 처분이라는 용어가 채택되었다. 따라서 행정소송법상 처분 개념은 행정행위보다 더 넓은 개념이라는 것이

39) 건축신고의 처분성에 대하여 더 자세히는 김종보, 건설법의 이해, 피데스, 2018, 133면 이하 참조.

다수설이다.[40] 처분에는 행정행위만이 아니라 행정계획, 권력적 사실행위 등이 포함될 수 있다.

Ⅳ 처분과 행정행위의 관계

1. 의 의

행정소송법상 항고소송의 대상은 강학상 개념인 행정행위가 아니라 '처분'으로 정해져 있다. 강학상 개념인 행정행위와 실정법상의 개념인 처분의 범위를 구체적으로 어떻게 해석할 것인가 하는 문제는 행정법에 있어 매우 중요한 문제이다. 이 양자를 가급적 일치시키는 방향으로 해석할 것인가, 아니면 처분의 범위가 행정행위의 범위와 상당히 달라지는 것도 용인할 것인가를 둘러싸고 오랜 논쟁이 진행되고 있다.

2. 처분과 행정행위의 관계에 대한 견해의 대립

(1) 실체법적 개념설(처분=행정행위)(소수설)

처분의 개념을 실체법적 개념에 종속되는 것으로 보아 처분과 행정행위를 동일하게 보는 견해이다(일원설).[41] 취소소송의 대상이 법적 효과를 갖는 행정행위라는 점에 주목하는 견해로서 이론적으로는 일관성을 유지하기 좋다는 장점이 있다. 다만 처분의 개념을 실체법상의 행정행위 개념과 동일한 것으로 판단하거나 또는 행정행위의 개념에 강하게 의존시키면 해석상 처분의 개념이 좁아져 권리구제가 미흡해진다.

예컨대 엄밀한 의미에서 행정행위에 속하는 것은 아니지만 권력적 요소를 갖는 행위 중의 일부는 취소소송의 대상에서 제외하기 어려운 경우가 있다. 이렇게 되면 실체법설이 주장하는 행정행위의 개념과 처분개념이 불일치하

40) 김동희·최계영, 행정법 I, 709면; 김철용, 행정법, 604면; 박균성, 행정법강의, 709면 등.

41) 류지태·박종수, 행정법신론, 13판, 박영사, 2009, 656면; 석종현, 행정법(상), 삼영사, 1997, 190면; 강구철, 행정법 Ⅰ, 학연사, 1993, 857면 등.

게 된다. 실체법적 개념설 중 일부는 '형식적 행정행위'라는 개념을 사용하여 처분과 행정행위 범위의 불일치 문제를 해결하고자 한다. 권력적 사실행위 등을 '형식적' 행정행위라 칭하고 이를 통해 (형식적+실질적)행정행위의 범위를 처분의 범위와 일치시킨다.

(2) 쟁송법적 개념설(처분>행정행위)(다수설)

쟁송법적 개념설은 행정소송법상 처분의 개념 자체가 행정행위의 개념보다 넓게 정의되어 있으므로, 처분은 행정행위와 구별되는 더 넓은 개념이라고 보는 견해이다(이원설).[42] 이에 따르면 처분의 개념과 행정행위의 개념이 일치할 필요가 없어지므로, 굳이 형식적 행정행위라는 개념을 상정할 필요가 없다. 이 책은 쟁송법적 개념설을 취한다.

도입사례 6-1의 해결

처분과 행정행위의 관계에 관하여 실체법적 개념설과 쟁송법적 개념설에 따라 나누어 생각해볼 수 있다.

- 실체법적 개념설에 따르는 경우: '특별방역대책 조치'는 보건복지부 장관이 각 시·도지사를 대상으로 발급한 것으로서, 국민의 권리의무를 직접 규제하지 않고 또 행정행위로서의 구체성도 결여된다. 결국 처분으로 볼 수 없다.
- 쟁송법적 개념설을 따르는 경우: 당해 조치가 일반적 법령보다는 구체적이고, 일반 국민들의 일상 생활에 강력하게 영향을 준다는 점 등에서 일반 국민에게도 소송을 통한 권리구제의 필요성이 있다. 이러한 점을 고려하면 당해 조치는 처분으로 볼 수 있다.

※ 동시다발적으로 이루어진 방역패스 집행정지신청사건(22.01)에서 서울행정법원 행정4부는 행정내부적 행위로서 처분이 아니라고 보았고, 행정8부·13부는 직접 국민의 구체적 권리의무나 법률관계를 규율한다고 보아 처분에 해당한다고 보았음.

주요 키워드 행정행위, 처분, 실체법적 개념설, 쟁송법적 개념설

42) 김동희·최계영, 행정법 I, 709면; 김철용, 행정법, 604면 등.

> **참고** 형식적 행정행위의 개념과 기능
>
> 실체법설 중에는 행정소송법이 행정행위라는 단어와는 달리 처분이라는 용어를 채택하였고 행정소송법에서 개념정의를 넓게 하고 있어도 역시 행정행위만이 처분이라고 보고 싶어 하는 입장이 있다(견해 1). 이 견해에 따르면 권력적 사실행위는 처분성이 부인되므로 취소소송이 허용되지 않으며, 형식적 행정행위의 개념은 필요하지 않다.
>
> 그리고 실체법설이면서도 이보다는 조금 너그럽게 소송법에서 처분이라는 단어를 사용하고 개념범위도 좀 넓게 규정되어 있는 현실을 인정해서 행정행위와 처분의 범위가 잘 맞지 않는다는 것을 받아들이는 견해도 있다(견해 2). 견해 2도 역시 실체법을 우위에 놓고 해석하고자 하는 입장이므로 처분의 주된 부분은 역시 행정행위로 구성된다고 본다. 다만 행정소송법에 의해 처분으로 설정된 영역 중에 행정행위라고 하기 어려운 부분이 있으므로 이 부분을 어떻게 해결할 것인지 고민하게 된다. 견해 2 중의 일부가 그래서 이 부분을 원래는 행정행위가 아니지만 행정소송법에 의해 '형식적으로' 행정행위로 간주되는 것이라고 이해하면서 이를 '형식적 행정행위'라고 부른다.
>
> 일단 실전적으로 형식적 행정행위라는 개념을 반드시 이해하고 그 개념을 정확하게 알아야 하는 것은 아니다. 행정법총론에서 말하는 행정행위와 소송법상 처분의 범위가 일치하지 않고 그 일치하지 않는 부분을 형식적 행정행위로 부르는 견해가 있다는 점을 알아두고, 처분이 행정행위보다 조금 더 넓다는 점을 알면 충분하다.

V 취소소송의 소송요건과 처분성

> **도입사례 6-2**
>
> 대한민국 국적의 20대 청년인 A는 현역 입영 소집 통지를 받고도 종교적 신념에 따라 입영을 거부하였다. 그 상태로 「병역법」에서 정한 기간이 지나자, 병무청장은 위 법에 따라 관련 절차를 거쳐 '병역의무 기피자'라는 명목으로 A의 인적사항 등을 병무청 인터넷 홈페이지에 게시하였다. 이에 수치심을 느낀 A는 자신의 인적사항 공개를 취소할 것을 요구하였으나, 병무청장은 공개결정이 행정처분이 아니라서 취소할 수 없다는 입장을 고수하고 있다. 병무청장의 인적사항 공개결정에 대하여 처분성을 인정한다면 그 근거는 무엇인가?

1. 취소소송의 의의

행정법 관계에서 가장 빈발하는 문제는 행정청의 일방적인 침익적 처분과 이에 의한 국민의 권리침해 상황이다. 이 문제를 해결하기 위해 가장 효과적인 방식으로 설계된 행정소송제도는 취소소송을 권리구제의 원형으로 상정하고 있다. 취소소송은 위법한 처분을 취소하여 법률관계를 원상회복시키는 기능을 수행하는 훌륭한 제도이지만, 다른 한편 소송요건이 까다로운 특징이 있다. 취소소송에서 소송요건을 이해하는 것은 권리구제를 위해 반드시 먼저 해결해야 하는 선결문제이다.

2. 취소소송의 소송요건

행정소송이 본안심리로 나아가기 위해서는(판사를 만나기 위해서는) 다음의 소송요건을 충족시켜야 한다. 다음의 소송요건 중 하나라도 흠결되면 소송은 각하되며, 이들 간의 우열관계나 정해진 순서는 없는 것이 원칙이다. 소송요건을 충족시켜 본안판단으로 나아간 후, 본안판단에서 행정청의 행위가 위법하다고 판단되면 처분이 취소되고, 적법하다고 판단되면 기각판결이 내려진다.

| 소송요건과 본안심리의 관계 |

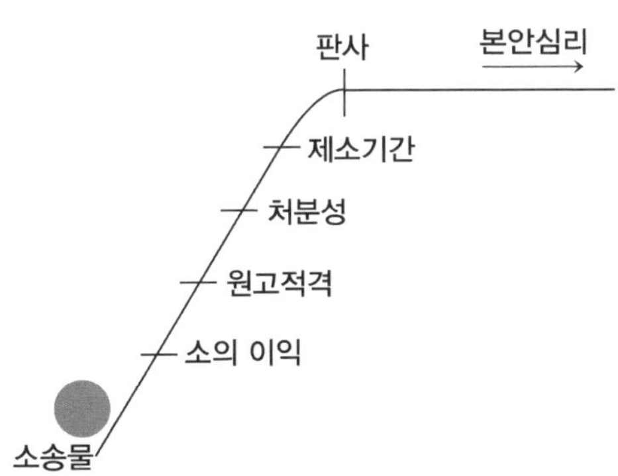

(1) 처분성

① 행정청, ② 구체적 행위, ③ 공권력행사(또는 거부), ④ 국민의 권리의무 변동에 직접 영향을 미치는 행위 등의 요건이 충족되면 처분성이 인정된다(행정소송법 제2조). 이 중 하나라도 결여되면 처분성이 없어 소송이 각하된다.

(2) 원고적격(법률상 이익)

취소소송은 처분의 취소를 구할 법률상 이익이 있는 자가 제기할 수 있다(행정소송법 제12조). 원고적격이 없는 자가 제기한 취소소송은 각하된다.

(3) 제소기간(제3회, 제6회, 제8회, 제10회 변호사시험)

취소소송은 처분이 있음을 안 날로부터 90일 이내에 제기해야 한다(행정소송법 제20조). 제소기간을 지나 취소소송을 제기하면 각하된다.

(4) 협의의 소익(권리보호이익)(제4회 변호사시험)

취소소송을 통해 실질적 이익을 얻을 수 있어야 소송이 허용되고, 소를 통한 실질적인 이익이 없으면 소송이 각하된다(행정소송법 제12조 후문). 처분성, 원고적격 이외에도 소송을 제기할 실질적인 이유가 필요하고, 그것이 없으면 소가 각하되는데, 이를 협의의 소익이라고 한다. 처분기간의 경과, 원상회복이 불가능한 경우 등에 있어서는 원칙적으로 소의 이익이 없다.

참고 소의 이익이 없다고 판단되는 경우(행정구제법의 내용임)

- 처분기간이 경과된 경우(운전면허정지 3개월이 이미 도과된 경우)
- 원상회복이 불가능한 경우(건축물이 이미 철거된 경우의 철거명령 취소소송)
- 이익침해상황이 해소된 경우(불합격처분 취소소송 중 차회 시험합격)
- 강학상 인가인 경우(토지거래허가)
- 예비결정이 본처분에 흡수된 경우(입지선정과 원자력발전소 건설허가)
- 취소가 불가능한 후속처분이 내려진 경우(관리처분계획과 이전고시)

도입사례 6-2의 해결

병역의무 기피자의 인적사항 등 공개는, ①행정청인 병무청장이 발하고 ② 특정인에게 법을 집행하는 구체적 행위이며, ③특정인을 병역의무 기피자로 판단하여 병역법에 근거해 그 사실을 일반 대중에게 공표하는 공권력의 행사로서, ④그의 명예를 훼손하여 병역의무 이행을 간접적으로 강제하는 방법으로 권리의무에 변동을 가하는 것이다. 인적사항의 공개는 면허정지 등 직접적인 권리제한보다는 온건한 방식의 행정작용이지만, 법원은 권리구제의 필요성 등을 종합해서 처분성을 인정하는 방향을 취하고 있다.

주요 키워드 취소소송의 소송요건, 처분성

Ⅵ 거부처분

도입사례 6-3

甲은 ○○시 내 토지를 소유하고 있는 자이다. ○○시의 시장인 을은 대략 15년 전 甲의 토지가 포함된 부지를 공원으로 조성하는 도시계획시설결정을 하였으나, 그 이후 위 부지는 실시계획인가 등 후속 절차가 이루어지지 않은 채 방치되고 있다. 甲은 위 도시계획의 효력을 없애고 자신의 뜻대로 토지를 이용하고자 한다. 어떠한 방식이 가능하겠는가?

1. 의 의

국민이 행정청에 처분의 발급을 신청하였을 때, 행정청이 이를 거부하는 것을 거부처분이라 한다. 거부처분에 대해 판단할 때에는 우선 수익적 처분과 침익적 처분의 구별을 출발점으로 삼아야 한다. 같은 취소소송이더라도 이익상황이 다르기 때문이다. 침익적 처분에 대한 불만은 처분이 발급되어 불이익을 주고 있다는 점에 있지만, 수익적 처분에 대한 불만은 처분이 발급되지 않았다는 점에 있다. 따라서 침익적 처분에 대해서는 일반적인 취소소송이 제기되지만(예컨대 철거명령 취소소송), 수익적 처분을 둘러싼 분쟁은 수익적 처분의 신청에 대한 행정청의 거부처분 취소소송의 형태가 된다.

초기 행정소송은 '침익처분'에 대한 국민의 권리보호를 목적으로 이에 대한 취소소송을 중심으로 발전하였다. 후에 국가의 급부행정의 영역이 현저히 늘어나면서, 국가에게 허가를 받거나 승인을 받는 '수익적 행정'에 대한 권리구제수단이 점차 중요한 비중을 차지하기 시작하였다. 이 경우의 소송은 행정청의 수익적 처분을 얻어내지 못하고 있는, 불이익한 상황을 타개하기 위한 것이다. 이러한 문제들을 해결하기 위해 부작위위법확인소송, 거부처분취소소송, 의무이행소송 등 다양한 소송방식이 개발되었다. 다만 한국에서 행정소송은 대부분 취소소송의 형태로 나타나며, 이 취소소송은 침익처분에 대한 취소소송, 수익처분에 대한 거부처분 취소소송의 두 가지로 구성된다.

행정소송의 원형은 침익적 처분에 대한 취소소송이며 처분성, 원고적격, 제소기간, 협의의 소익 등 대부분의 이론은 암묵적으로 침익처분에 대한 취소소송을 중심으로 논의되는 것들이다. 그렇기 때문에 수익적 처분의 거부처분에 대한 취소소송은 기존의 이해와 상당히 다른 차원의 논리구조들을 갖게 된다. 이런 점에서 행정행위 또는 처분성이라는 큰 주제 속에서 거부처분은 독자적인 의미를 갖는다. 이외에도 거부처분은 수리와 공증 등에서 다양한 쟁점을 만들어 낸다는 점에 유의해야 한다. 실무에서는 반려처분이라는 용어도 혼용된다.

2. 거부처분의 요건

(1) 부작위위법확인소송의 후퇴와 거부처분 취소소송의 등장

현행 행정소송법이 1984년 전문개정될 때 수익적 처분의 거부에 대한 구제수단으로 마련된 소송은 부작위위법확인소송이다. 행정소송법에 따르면 "부작위"라 함은 행정청이 당사자의 신청에 대하여 상당한 기간내에 일정한 처분을 하여야 할 법률상 의무가 있음에도 불구하고 이를 하지 아니하는 것을 말한다(법 제2조 제1항 제2호). 이러한 개념요소들은 부작위위법확인소송을 제기하기 위해 당사자의 신청이 있었을 것, 신청된 것이 처분일 것, 행정청에게 상당한 기간 내 이를 발급할 의무가 있었을 것 등을 요구했다.

무엇보다도 부작위위법확인소송의 가장 큰 특징은 오랜 기간 행정청의 부작위가 있어야 한다는 점에 있다. 행정청의 부작위란 행정청이 상대방의 신청에 대해 무응답으로 일관하는 것을 의미하지만, 행정소송의 실무가 운영되는 과정에서 행정청이 명시적인 거부의사를 밝히는 경우가 오히려 더 많았다. 그 결과 행정청의 부작위에 대한 소송보다는 행정청의 명시적인 거부처분에 대한 취소소송이 오히려 전면에 등장하게 되었다. 거부처분 취소소송도 부작위위법확인소송과 유사한 기능을 하는 것이지만, 행정소송법은 거부처분에 대한 정의규정을 두고 있지 않다. 그러므로 거부처분 취소소송에 대해서는 부작위위법확인소송을 유추해서 일정한 요건을 요구하는 해석이 일반적으로 받아들여졌다. 물론 거부처분이 즉시 이루어지므로 부작위위법확인소송처럼 상당한 기간 행정청의 답을 기다릴 필요는 없다.

(2) 거부처분의 처분성 인정을 위한 세 가지 요건

행정청이 상대방의 신청을 거절하는 모든 경우가 '거부처분'일 수는 없고, 거부처분이 처분이 되기 위해서는 일정한 요건을 충족해야 한다. 판례는 거부처분이 처분이 되기 위한 요건으로 다음의 세 가지를 요구하고 있다.[43)]

① 거부되는 것이 처분일 것

② 거부된 처분에 대해 법적 이익이 있을 것

③ 처분의 발급을 신청할 권한이 있을 것(신청권).

거부되는 것이 처분이어야 한다는 것은 사실행위이거나 공법상 계약 같은 것이 아니어야 한다는 의미이다. 따라서 횡단보도를 설치해달라고 요청하는 것은 사실행위에 해당하고, 이를 거부해도 거부처분이 되지 않는다. 대체로 일반적인 행정행위 또는 처분의 개념을 생각하고 이러한 행위를 신청했다가 거부되었을 때에 비로소 거부처분이 된다고 이해하면 된다.

거부된 처분에 대해 법적 이익이 있다는 것은 침익적 행정행위에 대한 법률상 이익과 유사한 의미로 해석된다. 만약 처분이 발급되었다고 해도 신

43) 대법원 1996. 6. 11. 선고 95누12460 판결.

청인이 받는 이익이 법적 이익이 아니고 사실상의 이익에 불과하다면 이 요건은 충족되지 않는다.[44)]

'신청권'이 있다고 인정되면 처분성이 인정되어 취소소송을 제기할 수 있지만 그렇지 않으면 거부처분은 처분이 아니라는 이유로(처분성 결여) 소송이 각하되기 때문에, 거부처분에 있어서는 특히 신청권의 문제가 매우 중요한 역할을 한다. 거부처분에서 신청권이 있는가를 따진다는 의미는 상대방에게 과연 일정한 처분을 신청할만한 법적 지위가 있는가를 본다는 의미인데, 이는 소송요건이라는 점에서 승소문제와는 구별되어야 한다.

학설 중의 일부는 신청권의 문제는 원고적격의 문제를 착각한 것이라 주장하기도 하지만[45)], 신청권과 원고적격은 차원을 달리하는 문제이다. 또 신청권의 개념 자체를 인정할 필요가 없고, 신청이 거부되면 모두 거부처분이라고 이론을 구성하는 견해도 있다.[46)] 그러나 공법의 영역에서는 다양한 형태의 신청이 존재하기 때문에 이들 모두에 대한 법원의 본안판단은 불가능하다. 따라서 일정한 신청에 대해서만 법원이 판단하고 나머지 신청은 부적법한 것으로 각하하는 것이 불가피하다.

⑶ 신청권의 의의와 근거

거부처분의 요건으로서 신청권은 기속행위나 재량행위의 상대방이 갖는 법률상의 청구권은 물론이고 행정청에게 '응답할 의무'를 부과하는 일체의 권리를 포함한다. 따라서 신청권은 법령이나 조리에 의해 인정되는 절차상의 권리 또는 이와 유사한 것을 포함한다.

법률에 근거한 수익적 행정행위는 그것이 기속행위일 수도 있고 재량행위일 수도 있지만 어떤 경우에도 법률 자체가 처분의 상대방을 정하고 있다. 따라서 법령이 정하고 있는 처분의 상대방이 처분의 발급을 요청했다가

---

44) 대법원 2007. 10. 11. 선고 2007두1316 판결, "건축계획심의신청에 대한 반려처분이 항고소송의 대상이 되는 행정처분에 해당한다."

45) 정하중, 행정법개론, 725면.

46) 박정훈, 행정소송의 구조와 기능, 89면.

거절당했을 때 거부처분은 당연히 성립하고 이에 대해서는 이견(異見)이 없다. 이런 점에서 건축허가 거부처분이나 택시면허 발급거부처분 같은 소송에서 처분성은 쟁점이 되지 않는 것이 원칙이다. 문제는 수익적 행정행위의 법적 근거가 명확하지 않거나 또는 법령상 수익적 행정행위의 직접 상대방으로 설계되어 있지 않은 자가 처분의 발급을 신청했을 때이다. 이 경우 해석에 의해 신청권이 인정되면 거부처분의 처분성이 인정되어 본안판단을 받을 수 있지만, 그렇지 않으면 소가 각하된다.

Q&A 처분성의 요건과 거부처분의 요건

Q 거부처분의 처분성과 관련해서는 판례가 3가지 요건(거부되는 것이 처분일 것, 법적 이익, 신청권)을 요구한다고 하는데, 이때의 3가지 요건은 위에서 언급한 처분성의 4가지 요건을 대체하는지 궁금합니다.

A 거부처분의 요건은 일반적 처분성 요건을 대체하는 것으로 보아도 좋습니다. 거부처분과 보통의 처분은 논리의 평면이 달라요. 그래서 최초에 취소소송 제도를 설계하면서 침익적 행정작용을 대상으로 해서 처분의 범위를 설정하기 위해 사용되었던, 구체적 사실에 대한 법집행, 권리의무에 영향 등의 요건은 거부처분과 잘 맞지 않습니다. 다만 거부처분의 1번 요건 중에 거부된 것이 처분일 것이 있으므로 그곳에서 그것이 처분인가를 검토할 때 대체로 검토됩니다. 그러나 보통 거부처분소송에서 거부된 것이 과연 처분인지를 다투는 경우는 거의 없어요. 결국 해심은 신청권이 있어야 거부처분이 되고 아니면 거부처분이 아닐 것이라 보면 되는 것이지요.

Q&A 신청권과 원고적격

Q 신청인에게 신청권이 있어야 한다는 요건은 신청인에게 공권이 있어야한다는 의미에서 원고적격과 관련되지 않나요?

A 거부처분에 대한 신청권은 공권을 포함하는 더 넓은 개념이지요. 그러므로 거부처분을 이야기 할 때 이를 원고적격 문제로 다시 환원하면 안 되고, 그냥 거부처분인지만 따집니다. 신청권이 있으면 처분이고 없으면 각하되

는 것이지요. 일부 학설은 그래서 신청권이 원고적격 문제라고 주장하기도 하는데, 그건 거부처분 논리를 헷갈리게 할 뿐이지요. 취소소송의 원고적격은 침익처분에 대한 논리이고, 거부처분 취소소송의 논리와는 차원을 달리 한다는 점에 유의해야 합니다.

Q&A 무하자재량행사청구권과 신청권

Q 무하자재량행사청구권은 신청권의 일종인가요?

A 원래 재량처분의 상대방은 일정한 처분을 요청하는 실체적 청구권이 없어요. 이에 반해 최소한 재량을 잘 행사해달라고 요청할 정도의 절차적 청구권은 있다는 것이지요. 무하자재량행사청구권은 공권의 일종이지만, 그 구체성이 좀 약하지요. 그러나 최소한 신청권의 징표로서 기능은 하는 것입니다.

3. 거부처분의 특징

① 거부처분은 신청인의 입장에서 유리한 행정작용을 행정청에게 요청하는 것이고 그것이 거부되었을 때 소송을 할 수 있는가 하는 문제만 따져 보아야 한다.

② 침익적 처분을 중심으로 구성된 이론 중 처분성, 원고적격(복효적 행정행위) 등의 논리는 보통 거부처분의 문제와는 상관없는 것이다. 그러므로 침익적 처분의 구도로 치환하면 원고적격이 없거나 처분성이 없는 것처럼 보이는 경우는 "거부처분이 아니다", 즉 처분성이 없는 것으로 이해한다.

③ 거부처분의 처분성이 인정되어도 본안에서 원고가 패소할 수 있다. 따라서 신청권이 인정된다고 해도 거부처분의 위법성까지 보장되는 것은 아니다.

④ 거부처분 취소소송에서 취소판결이 내려지면 행정청은 재처분의무를 진다(행정소송법 제30조 제2항).

주요판례 대법원 1991. 2. 12 선고 90누5825 판결.

사법연수생의 검사임용신청에 대한 거부를 취소소송의 대상이 되는 거부처분으로 본 판례.

주요판례 대법원 2004. 4. 22 선고 2000두7735 전원합의체 판결.

조교수의 재임용을 거부하는 취지로 한 임용기간만료의 통지를 받은 원고의 법규상 또는 조리상 신청권을 인정하고 임용기간만료 통지의 처분성도 인정하여 거부처분의 처분성을 넓힌 판례.

주요판례 대법원 2017. 3. 15 선고 2014두41190 판결.

건축허가 후 건축주의 귀책사유로 해당 토지를 사용할 권리를 상실한 경우, 건축허가의 존재로 말미암아 토지에 대한 소유권 행사에 지장을 받을 수 있는 토지 소유자로서는 건축허가의 철회에 대한 신청권이 있다고 본 판례.

주요판례 대법원 2018. 6. 15 선고 2016두57564 판결.

교육부장관이 일부의 총장후보자를 제외하고 임용제청을 한 경우 제외된 총장후보자는 이에 대해 취소소송을 할 수 있지만, 그 후 대통령이 대학의 장을 임용하고 나면 취소소송의 대상은 대통령의 임용제외처분이라고 본 판례.

4. 도시계획변경거부의 처분성

(1) 도시계획의 개념과 처분성

도시계획은 도시 전체에 그려진 지도(地圖)의 형태를 띠는 행정계획이며, 이 지도는 주거지역, 상업지역, 공업지역, 녹지지역 등 용도지역을 정하는 내용을 포함하고 있다.[47] 도시계획은 토지소유자 등의 토지이용에 관한 행정청의 구속적 계획으로, 취소소송의 대상으로 처분이라는 점에 의문이 없다.[48]

47) 김종보, 건설법의 이해, 194면 참조.

(2) 도시계획변경신청과 그에 대한 거부의 처분성

도시계획이 결정될 때 이에 대해 취소소송을 제기할 수 있는가 하는 문제와는 달리, 이미 제소기간이 지난 도시계획이 존재하고 있다면 토지소유자가 건축을 하고자 할 때 그 대상지역의 도시계획에 의해 소유권의 한계가 설정된다. 이미 수립된 지 수십 년이 지나도록 변경되지 않고 있는 도시계획이 존재하는 경우라면 도시계획에 맞추어 현재의 토지이용상황에 맞는 건축을 추진하는 것이 어려울 수 있다. 그러므로 건축물을 짓고자 하는 자들 중의 일부는 적극적으로 도시계획의 변경을 신청하고 그것이 거부된 경우 취소소송을 제기하게 된다.

일반적으로 거부처분의 요건이라고 표현되는 신청권의 문제는 도시계획의 영역에서 비로소 시작된 것이고[49] 그 이전의 판례에서는 거부처분에 대한 신청권문제가 명시적으로 언급된 바가 없다.[50] 또한 대법원은 도시계획의 변경신청권을 일반적으로 인정하지 않음으로써 도시계획변경거부의 처분성을 일관되게 부인해오고 있었다.

그러나 2003년 국토이용계획에 대해 예외적인 신청권을 인정함으로써 도시계획변경거부의 처분성을 인정한 사안이 나타나기 시작하고,[51] 다시 지구단위계획의 제안권을 신청권으로 인정하는 경우가 등장함으로써[52] 이제 신청권과 관련된 논의는 새로운 국면으로 접어들고 있다.[53]

---

48) 일반주거지역에서 전용주거지역으로 변경한 도시계획에 대해 '기각' 판결을 내리고 있는 대법원 1995. 12. 22. 선고 95누3831 판결.

49) 대법원 1984. 10. 23. 선고 84누227 판결 등. 이에 대한 평석으로 이홍훈, 도시계획과 행정거부처분, 행정판례연구 1집, 115면 이하.

50) 그 이전에 대법원은 처분성의 문제로서보다는 협의의 소익이 없음을 이유로 소를 각하하였다. 예컨대 대법원 1984. 4. 27. 선고 83구650 판결 등.

51) 대법원 2003. 9. 23. 선고 2001두10936 판결.

52) 대법원 2004. 4. 28. 선고 2003두1806 판결.

53) 대법원 2015. 3. 26. 선고 2014두42742 판결, "도시계획구역 내 토지 등을 소유하고 있는 사람과 같이 당해 도시계획시설결정에 이해관계가 있는 주민으로서는 도시시설계획의 입안권자 내지 결정권자에게 도시시설계획의 입안 내지 변경을 요구할 수 있는 법규상 또는 조리상의 신청권이 있다"

(3) 도시계획변경 거부처분의 특수성

일반적인 거부처분의 처분성문제와 도시계획변경거부의 처분성문제는 논리구조가 약간 다르다. 통상적인 거부처분은 아직 처분을 매개로 하는 법률관계가 없는 가운데, 처분의 발급을 목표로 당사자가 이를 신청하고 만약 신청권이 인정되지 않으면 소가 각하되므로 수익적 처분을 발급받을 수 없음에 그치는 구조를 취한다. 이에 비해 도시계획 변경거부의 경우에는 이미 불이익한 도시계획이 전국적으로 존재하고 이에 의해 토지소유자의 건축행위(또는 토지형질변경행위)가 제약받는 상황이다. 만약 이러한 상황에서 거부처분에 대한 신청권을 넓게 인정하여 도시계획변경거부의 처분성을 일반적으로 인정한다면, 이미 불가쟁력이 있다고 판단되는 행정처분에 대한 무제한적 취소소송을 전국적으로 허용하는 결과가 된다.

> **참고논문 도시계획변경거부의 처분성[54]**
>
> 1. 도시계획변경에서 신청권 인정이 가능한 범위
>   1) 도시계획 입안제안
>   2) 장기미집행 도시계획시설과 신청권
>   3) 영업법에 의한 개발가능성 판단이 선행하는 경우
> 2. 대법원은 2003년까지 도시계획에 대한 법령상, 조리상 신청권을 인정한 적이 없었다. 신청권이론을 통해 거부처분의 처분성을 부인하고 소송가능성을 봉쇄했던 것이다. 2003, 2004년 대법원은 신청권을 부분적으로 승인해서 도시계획의 변경신청에 대한 거부처분의 범위를 넓히는 것으로 판례를 변경하였다.[55]

54) 김종보, 도시계획변경거부의 처분성, 행정법연구 제11호, 2004, 243면 이하.

55) 예컨대 2004년에는 교수 임용기간만료통지의 처분성을 인정하여 거부처분의 범위를 넓혔다(대법원 2004. 4. 22. 선고 2000두7735 판결 참조).

Q&A 거부처분과 제소기간

Q 거부처분을 취소소송으로 다투는 경우도 취소소송이기 때문에, 제소기간은 행정소송법 제20조에 따라 적용되어야 할 것 같습니다. 그럼에도 불구하고 제소기간도 따질 필요가 없는 이유가 궁금합니다.

A 거부처분은 수익적 처분의 발급신청에 대한 거부인데, 만약 거부처분 후 90일이 지나도 예외적인 경우를 제외하고 다시 발급신청을 할 수 있고 또 90일간 제소할 수 있어요. 그러니 침익적 처분을 상정하고 설계된 제소기간 제도는 거부처분에 대해서는 사실상 무용지물이지요.

도입사례 6-3의 해결

甲으로서는 우선 을시장이 내린 도시계획시설결정의 취소소송을 생각해볼 수 있다. 그러나 도시계획시설결정을 취소소송으로 다툴 수 있는 제소기간 90일은 이미 도과하였고, 무효확인소송을 제기할 정도의 중대·명백한 하자를 증명하기도 어렵다. 그렇다면, 甲은 행정청에 이 사건 도시계획시설결정의 변경 내지 해제를 신청한 후, 그것이 거부되면 도시계획변경 거부처분 취소소송을 제기해볼 수 있다. 이때 甲에게 신청권이 인정되면 거부처분의 처분성이 인정되고 갑은 취소소송으로 다툴 수 있다.
한편, 국토계획법 제48조는 도시계획시설의 미집행기간이 20년에 달하는 경우 도시계획시설결정이 실효되도록 하고 있다. 따라서 甲은 5년 정도를 더 기다려 당해 도시계획이 법령에 의해 자동적으로 실효되도록 할 수도 있다.

주요 키워드	거부처분, 신청권, 도시계획변경거부, 장기미집행 도시계획시설

제07장 행정행위의 종류

I 수익적 행정행위, 침익적 행정행위

도입사례 7-1

갑은 제3자의 상가를 임차해서 식당을 운영하고자 계획하고 있다. 행정청에 문의해서 식당을 할 수 있는지 알아보니 담당공무원 을은 답을 명확하게 하지 않으면서 부정적인 태도만 내비치고 있다. 갑이 자신의 목적을 관철하는 방법은 무엇일까?

1. 개 념

행정행위 중 상대방에게 이익을 주는 행위를 수익적 행정행위, 불이익을 주거나 의무를 부과하는 행위를 침익적 행정행위라고 한다. 이 분류는 행정법상 분쟁의 상황과 이익을 둘러싼 갈등구조를 이해하는데 실무상 매우 중요한 역할을 담당한다. 그러므로 행정사건을 만나면 가장 먼저 수익적 처분[56]과 관련된 사건인지 침익적 처분에 대한 소송인지를 먼저 생각해야 한다.

수익처분과 침익처분의 개념과 예		
수익처분	국민에게 이익을 주는 처분	건축허가, 영업허가, 운전면허 발급
침익처분	의무를 명하거나 권리를 박탈하는 등 불이익을 주는 처분	철거명령, 조세부과, 운전면허 정지

56) 설명의 편의상 이하에서는 행정행위와 처분을 거의 동의어로 사용한다. 침익적 행정행위는 침익처분으로 수익적 행정행위는 수익처분으로 표현될 수 있다는 점에 유의하라.

후술하는 바와 같이 어떠한 결정이 누구에게는 수익적이고 누구에게는 침익적일 수 있다(복효적 행정행위). 그러나 처음 단계에서는 한 명의 "상대방"을 생각하여 그 처분이 수익적인지 침익적인지를 구분할 수 있어야 한다. 또한, 해당 처분이 '발급되어' 침익적인 상태인지 아니면 수익적인 처분을 받고 싶은데 '발급되지 않아' 불만인지의 차이를 구분하는 것이 가장 중요하다.

도입사례 7-1의 해결

식품위생법상 영업허가는 대표적인 수익처분이며 담당공무원에게 영업허가를 신청하고 거부당하면 이를 거부처분 취소소송으로 다툰다.

주요 키워드 수익행정, 거부처분 취소소송

2. 복효적 행정행위

도입사례 7-2

갑은 자신의 2층 단독주택을 헐고 5층짜리 상가건물을 짓기로 했다. 행정청의 건축허가를 받아 공사에 착수하자 옆집에 살고 있는 을이 갑에 대한 건축허가를 취소해 달라는 행정소송을 제기하였다. 을이 제기한 소송은 소송요건을 충족하는가? 이 소송에서 피고는 누구이며, 건축주인 갑의 지위는 어떻게 될까?

(1) 개 념

처분의 상대방에게는 이익이 되지만, 제3자에게는 불이익이 되는 처분을 복효적 행정행위라 한다. 복효적 행정행위는 최초에는 존재하지 않았던 개념이며, 수익적 행정처분이 진화(또는 분화)되면서 탄생하게 된 개념이다(수익+침익). 최초에는 수익적 처분에 불과하다고 생각되던 처분이, 점차 제3자에 대해 침익적 효과를 가질 수 있다는 것이 인정되면서 복효적 행정행위가 등장하게 되었다. 복효적 행정행위는 양당사자 대립구조로 짜여진 기존의 소송구조와 다르게 3자 관계를 전제하므로, 소송에서 당사자 관계가 복잡해진다는 특징이 있다.

(2) 연 혁

복효적 행정행위는 건설법 영역에서 건축허가 취소소송 사건을 중심으로 독일에서 발전되어 탄생한 개념이다. 초기에는 처분의 상대방과 행정청의 일대일 관계만이 상정되어 인정되지 않다가, 점점 해당 처분이 제3자의 법적 지위에도 영향을 미친다는 것이 인식되면서 행정법총론에서 복효적 행정행위의 개념이 일반적으로 받아들여지게 되었다.

행정소송법은 취소소송의 원고가 될 수 있는 자를 정하면서 '법률상 이익이 있는 자'로 한정하고 있다(행정소송법 제12조). 복효적 행정행위에서 말하는 법률상 이익은 바로 '처분에 의해 영향받는 제3자의 법적 지위'와 같은 의미이다.

도입사례 7-2의 해결

을은 갑의 건축행위로 자신의 법적 이익이 침해되어 소송을 제기하는 것이고, 피고는 행정청(구청)이다. 행정청이 갑에게 건축허가를 한 것이 이 사건 건물이 건축되는 주된 동기라고 보는 것이고 따라서 행정청을 피고로 소송을 하는 것이다. 을에게 법률상 이익이 있으면 취소소송은 적법해지는데, 통상 이징도 사인이면 법률상 이익이 인정된다. 갑은 행정소송에서 제3자에 불과하며 행정청에 대한 보조참가인이 될 수 있을 뿐이다.

주요 키워드 복효적 행정행위, 원고적격, 법률상 이익

Q&A 관리처분계획과 이익상황

Q 재개발과 관련한 관리처분계획은 수익적인 처분인가요 아니면 침익적인 처분인가요?

A 기본적으로 일단 이익이 되면 수익처분이고, 불이익이 되면 침익처분입니다. 침익처분은 그 처분 자체를 취소해달라는 소송을 하는 것이지만, 수

익처분은 그 발급을 거부하는 거부처분을 취소해달라는 소송을 제기합니다. 우선 관리처분계획이 인가에 의해 확정된 상태에서 취소소송을 하는 경우라면 거부처분 취소소송이 아니고 그 처분 자체의 취소를 구하는 소송이므로 원고에게는 침익적인 경우입니다.

예컨대 하나의 관리처분계획이 30명을 대상으로 하고 있는데, 그 중 20명에게는 유리하고 10명에게는 불리한 내용을 담고 있을 수 있습니다. 이런 경우는 하나의 처분이 상대방 중 일부에게는 유리하고, 일부에게는 불리합니다. 이는 처분의 상대방에게는 유리하지만 제3자에게는 불리한 전형적 복효적 행정처분의 경우와는 다르지요. 또한 전형적인 수익적 행정처분이나 침익적 행정처분이라고 말하기도 어렵지요. 하지만 취소소송을 하는 원고의 입장에서는 그 처분으로 인해 불이익을 받았고, 이의 취소를 구하는 것이므로 그 처분을 침익적 처분으로 보아도 큰 무리는 없는 것이지요.

참고: 관리처분계획이란 재건축·재개발사업에서 권리를 배분하는 계획이다. 도시정비법의 관련 규정에 따라 조합과 조합원의 비용부담과 아파트 분양권 등을 결정한다. 관리처분계획에서는 분양 대상 조합원과 청산 대상 조합원의 명단이 정해질 수 있는데, 청산 대상 조합원은 아파트를 분양받지 못하므로 이들은 관리처분계획이 침익적이라고 생각하여 소송을 제기할 수 있다.

Ⅱ 대인적 행정행위, 대물적 행정행위

도입사례 7-3

택시면허를 갖고 있던 갑은 지정된 휴일임에도 불구하고 제3자에게 운행을 대리시키다가 적발되어 10일간의 영업정지처분을 받았다. 갑은 1회 위반 뒤 을에게 면허를 매도하였는데, 을도 다시 동일한 위반행위를 해서 적발되었고, 행정청은 대리운행금지 2회 위반을 이유로 택시면허를 취소하였다. 행정청의 판단을 정당화하거나 반박할 수 있는 논거는 무엇인가?

사람의 적성, 기능 등을 기준으로 삼아 발급되는 행정행위를 대인적 행정행위, 물건의 형상 등을 기준으로 발급되는 행정행위를 대물적 행정행위라 한다. 대인적 행정행위는 운전면허, 대물적 행정행위는 자동차검사 등이 있다.

대인적 행정행위와 대물적 행정행위의 구별실익은 주로 법적 지위의 승계 여부에 있다. 즉, 대인적인 행정행위는 일신전속적인 것이므로 이전(승계)되지 않는 것이 원칙이고, 대물적인 행정행위는 물건의 이전에 따라 이전(승계)되는 것이 원칙이다.[57]

행정행위는 대인적 성격과 대물적 성격 동시에 가지고 있는 경우가 적지 않은데, 이러한 경우라면 어떤 성격이 더 강조되고 있는지를 파악하는 것이 중요한 역할을 한다.

참고 철거명령의 대물적 성격

건물주A는 무허가 옥탑방을 지었으나 건물을 B에게 팔았다. 이 상황에서 행정청이 무허가 옥탑방에 대해 철거명령을 내리려면 현재 건물을 소유하고 있는 소유자 B가 상대방이 된다. 철거명령은 원칙적으로는 대물적이기 때문이다.

도입사례 7-3의 해결

택시면허의 대물적 측면이 강조되면 대리운행이라는 위법성이 물건에 남는 것이므로 이 취소처분은 정당한 것이다. 대인적인 측면을 강조하면 1회의 위법임을 주장할 수 있을 것이다. 이론상 택시면허는 운전면허와 유사하게 대인적 성격이 강한 것이지만, 택시면허가 자동차와 함께 쉽게 이전되는 성격을 보인다면 대물적 성격이 강해진다. 실무상 이 사안에서 택시면허는 대물적인 것으로 해석될 가능성이 높다.

주요 키워드 대인적 행정행위, 대물적 행정행위

57) 개발제한구역 손실보상, 일조소송에 있어서도 대인성과 대물성의 개념은 유용할 수 있다. 1998년 헌재는 개발제한구역 내 대지 소유자 등에 대해 손실보상의 필요가 있음을 인정하였다. 개발제한구역 손실보상을 대인적으로 보는지 대물적으로 볼 것인지에 따라 보상액이 현재 소유자에게만 귀속되는지 여부가 결정될 수 있다.

Ⅲ 일반처분

일반처분이란 불특정 다수인을 상대로 하지만, 구체적 사실을 규율하는 행정작용을 의미한다. 일반'처분'이라는 용어는 이미 취소소송의 대상이 된다는 의미를 내포한다. 일반처분은 고시나 공고 등을 매개로 일반적으로 발령되지만, 구체적인 상황에서는 수범자와 규율 내용이 특정된다는 특징이 있다.

일반처분에도 대인적·대물적 처분이 있을 수 있다. 예컨대 통행금지는 통행하려는 사람에게만 적용되는 대인적 일반처분이고, 교통표지판의 경우에는 자동차를 대상으로 하는 대물적 일반처분이다.

Q&A 대인적 처분과 대물적 처분

Q 교통표지판 등 일반처분에서 대인·대물 구별이 어렵습니다.

A 일방통행 표지판이 있어도 사람은 그 길로 보행해도 무방하고, 자동차만 역주행이 금지됩니다. 운전자가 없는 차량이라도 일방통행 표지판에 의해 구속됩니다. 대물적이라는 것은 그런 의미지요. 잔디밭에 출입금지라고 쓰여 있으면 대인적 성격이 강하겠지요?

Ⅳ 법률행위적 행정행위, 준법률행위적 행정행위

행정행위의 개념은 일반적으로 법률행위적 행정행위를 상정하고 만들어진 것이다. 준법률행위적 행정행위의 명칭은 민사법적 사고의 연장선상에서 행정청의 의사대로 법적 효과가 발생하지 않고, 법률이 정한 효과가 발생한다는 점에 착안해서 붙여진 것이다. 확인, 공증, 통지, 수리 등이 준법률행위적 행정행위에 속한다(준법률행위적 행정행위에 대하여는 제11장 참조).

실질적으로는 전형적인 행정행위는 아니지만 그 효력이 강력해서 행정행위로 분류해도 손색이 없을 때 처분성의 범위를 넓히기 위해 준법률행위적 행정행위라는 명칭을 사용한다. 결국 준법률행위적 행정행위는 처분의 개념을 넓히는 기능을 담당한다.

제08장 재량행위

> **도입사례 8-1**
>
> 아파트건설사업을 하는 갑은 사업계획을 작성하여 행정청에게 승인을 신청하였다. 을 시장은 아파트의 층수가 너무 높고, 교통사정을 악화시킬 것이라는 이유로 사업승인을 반려하였다. 그러나 갑이 신청한 아파트의 층수는 법령이 정하고 있는 범위 안에 있고, 교통을 악화시킨다는 사유도 법률에서 거부사유로 열거하고 있지 않다. 갑은 취소소송을 통해 권리를 구제받을 수 있을까?

I 개 관

1. 재량행위의 의의

재량행위란 법률에서 정한 요건이 충족된 경우에도 행정청에게 대상선택 또는 발급 여부에 대한 선택권이 부여되어 있는 행정행위를 말한다. 행정청의 재량은 여러 선택가능성 중에서 하나를 선택하는 재량(선택재량)과 당해 행위를 발급할 것인가 여부에 대한 재량(결정재량)으로 나뉜다. 통치행위는 사법심사의 대상이 되는지 여부의 문제이지만, 재량문제는 사법심사의 범위 즉 법관의 심사범위에 관한 문제로 양자는 구별되어야 한다.

2. 기속행위와 재량행위

(1) 의 의

기속행위는 법이 정한 요건이 충족된 경우 반드시 발급해야 하는 행정행위를 말하며, 재량행위는 이와 달리 법이 정한 요건이 충족된 경우에도 발급 여부 등이 행정청의 선택에 맡겨져 있는 행정행위이다. 단, 법이 정한 요건이 충족된 경우를 전제로 재량행위와 기속행위를 나누는 것이므로, 법이 정한 요건이 충족되지 않은 경우에는 재량행위라 할지라도 발급할 수 없다는 점에 유의해야 한다(발급하면 위법).

기속행위에 해당하는 행정행위는 건축허가, 영업허가, 운전면허 등이고 재량행위에 해당하는 행정행위는 주택법상 사업승인, 국토계획법상 토지형질변경허가(개발행위허가), 도로점용허가, 버스사업면허, 통신사업면허 등이다. 전자는 주로 개인에게 발급되고 경제적 이익도 작은 편으로 강학상 허가에 해당하며, 후자는 기업에게 발급되는 경우가 많고 경제적 이익도 상대적으로 큰 것으로 강학상 특허에 해당한다. 허가와 특허에 대해서는 제9장에서 후술한다.

(2) 이른바 기속재량행위

판례는 기속재량행위라는 개념을 사용하지만, 그 기준이 명확하지 않아 받아들이기 어렵다.[58] 기속재량행위 개념은 기속행위인 것에 대해 법원이 판단을 회피하고 싶을 때, 또는 재량행위이지만 통제의 필요성이 높을 때 법원의 선택권을 넓게 보장하는 방식으로 활용된다.

3. 재량행위의 인정근거

법률이 모든 것을 정할 수 없다는 점(법규의 한계), 행정행위를 하는 처분청이 구체적인 사정을 고려해서 그에 맞는 행정행위를 선택할 수 있어야 한다는 점(행정의 유연성), 행정의 전문성에 의존해야 할 필요가 있다는 점(행정의 전문성) 등이 재량행위의 인정 근거로 작동한다.

58) 김동희·최계영, 행정법 I, 271면; 김철용, 행정법, 233면.

4. 재량행위이론과 최종결정권

재량행위이론은 우리 사회에서 일어나는 문제들의 최종 결정권을 사법부와 행정부에게 배분하는 기능을 한다. 재량이 인정되면 행정청이 그 문제를 사실상 종국적으로 결정하게 되고, 재량이 부인되면 사법부가 그에 대해 최종적으로 결정해야 한다. 재량행위의 범위가 넓어지면 행정부의 힘이 강해지고 국회나 사법부가 위축되고, 재량행위의 범위가 좁아지면 사법부의 힘이 강해진다.

Ⅱ 재량과 기속의 구별실익

도입사례 8-2

갑은 사립대학교로서 기숙사를 건축하고자 건축허가를 신청하였다. 행정청 을은 갑의 기숙사가 상당한 규모에 이르고 진입도로가 없으므로 도로를 개설하도록 조건을 붙여 건축허가를 해주었다. 갑은 건축물을 완공하고 사용승인을 신청하였지만 도로를 개설하지 않은 상태였다. 을은 사용승인을 발급해야 하는가?

1. 재판통제의 범위(사법심사의 범위)

기속행위에 대해서는 전면적 사법심사가 가능하고, 법률이 정하고 있는 것과 다른 내용의 행정행위는 위법으로 판단된다. 재량행위에 대해서는 재량권의 한계를 넘지 않는 한 사법심사권이 미치지 못하는 것이 원칙이다. 다만 재량범위 내의 결정이라 해도 비례원칙 등을 동원해 사법부가 재량을 통제할 수도 있다.

주요판례 대법원 2005. 7. 14. 선고 2004두6181 판결.

건축허가의 재량성을 강하게 부인하던 종래 입장을 완화하여, 토지형질변경허가를 수반하는 건축허가의 법적 성질을 재량행위로 본 판례.

2. 부관의 가부

(1) 재량이론과 부관

부관이란 행정행위의 효과를 제한하거나 처분의 상대방에게 부가적인 의무를 부과하기 위해 본체인 행정행위에 붙이는 종된 규율을 말한다.[59] 재량행위에는 부관을 붙일 수 있지만, 기속행위에는 부관을 붙일 수 없고 붙이면 무효이다.[60] 재량행위나 기속행위 중 부관과 관련되는 대부분의 경우는 수익적 행정행위의 발급과 관련을 맺는다. 재량행위인 수익적 처분에 대해서는 발급여부가 행정청의 결정권한 내에 속하므로 발급을 거부할 것인가 또는 일정한 조건(부관)을 붙여서 발급할 것인가를 선택할 수 있다고 해석된다. 그러나 수익적 처분 중 기속행위는 법이 정하는 요건을 충족하면 반드시 발급해야 하는 것이므로 이론상 부관이 부가될 수 없다.

그러나 실제로는 기속행위에도 다양한 부관이 붙기도 하며 이러한 부관은 무효로 선언되는 경우가 많다. 부담에 대해 바로 취소소송을 하는 경우도 있고, 부담 불이행을 이유로 하는 후속처분의 발급거부에 대해 취소소송이 이루어지는 경우도 있다. 또 부담을 이행한 후 원상회복을 위해 소송이 제기되는 경우도 많다.

(2) 요건부관

기속행위에 부관을 붙이는 것은 위법이지만 법률이 정한 요건을 충족하기 위한 부관(요건부관[61])은 허용될 수 있다는 것이 통설이다. 독일의 학설과 독일 행정절차법의 규정이 현재의 해석에 영향을 준 것이라 볼 수 있다. 건축허가 요건을 충족하기 위해 주차장설치의무를 부담으로 정하는 것이나 미성년자에게 성년이 될 것을 조건(기한)으로 운전면허를 발급하는 것 등이

59) 부관에 대하여는 15장에서 자세히 다룬다.

60) 대법원 1988. 4. 27 선고 87누1106 판결.

61) 보통 이 부관의 명칭을 '법률요건충족적 부관'으로 부르지만, 이 책에서는 간단히 요건부관이라 부른다. 일반적으로 승인된 명칭은 아니라는 점에 유의하라.

요건부관에 해당한다. 부관 중 가장 중요한 것이 처분의 상대방에게 추가적인 의무를 가하는 '부담'이고 요건부관도 부담인 경우가 적지 않다.

요건부관은 재량행위에도 활용될 수 있다. 예컨대 주택법상 아파트 사업계획 승인에 행정청이 '진입도로를 개설해서 기부채납할 것'을 요구하면 이는 요건부관이다. 사업계획승인의 요건으로 진입도로가 확보되어 있을 것이 법령에 의해 요구되기 때문이다(주택법 제35조 제1항 제3호 및 주택건설기준 등에 관한 규정 제25조).

3. 절차위반의 차이

행정절차는 재량행위의 내용을 통제하기 위한 또 하나의 장치이기 때문에 절차위반은 기속행위보다 재량행위에서 더욱 중요한 의미를 갖는다. 재량행위의 경우 절차를 위반했다는 점만으로 그 내용이 잘못되었다는 판단으로 이어질 가능성이 높다. 실체가 아직 확정되지 않은 상태에서 절차에서 하자가 발견되면 실체형성에 문제가 있다고 볼 수 있기 때문이다. 이에 비해 기속행위는 절차위반이 있다 해도 실체적 판단에 차이가 나지 않는다고 보는 것이 일반적 견해이다. 심지어는 기속행위의 절차위반에 대해 위법성 선언을 제한하려는 입장들도 있다(독일 행정절차법 제46조 등).

우리 대법원은 기속행위 또는 재량행위를 가리지 않고 절차위반에 대해서는 위법을 선언하고 취소하는 태도를 보이며,[62] 위법사유가 될 수 있다는 점에서 기속행위와 재량행위가 다르지 않다. 다만 기속행위에 대해 절차위반을 이유로 위법을 선언한다는 것과 재량행위에서 절차위반이 중요한 하자가 될 수 있다는 점은 다른 차원의 것이다(행정절차에 관해 보다 자세히는 제21장 참조).

62) 대법원 2001. 4. 13 선고 2000두3337 판결.

Q&A 실체하자와 절차하자의 구별

Q 절차하자와 실체하자가 구체적으로 어떻게 다른지 이해가 잘 되지 않습니다.

A 절차적 하자와 실체적 하자는 하자가 발생하는 장소가 달라서 서로 잘 구분됩니다. 예컨대 18세 이상의 자에게 운전면허를 발급해야 하는데, 18세 미만의 자에게 운전면허가 발급되었다면 실체적 하자이고, 운전면허를 정지할 때 상대방의 의견을 묻지 않았다면 이는 절차적 하자입니다. 통상 절차적 하자는 절차적 요건을 지키지 않아 발생하고, 실체적 하자는 실체적 요건을 지키지 않았거나 또는 재량행위에서 재량판단을 그르쳤을 때 생깁니다.

도입사례 8-2의 해결

행정청 을이 갑에게 건축허가를 발급하면서 붙인 부관은 법률요건을 충족시키기 위한 요건부관에 해당하고, 기속행위인 건축허가에도 요건부관은 붙일 수 있다. 갑이 적법하게 부가된 조건을 이행하지 않았으므로 을은 이에 따른 사용승인을 거부할 수 있다.

주요 키워드 부담, 요건부관

Ⅲ 기속행위와 재량행위의 구별기준

도입사례 8-3

로스쿨 1학년생인 갑은 다음과 같은 법조문을 만났는데, 이 조문을 토대로 철거명령, 조세부과처분, 시정명령과 같은 행정행위가 재량인지 기속인지 구별해야 한다.

- 영업허가: "공익상 필요한 경우(요건), 영업허가를 할 수 있다(효과)"
- 조세부과처분: "소득이 100만원이 넘으면(요건), 10%의 소득세를 부과한다(효과)"
- 시정명령: "행정청은(요건 공백) 시정을 명할 수 있다(효과)"

1. 요건재량설과 효과재량설

(1) 요건재량설

요건재량설은 행정청의 재량이 요건사실 존부의 판단에서 인정된다는 견해이다. 그러므로 법률에서 요건을 불확정개념으로 사용하고 있거나 요건이 공백인 경우 등에는 행정청이 재량을 갖는다.

주요판례 대법원 1992. 4. 24. 선고 91누6634 판결.

교과서검정신청에 대한 불합격결정처분의 위법성을 판단함에 있어 기준이 되는 '학술적으로 가치가 있는 검증된 도서'라는 요건은 행정청에게 재량을 부여한다고 본 판례.

(2) 효과재량설

1) 의의

효과재량설은 행정청의 재량이 법적 효과의 선택에 있어서만 인정된다는 견해이다. 효과재량설은 해석을 요하는 모든 요건에 대해 재량을 인정하는 요건재량설이 재량행위의 범위를 너무 넓히는 것을 극복하기 위해 주장된 이론이다. 효과재량설은 요건과 무관하게 효과부분에 의해 재량행위 여부가 결정된다고 보는 견해로, 효과재량설에 의하면 재량의 범위가 축소되고 사법부의 힘이 강해진다. 효과재량설에 따르면 요건부분에서 사용되는 불확정(법)개념(예컨대 공익상의 필요)은 법률에서 사용되는 '법적 개념'이므로 그 판단 권한은 오로지 법원에 있고, 요건에서는 행정청에게 재량이 부여될 여지가 없다.

2) 재량판단의 기준

효과재량설의 핵심은 행정행위의 법적 효과를 고려해서 그 행위를 재량으로 분류할 것인가 아니면 기속으로 볼 것인가 하는 것이다. 그 외 문구가 행정청에게 재량을 수권하는가 여부, 수익적 처분인가 여부 등을 기준으로 재량인지를 판단한다. 다음은 효과재량설이 효과부분을 중심으로 재량을 판단하는 기준들이다.

가) 문구 기준

법률 조문을 중심으로 문구에 '할 수 있다'고 규정되어 있으면 재량이라는 견해가 있다. 일응 입법 취지에 재량행위인지의 여부가 포함되어 있다고 할 수 있으므로 구분 기준이 될 수 있다. 그러나 법령을 만든 입법자가 이를 신중하게 의도하여 조문화한 것인지 판단하기 어렵고, 경우에 따라서는 행정청의 선택권이 조문상 나타나지 않는 경우도 있다.[63]

주요판례 대법원 2007. 7. 12. 선고 2005두17287 판결.

부동산실명법 및 법 시행령 조문의 문언 해석을 토대로 과징금부과처분 자체는 기속행위이고, 감면에 있어서는 재량을 발휘할 수 있다고 본 판례.

나) 수익성 기준

수익적 행정행위는 재량이고, 침익적 행정행위는 기속행위라고 보는 견해도 존재한다. 과거에 재량행위는 법적으로 취소소송의 대상에서 제외되던 시절에 취소소송의 대상을 넓히기 위해 시작된 주장이지만, 현재에도 여전히 효과재량설의 논거로 사용되고 있다. 현행법상 재량행위도 취소소송의 대상이 된다는 점에서 주된 근거를 상실했지만, 현행법상으로도 침익적 행정행위를 기속행위라고 보면 취소소송의 대상은 대부분 기속행위로 분류되므로[64] 재판통제가 강화된다.

판례는 "당해 처분이 상대방에게 이익만을 부여하는 행위로서 재량행위이고"라는 표현을 빈번히 사용하는데, 이 때 재량행위의 판단기준은 수익성을 기준으로 한 것이다. 침익적 행정행위 중에서도 감독적 조치(시정명령 등)는 대부분 재량행위로 해석된다는 점에서 이론적으로 잘 맞는 기준은 아니다.

---

63) 예컨대 "건축물을 건축하고자 하는 자는 시장·군수의 허가를 받아야 한다"는 조문(건축법 제11조)

64) 국민이 취소소송을 제기했다면 무조건 불이익을 받은 상황일 것이므로 소송이 제기된 사안에서 처분은 항상 기속행위로 해석되는 결과가 된다.

다) 허가 · 특허이론

일정한 행정처분이 처분의 상대방에게 금지되었던 자유권을 회복시켜주는 것이면 이는 강학상 허가에 해당하고, 기속행위로 분류된다. 이에 비해 원래 국가의 독점적 권능으로서 특별히 개인에게 그 권한을 나누어주는 것이라면 그 처분은 강학상 특허에 해당되고 재량행위로 분류된다. 특허적 성격이 있는 행정처분은 법적 · 사실적 효과가 크고 허가는 그와 반대라는 점에서 이 또한 효과에 주목하는 이론이다. 이런 의미에서 효과재량설은 그 행정행위의 사회적 영향력(효과)을 고려한다는 의미도 동시에 갖는다. 다만 이 기준은 수익적 행정행위를 기속과 재량으로 구별할 때 유용할 뿐 침익적 행정행위에 대해서는 아무런 기준도 제시하지 못한다는 점에 유의해야 한다. (허가와 특허에 대하여는 제9장 참조)

(3) **평 가**

요건재량설을 따를 때보다 효과재량설을 따를 때 재량행위의 범위가 좁아진다는 점에 대해서는 이견이 없다.[65] 효과재량설이 통설과 판례인 것으로 알려져 있지만, 판례도 요건부분에서 재량을 인정하고 있고 학설도 불확정법개념을 인정하고 있어 요건부분에서 전혀 재량이 나오지 않는다고 보기는 어렵다.

실무적 관점에서 보면 수익적 처분의 경우 대체로 그 효과가 작으면 기속, 크면 재량인 경우가 많다. 반면 침익적 조치 중 철거명령, 시정명령 등 감독적 조치는 재량행위일 가능성이 높다.

---

65) 김동희 · 최계영, 행정법 I , 276면.

도입사례 8-3의 해결

(1) 요건재량설에 의한 해결

영업허가는 요건이 불확정개념이므로 재량, 조세부과처분은 요건이 명확하므로 기속, 시정명령은 요건이 공백이므로 재량이 된다.

(2) 효과재량설에 의한 해결

가) 문구 기준

영업허가는 재량행위, 조세부과처분은 기속행위, 시정명령은 재량행위가 된다.

나) 수익성 기준

영업허가는 수익적이므로 재량행위이고 조세부과처분, 시정명령은 침익적이므로 모두 기속행위이다.

다) 허가와 특허이론

영업허가는 강학상 허가에 속하지만, 조세부과처분, 시정명령은 모두 침익적 처분이기 때문에 허가와 특허처럼 수익적 처분을 구분하는 기준은 적용하기 어렵다.

주요 키워드 요건재량설, 효과재량설, 감독적 조치

2. 불확정법개념과 재량의 관계

(1) 판단여지설의 의의

판단여지설은 행정청에게 불확정법개념에 대한 일차적 판단권을 주고 그것이 비록 법원의 최종 견해와 다르다 하더라도 합리적인 범위에 머무는 한 법원이 행정청의 판단여지를 인정한다는 견해이다. 불확정법개념은 '법개념'이므로 그것이 비록 불확정적이라 해도 법원이 최종적인 심사권을 갖는다는 것이므로, 판단여지설도 기본적으로는 효과재량설에 입각한 이론이다.[66] 그러나 실무상 판단여지설을 채택하게 되면 결과적으로 요건재량설과 같은 결론에 이르게 된다. 불확정(법)개념이 있다고 표현할 때에는 요건부분을 전제로 한 것이라는 점에 유의해야 한다.

66) 박정훈, 불확정개념과 판단여지, 행정작용법(김동희 · 최계영 편), 2005, 250면 이하 참조.

> **주요판례** 대법원 2000. 10. 27. 선고 99두264 판결.
>
> 문화재보호법상 '발굴할 필요'에 대한 판단은 불확정한 개념에 대한 판단이므로 고분발굴허가는 재량행위에 해당한다고 본 판례.

(2) 판단여지설의 기능

효과재량설에 의하면 재량은 효과 부분에서만 도출된다고 하지만, 실제 법적용 과정에서는 법률요건에 불명확한 개념이 존재하고 이를 포섭하는 과정에서 행정청에게 선택의 여지가 존재하게 된다. 요건재량설에 따른다면 이를 재량이라고 판단할 수 있지만, 효과재량설을 따르는 경우 요건에서는 재량이 인정될 수 없으므로 요건부분에 존재하는 행정청의 선택가능성을 어떻게 처리할 것인가 하는 점이 주요한 과제였다. 이를 해소하기 위한 노력의 일환으로 판단여지설이 등장한 것이다. 그래서 효과재량설은 요건부분의 재량을 부인하지만, 요건이 불명확한 경우 행정청의 해석(선택)을 존중하는 판단여지를 인정하기로 한 것이다. 그러나 실무적인 관점에서는 판단여지와 재량을 구분하는 것은 사실상 불가능하고 이를 구분해야 할 실익도 없다.

(3) 재량행위와 판단여지의 구분

재량행위와 판단여지를 구분하는 견해는 다수설인 효과재량에 따라 재량행위는 입법자의 수권에 의해 효과선택에서 인정되는 것인 반면, 판단여지는 법원에 의해 요건 중 불확정개념의 판단에서 인정되는 것으로 서로 다르다고 본다.[67] 이 견해에 의하면 판단여지는 기술적인 부분에서 행정청의 판단을 존중하는 것이라는 점에서 재량을 인정하는 것과 다르다. 이에 비해 일부 학설은 재량행위는 법규가 행정청에게 정책적, 행정적 판단의 여지를 부여하고 있는 것이므로, 실질적으로 동일한 표현으로 본다.[68] 판단여지와 재량을 구별하는 것은 과도하게 기교적인 것이고 크게 실익도 없으므로 재

67) 박균성, 행정법강의, 221면.
68) 김동희 · 최계영, 행정법 I, 282면.

량은 요건과 효과에서 모두 인정될 수 있다고 해석하는 것이 타당하다.

Q&A 건축허가가 재량인 경우

Q 수업 중에 건축허가는 원칙적으로 기속행위이지만 토지구획정리사업 구역내에서의 건축허가나 커다란 오피스텔 건물에 대해서는 재량행위로 볼 수 있다고 하셨는데, 건축허가를 언제 재량행위로 볼 수 있는 것인지 그 기준이 궁금합니다.

A 절대적인 기준이란 원래 존재하지 않지만, 대법원은 개발제한구역에서 건축허가와 형질변경허가를 수반하는 건축허가에 대해서 명시적으로 재량행위라는 표현을 사용하고 있어요. 그 외 약 5–7층 이상 되는 큰 규모의 건물 정도면 건축허가에 재량이 나타나기 시작한다고 볼 수 있어요. 원래 "건축허가는 기속행위"라는 대법원 판례는 1, 2층짜리 단독주택에 대한 건축허가에서 시작된 것이기 때문입니다.

Q&A 감독적 조치와 재량

Q 과징금 부과나 시정명령과 같은 감독적 조치는 재량행위인 경우가 많다고 설명해 주셨습니다. 그 이유가 궁금합니다.

A 감독적 조치에 대한 재량판단 기준은 별도로 발전해 오지 않았다고 보는 것이 더 정확한 표현일 것 같군요. '재량행위의 개념'에 비추어 감독적 조치는 그 성격상 '법률이 정한 요건이 충족된 경우에도 감독적 조치를 하거나 하지 않을 선택권, 또는 여러 감독적 조치 중 하나를 선택할 여지가 행정청에게 있다'고 해석된다는 정도가 가장 근접한 해석이 될 것 같아요. 사실 감독적 조치가 거의 대부분 재량으로 분류된다는 것은 교과서에 있는 정설이라기보다, 실무감각에 터잡은 일종의 팁(Tip) 같은 것이라 받아들이면 좋아요. 법원이 이러한 합의에 반해서 감독적 조치 중 일부에 대해 자의적으로 기속행위라고 판단하고 있다는 점은 문제입니다.

Ⅳ 재량행위의 통제

재량행위는 국회, 행정부, 사법부에 의해 통제될 수 있다. 국회는 법률의 규율방식을 변경하거나 국정감사 등을 통해 재량행위를 입법적·정치적으로 통제하며, 행정부는 감사·행정절차·행정심판을 통해 재량행위를 내부적으로 통제한다. 사법부는 재량의 위법사유를 통해 재량행위를 통제하는데, 재량의 위법사유에는 재량의 일탈, 남용, 사실오인, 재량권의 불행사, 비례원칙, 평등원칙 등이 있다. 재량권의 한계를 넘거나 그 남용이 있는 때에는 법원이 이를 취소할 수 있다(행정소송법 제27조).

도입사례 8-1의 해결

갑이 신청한 사업계획승인은 전형적인 재량처분이다. 따라서 법률이 정한 요건이 모두 충족된 경우에도 행정청이 법이 정한 사유 이외의 사유(공익 등)를 들어 거부할 수 있다. 거부사유가 재량범위 내에 있다면 취소소송에서 갑이 승소하기 어렵다.

주요 키워드 사업계획승인, 재량행위에 대한 법원의 통제, 재량행위의 개념,

제09장 허가와 특허

I 법적 성질에 따른 행정행위의 분류

행정행위는 의사표시를 불가결의 요소로 하는지의 여부에 따라 법률행위적 행정행위와 준법률행위적 행정행위로 구분된다. 법률행위적 행정행위는 다시 명령적 행정행위와 형성적 행정행위로 나뉘는데, 명령적 행정행위는 민사상 청구권, 형성적 행정행위는 민사상 형성권과 대응관계에서 만들어진 것으로 추측된다. 개인에게 일정한 행위를 요청하거나 행위를 할 수 있도록 하는 행위를 명령적으로, 개인의 법적 지위를 부여하는(설권) 행위는 형성적으로 분류하는 방식이다.

명령적 행정행위는 사인에게 의무를 명하거나 해제시키는 행위를 말하며 하명, 허가, 면제로 구성된다. 하명은 작위, 부작위, 급부, 수인의무를 상대방에게 부과하는 행정행위이며, 허가는 법규에 의한 일반적 금지를 개별적인 요건이 충족되었음을 전제로 해제해 주는 행정행위이다. 면제는 법령 등에 의한 작위하명을 특정한 경우에 해제하는 행정행위를 말한다.

형성적 행정행위는 처분의 상대방에게 법적 지위를 부여하거나 변경하는 행정행위를 말하며, 특허, 인가, 대리행위로 구성된다. 특허는 권리능력, 포괄적 법률관계 등을 설정하는 행정행위를 말한다. 인가는 사인간의 기본행위를 보충하여 효력을 완성시키는 보충적 행정행위를, 대리는 타인을 대신하여 행정청이 타인의 행위를 행함으로써 타인 스스로 한 것과 같은 법적 효과를 발생시키는 행정행위를 말한다.

준법률행위적 행정행위에는 확인, 공증, 통지, 수리가 있다. 확인은 법률관계 또는 사실관계 존부에 대한 판단과 확정하는 행위를, 공증은 일정한 사실 등에 대한 공적장부의 편성과 증명행위를, 통지는 일정한 사실을 알려주는 행정작용을 뜻한다. 수리는 타인의 신고 또는 신청을 유효한 것으로 받아들이는 행위를 말한다.

> **참고 행정행위의 분류**
>
> • 법률행위적 행정행위
> - 명령적 행정행위
>   - 하명
>   - 허가
>   - 면제
> - 형성적 행정행위
>   - 특허
>   - 인가
>   - (공법상) 대리
>
> • 준법률행위적 행정행위 –확인, 공증, 통지, 수리

실정법상 행정행위를 지칭하는 용어로 허가, 면허, 인가, 승인, 등록, 지정, 결정, 정지(처분), (면허)취소 등이 사용되고 있지만, 이 실정법상 명칭은 당해 행정행위의 법적 성질과 무관한 것이라는 점을 잊어서는 안 된다. 여기서 다루고 있는 개념은 실정법상의 명칭과는 무관하게 당해 행정행위의 법적 성질에 따라 허가, 특허 등으로 부르는 것이고, 이를 강학상 개념이라 한다.

> **참고 하명의 예**
>
> 하명의 예로는 조세부과, 철거명령, 도로통행금지 등이 있으며 그 불이행에 대해 행정대집행법, 국세징수법 등에 행정강제수단이 마련되어 있다는 점이 특징이다.
>
> **※ 감염병 발생지역에 출입하는 사람에 대한 행정청의 건강진단 및 예방접종명령도 강학상 하명에 해당함**(제10회 변호사시험)

Q&A 허가와 하명

Q 교재 도해에서, 허가와 면제가 각각 작위하명과 부작위하명에 대응되는 것이라고 이해하면 좋을까요?
같은 도해에서, 인가와 특허가 형성적 행정행위로 같은 그룹에 속하는 것으로 되어 있는데요, 인가는 기속적인 성격이 강한 것이라서 오히려 허가에 가깝다고 봐야 하지 않은가요?

A 허가와 면제를 작위, 부작위하명으로 단순 귀속시키면 안 됩니다. 허가는 금지하명을 풀어주는 것에 불과하고, 면제도 작위하명을 풀어주는 것에 불과합니다. 작위하명을 풀어준다고 부작위하명이 되는 것은 아니겠지요(안 해도 좋다는 말은 하면 안 된다는 말과 다른 것)? 인가는 형성적 행정행위인데 사인간의 기본행위(매매 등)가 인가에 의해 비로소 효력을 발생하게 되기 때문입니다. 인가의 기속적 측면이 그 성질의 모두를 이루는 것은 아니므로 그것만으로 허가에 가깝다고 보면 곤란해요.

Ⅱ 허가와 특허

1. 개 관

(1) 강학상 개념인 허가와 특허

어떤 행정행위가 실정법상의 명칭과 별개로 동일한 법적 성격과 특질을 가질 때 하나의 그룹으로 묶어 강의 또는 학문상의 논의를 위해 '강학상'이라는 개념을 사용한다. 그러므로 강학상 허가나 특허와 실정법상의 명칭은 일치하지 않는 것이 오히려 더 일반적이다. 예컨대, 운전면허, 영업허가, 건축허가 등 실정법상 다양한 명칭으로 불리는 행정행위가 강학상 허가라는 개념으로 묶이고, 운송사업자면허(택시면허), 아파트 사업계획승인, 통신사업자 지정, 도시계획결정, 토지형질변경허가 등의 행정행위는 특허로 분류된다.

(2) 허가와 특허의 구별실익

후술하는 바와 같이 허가와 특허는 감독권의 정도, 처분의 상대방이 갖는 법률상 이익, 신청의 유무 등에서 다양하게 차이를 보이지만, 무엇보다도 강학상 허가는 기속행위로, 특허는 재량행위로 분류된다는 것이 가장 중요하다.

(3) 적용범위 : 수익적 행정행위

강학상 허가나 특허는 모두 행정청이 상대방에게 수익적 행정행위를 하는 경우를 전제로 만들어진 개념이다. 따라서 감독권을 행사하거나 불이익조치를 취하는 경우는 허가나 특허로 설명할 수 없다는 점에 유의해야 한다.

Q&A 건축허가의 법적성질

Q 건축허가 중 규모가 큰 것은 재량행위로 볼 수 있다고 하셨는데 이때는 건축허가가 강학상 허가에 해당하지 않고, 특허적 성격을 띠는 것인가요? 아니면 강학상 허가에는 해당하나, 강학상 허가여도 재량행위인 경우가 있는 것인지 궁금합니다.

A 원칙적으로 건축허가는 강학상 허가입니다. 그러므로 기속행위인 것이 원칙이지요. 그런데 롯데월드 타워에 대한 건축허가에는 재량이 존재한다고 해석하는 것이 더 합당해요. 그 안에 도시계획적 영향력에 대한 판단이 들어가고 다양한 교통영향도 고려하기 때문입니다. 그래서 규모가 큰 건축물에 대한 건축허가는 재량행위라고 내가 설명했던 것이지요. 이 정도의 건축허가에 이르면 사실은 특허라고 표현해도 좋을 것 같습니다. 따라서 건축법상 건축허가라는 하나의 처분이 어떤 때에는 특허로 분류될 수도 있다고 보는 것이 옳겠네요.

2. 강학상 허가

도입사례 9-1

갑은 자전거를 자주 사용하는 학생이다. 자전거로 인한 교통사고가 빈발하자 국가는 자전거를 타기 위한 면허를 도입하는 내용의 '자전거법'을 새롭게 제정하였다. 갑은 자전거면허를 받기 위해 법률이 정한 요건을 충족해서 면허를 신청하였다. 행정청은 갑의 신청을 거부할 수 있는가?

(1) 의 의

강학상 허가란 공익목적에 의해 일반적으로 금지된 개인의 자유로운 행위를 그 목적에 반하지 않는 경우에 개별적으로 해제하는 행정행위를 말한다. 강학상 허가 제도를 두고 있는 개별법률은 행정법의 원형에 가까운 형태인데, 일정한 행위를 일반적으로 금지함으로써 헌법상 자유권을 제한한다. 그러나 이 때 금지되는 행위 자체가 사회적으로 해로운 것은 아니므로 법률이 정하는 요건이 충족되면 그 금지가 반드시 해제되어야 하는 구조를 띤다(기속행위). 식품으로 인한 위험방지, 도로교통으로 인한 위험방지, 건축물로부터 오는 위험방지, 국토계획법상 토지의 합리적 이용이 이에 해당하는 공익목적이고, 이 금지가 개별적으로 해제되는 예가 영업허가, 운전면허, 건축법상 건축허가, 국토계획법상 건축허가 등이다.

(2) 법적 성질

1) 명령적 행위인 허가

특별한 사유가 없으면 사회 구성원들이 자유롭게 할 수 있는 행위를 법률이 공익목적으로 금지시키면서 법이 정하는 요건을 충족한 경우에 개별적으로 금지를 해제하는 행위를 강학상 허가라 한다. 예를 들어, 의료행위, 법률상담, 식당영업 등의 행위는 국가의 개입(법률)이 없다면 어느 사회에서나 자연스럽게 이루어질 수 있는 행위이다. 이와 달리 개인의 자유에 속한다기보다는 국가의 고권(高權)에 속하는 것으로 개인의 자유로운 활동영역으로 보기 어려운 권리를 설정하는 것은 특허적 성격을 갖는다. 지하철의 건설 및 운행, 은행의 설립 등이 특허에 속한다.

강학상 허가가 자연적 자유의 회복에 그치는가(명령적) 또는 이를 넘어 특정한 법적 지위까지 부여하는 것인가(형성적)에 대해 논쟁이 있다. 전통적으로 허가는 명령적 행정행위로 보았는데, 이는 금지행위가 명령적이므로 이를 해제하는 것도 명령적이라 해석되었기 때문이다. 또 이렇게 금지가 단순히 해제된 자의 법적 지위는 대단한 것이 아니라고 보았고 따라서 그 지위가 바로 제3자에 대한 배제효까지 발생시키지는 않는 것으로 해석되었다. 예컨대 운전면허에 의해 부여된 공법적 지위가 제3자의 운전면허 발급에 대한 이해관계까지 포함하는 것으로 보기 어렵다. 그래서 전통적인 견해는 강학상 허가는 명령적 행위이고 특정한 법적 지위를 부여하는 설권적 행정행위(특허)는 아니라고 이해했던 것이다.

2) 허가의 형성적 성격

강학상 허가가 금지를 해제하는 것이라고 해도, 이를 통해 일정한 공법적 지위가 부여된다는 점을 부인하기는 어렵다. 운전을 할 수 있는 공법상 지위, 타인을 치료할 수 있는 공법상 지위 등 허가로 인해 일정한 법적 지위가 부여되는 측면이 있기 때문이다. 또한 법률상 이익이라는 개념이 확대되고 있는 행정법의 실무는 강학상 허가에 의해 부여된 법적 지위에 영향을 준다. 예컨대 기존에 영업허가를 받은 자가 새로운 영업허가에 대한 취소소송을 제기할 수 있다면, 그 영업허가는 제3자를 배제하는 법적 지위로서 기능하는 것이다. 이 한도에서 강학상 허가도 형성적 성격을 갖는다고 해석하는 것이 실무의 감각에 맞는다. 다만 이렇게 부여된 지위는 후술하는 특허에 비해 상대적으로 약한 것이어서 제3자를 배제하는 강력하고 일반적인 지위로 인정되지는 않는다. 이에 비해 특허는 형성적인 것으로 이해되어 제3자에 대한 배제청구권이 당연히 인정된다.[69]

주요판례 대법원 1980. 7. 22. 선고 80누33,34 판결.

기존에 석탄가공업 허가를 받아 사실상 영업수익의 독점적 이익을 누리고 있던 자라고 하더라도, 이때의 허가는 강학상 허가에 불과하여 제3자에 대한 신규허가처분에 대해 취소소송의 원고적격이 없다고 본 판례.

참고판례 대법원 1992. 5. 8. 선고 91누13274 판결.

액화석유가스충전사업의 영업허가에 관하여 일방에 대한 허가 등의 처분이 타방에 대한 불허가 등으로 귀결될 수밖에 없는 때(이른바 경원관계) 일방이 허가를 받은 경우 타방에게 그러한 처분의 취소를 구할 법률상의 이익이 있다고 본 판례.

3) 허가와 기속행위

강학상 허가는 법이 정한 요건이 충족되면 반드시 발급되어야 한다. 이 경우 법이 금지하는 취지에 반하지 않는 것이기 때문이다. 이러한 점에서 강학상 허가는 기속행위이고, 행정청은 법률이 정하는 요건이 충족되었을 때 그 외의 사유를 들어 거부할 수 없다. 또한 강학상 허가에 대해서는 부관을 붙일 수 없으며, 만약 부관을 붙여도 무효로 해석된다.

주요판례 대법원 2006. 11. 9. 선고 2006두1227 판결.

지구단위계획상 경계(공법상 경계)와 필지경계선(민사적 경계)의 불일치가 있었던 사안에서, 지구단위계획이 설정한 경계에 근거한 건축허가신청 반려처분은 토지소유자의 토지에 대한 소유권이나 사용권의 취득을 사실상 강제하는 것이어서 위법하다고 본 판례.

(3) 신청과 감독권

강학상 허가는 신청과 논리필연적으로 연결된 것은 아니라는 점에서 신청과 불가분적으로 연결되어 있는 특허와 대비된다. 다만 신청이 없이 허가

69) 이원우, 현대 행정법관계의 구조적 변화와 경쟁자소송의 요건, 경쟁법연구 7권(2001), 139면 이하 참조.

만 발급되는 경우는 실무상 상정하기 어렵다. 또 허가를 통해 상대방은 행정법상 일반권력관계에 편입되므로 일정한 감독관계가 발생하게 된다. 이때 행정청의 감독권 행사는 법이 정한 범위 내에서 제한적으로 허용되며, 법치주의 원칙이 충실이 관철된다. 이에 비해 강학상 특허는 행정청이 포괄적으로 감독권을 행사하고 다양한 지도, 지시 등이 가능한 것으로 이해된다.

도입사례 9-1의 해결

행정청의 자전거면허는 일반적 금지에 대한 해제로 볼 수 있으므로 강학상 '허가'에 해당하며, 기속행위로 '자전거법'에 정한 요건을 충족하면 반드시 발급해야 한다. 따라서 행정청은 갑의 신청을 거부할 수 없다. 만약 거부하면 위법한 거부처분이므로 취소소송을 통해 권리를 구제받을 수 있다.

주요 키워드 강학상 허가, 기속행위

3. 강학상 특허

도입사례 9-2

이동통신사업자 갑은 2.5GHz 주파수대역을 반드시 확보해야 하지만, 방송통신위원회에서 이를 할당하지 않은 채 시간을 끌고 있다. 어느 날 갑은 통신위원회 담당자와 식사를 하는 자리에서 당해 대역을 포기하는 것이 어떠냐는 종용을 받자, 자신이 이번 경합에서 탈락할 것임을 예감하였다. 갑은 소송을 준비하면서 소송에서 이길 자신도 없고, 이겨도 별로 실효성이 없을 것이라는 느낌이 들었다. 갑의 느낌은 옳은 것일까?

(1) 의 의

강학상 특허란 특정 상대방을 위해서 새롭게 권리를 설정하거나 능력을 부여하는 행위 등을 말한다. 국가가 고권(高權)의 주체로서 자신의 임무 중의 일부를 담당할 공기업을 만들어 내거나 제3자인 사인에게 그 임무를 위탁하는 경우 등이 특허의 대표적인 예이다. 공기업의 설립, 공물사용권부여(도로점용허가[70]), 공무원임용, 어업면허, 자동차운수사업면허(화물, 여객), 공유수면 매립면허(새만금) 등이 특허에 해당한다. 특허를 통상 설권행위로도 부른다.

(2) 법적 성질

1) 형성적 행위인 특허

특허는 권리·능력의 설정행위로서 형성적 행위이다. 헌법상의 자유권을 회복시켜주는 강학상 허가에 비해 새로운 법률상의 권리, 능력, 기타 법적 지위를 설정하여 주는 행위라는 점에서 설권적이고 형성적인 면이 매우 강하다.

2) 특허를 받은 자의 제3자 배제권

국가의 지위를 대체해 특허를 받은 자의 법적 지위는 강학상 허가를 받은 자의 법적 지위와 달리 상당히 강력하고 배타적이어서 제3자가 새롭게 시장에 진입하려 할 때 이를 배제할 수 있다.

주요판례 대법원 1987. 9. 22. 선고 85누985 판결.

시외버스의 시내버스로의 전환을 허용하는 사업계획변경인가처분에 대해 기존 시내버스업자에게 취소소송의 원고적격이 있다고 본 판례.

3) 특허와 재량행위

국가가 여러 이유로 어떠한 권리를 직접 행사하지 아니하고 사인에게 그 권리를 부여하고 국가는 감독권만 가지는 것으로 물러날 때 사인이 받게 되는 수익적 처분을 특허라고 한다. 특허에서 국가는 자신이 직접 사업을 할 것인지 또는 누군가에게 대신 사업을 위탁할 것인지 등을 결정하는 넓은 재량을 누린다. 예컨대 아파트 사업승인, 토지형질변경허가의 경우 특허적 성격을 띠므로 재량행위에 해당한다.

---

70) 특허로서 도로점용허가(5회 변호사시험, 10회 변호사시험)

주요판례 대법원 1997. 10. 24. 선고 96누12917 판결.

아파트 사업승인은 재량행위에 해당하므로, 행정청이 법규에 근거 없는 건축물 높이제한에 위배된다는 이유로 주택건설사업계획 승인신청을 반려한 처분이 위법하지 않다고 본 판례.

(3) 특허개념의 다양성

보통의 특허는 처분의 상대방에게 권리를 부여하는 것이지만, 처분의 상대방 자체를 새롭게 만들어 내거나 또는 법률에 의해 공법인을 설립하는 경우도 넓은 의미에서 모두 특허에 해당한다. 연혁적으로 특허의 개념이 다양한 차원에서 논의되었기 때문이다. 다만 강학상 허가와 대립되는 특허는 대체로 상대방이 이미 존재하는 것을 전제로 국가의 권능을 일부 배분하는 것으로 이해하는 것이 간명하다.

(4) 신청과 감독권

특허는 신청을 전제로 하며 그 신청은 허가의 신청에 비해 중요한 의미를 갖는 것으로 해석된다. 또한 특허의 경우 행정청과 상대방의 사이가 매우 긴밀하므로 감독권이 다양한 통로를 통해 행사될 수 있다. 예를 들어, 영업허가에서 구청이 식당에 대해 갖는 감독권보다 방송통신위원회가 SK텔레콤에 대해 갖는 감독권이 훨씬 강하다.

도입사례 9-2의 해결

이동통신사업자의 주파수대역을 확보해주는 것은 새로운 법률상의 권리를 부여하는 것이므로 '강학상 특허'에 해당한다. 강학상 특허의 경우 국가가 강력한 재량권을 갖고 있으므로 처분의 상대방은 국가에게 이를 강요하기 어렵다. 갑의 느낌은 승소가능성이 높지 않다는 법적 판단이다.

주요 키워드 강학상 특허, 재량행위

4. 예외적 승인

(1) 의 의

예외적 승인이란 사회적으로 바람직하지 않은 행위를 법령에 의해 금지(억제적 금지)하고 이 금지를 예외적인 경우에 해제하는 행정행위를 말한다. 방북, 마약제조 등 성격상 금지되는 행위와 개발제한구역 내 건축금지 등이 억제적 금지로 분류되며, 이러한 금지를 풀어주는 것이 예외적 승인에 해당한다.

강학상 허가에서 법률이 금지하는 행위는 사회적으로 불법적이거나 해로운 것은 아니다. 이렇게 사회적으로는 원래 용인되던 행위를 일정한 공익 목적으로 금지하는 것을 예방적 금지라고 한다. 이에 비해 억제적 금지란 일정한 국민의 행위가 공동체 전체의 관점에서 바람직하지 않아 금지하는 것이거나 또는 공동체의 특별한 결단에 의해 허용하지 않는 것을 말한다.

(2) 법적 성질 : 예외적 승인과 재량행위

예외적 승인은 재량행위로 분류된다. 법이 정한 요건이 충족되는 경우에도 다른 사유를 고려할 수 있기 때문이다. 일반적으로 건축허가는 기속행위이지만, 개발제한구역 내 건축허가(사법시험 2013년)가 재량행위로 해석되는 이유는 예방적 금지와 억제적 금지(개발제한구역 내 건축)의 차이에서 기인한다.[71] 예외적 승인은 특허 · 허가의 법리와는 다른 차원의 논리이며, 이 또한 어떤 행정행위가 재량인가 아닌가를 구별 짓는 또 하나의 잣대가 된다.

주요판례 대법원 2001. 2. 9. 선고 98두17593 판결.

일반 용도변경허가는 기속행위에 해당하지만, 개발제한구역 내의 용도변경허가는 행정청의 재량이 인정된다고 본 판례

71) 이원우, 허가 · 특허 · 예외적 승인의 법적 성질 및 구별, 행정작용법(김동희 · 최계영 편), 박영사, 2005, 120면 이하 참조.

Q&A 예외적 승인과 재량이론

Q 예외적 승인의 경우 재량임이 인정되는 근거가 효과재량설이나 요건재량설과 연결될 수 있는지 궁금합니다.

A 허가·특허를 효과재량설의 일종으로 분류하는 것처럼 예외적 승인도 큰 틀에서는 허가·특허와 유사한 차원의 기준을 제시하는 것이므로 효과재량설에 가까운 것으로 보아도 좋겠어요.

Q&A 예외적 허가와 예외적 승인의 동일성 여부

Q 김동희 교수님의 교과서에서는 예외적 허가라는 개념을 서술하면서 행정법입문책의 예외적 승인과 유사한 내용이 나와 있는데, 이는 해당 책에 나와 있는 것처럼 용어상의 불일치일 뿐이고, 같은 개념이라고 보아도 될지 궁금합니다.

A 맞아요. 나는 예외적 승인이라는 말이 더 좋은데, 교수님마다 각자 다른 용어를 쓰시지요. 내가 승인이라는 말을 선호하는 이유는 허가, 특허, 인가 등 강학상 개념과 겹치지 않고, 행정청이 사인의 행위를 허용한다는 의미가 있어서입니다.

Q&A 허가와 특허, 예방적 금지와 예외적 승인

Q 예외적 승인의 문제는 특허/허가의 법리와 전혀 별개의 차원의 문제라는 문장이 잘 이해되지 않습니다.

A 어떤 면에서 특허와 예외적 승인은 비슷합니다. 재량이라는 점에서는 더욱 그렇습니다만, 내가 전혀 다른 차원이라고 강조했던 이유는 특허가 재량이 되는 이유와 예외적 승인이 재량이 되는 이유가 다르기 때문인데, 그 계기를 혼동하지 말라는 뜻입니다. 어떤 처분이 재량이라고 해서 모두 특허가 되는 것은 아닙니다. 허가·특허이론이 재량에 대한 하나의 논리체계라면 억제적 금지·예방적 금지논리도 역시 재량에 대한 논리체계입니다. 방북허가를 재량행위라는 이유로 특허라고 분류하는 것은 어색하지요.

제1회 변호사시험

A주식회사와 B주식회사는 안동시장으로부터 분뇨수집·운송업 허가를 받아 안동시 전역을 각 2개의 구역으로 나누어 담당하고 있었다. A주식회사가 수익성이 낮은 구역을 배정받은 데 불만을 품고, B주식회사에 대한 허가가 위법한 처분이라는 취소소송을 제기하였을 때, A주식회사에게 원고적격이 인정되는가?

주요 키워드 : 법률상 이익, 경업자소송, 강학상 특허

제10장 강학상 인가

> **도입사례 10-1**
>
> 구청장은 A 정비구역에서 관련법령에서 요구하는 토지등소유자의 동의율이 충족되지 않는 하자가 있었음에도 재건축조합에 대한 설립인가처분을 하였다. A구역에 토지를 소유하면서 재건축을 반대하는 갑이 있다면 조합설립의 대한 총회결의와 조합설립인가처분 중 무엇을 대상으로 소를 제기하여야 하는가?

I 개 관

1. 강학상 인가의 개념 및 소의 이익

강학상 인가란 사인간의 기본행위에 대해 그 효력을 완성하는 기능을 하는 보충적 행정행위를 말한다. 사인간의 기본행위의 효력을 완성시킨다는 의미에서 법률관계에 대한 형성적 효력을 갖고 이 때문에 형성적 행정행위로 분류된다. 강학상 인가에 해당하는 행정행위의 가장 큰 특징은 '기본행위의 하자를 이유로 취소소송을 제기하는 것이 허용되지 않는다'는 점이다. 그래서 강학상 인가로 판단되는 행정행위에 대한 취소소송이 제기되면 법원은 협의의 소익이 없는 것으로 판단하여 이를 각하한다.[72] 강학상 인가에 대해 소의 이익을 인정하지 않는 논리체계는 강학상 인가와 연계된 법적

72) 대법원 1995. 12. 12. 선고 95누7338 판결, "민사쟁송으로서 따로 그 기본행위의 취소 또는 무효확인 등을 구하는 것은 별론으로 하고 기본행위의 불성립 또는 무효를 내세워 바로 그에 대한 감독청의 인가처분의 취소를 구하는 것은 특단의 사정이 없는 한 소구할 법률상의 이익이 있다고 할 수 없다.": 같은 취지 대법원 2000. 5. 24. 선고 2000두3641 판결.

분쟁을 민사소송으로 유도하는 기능을 담당하게 된다.

강학상 인가는 민사적 관점에서 보면 강력한 힘을 가진 행정처분이다. 허가나 특허는 매매계약 효력 자체를 부여하는 것이 아니므로 민사적인 문제와 상대적으로 독립해서 운영된다. 그런데 강학상 인가는 보충행위라는 지위를 갖지만 이에 의해 기본행위 효력이 좌우되므로 민사적 거래당사자의 입장에서 인가의 효력은 매우 강력한 것이다.

2. 강학상 인가의 예

인가는 강학상 개념으로, 실정법에서 행정행위의 명칭을 인가라고 붙였는가와 무관한 것이다. 「부동산 거래신고 등에 관한 법률(이하 부동산거래법)」상 토지거래허가[73](제11조), 사립학교법상 이사선임 승인 등의 실정법상 명칭은 '허가'와 '승인'이지만 사인간의 기본행위(매매, 이사회결의)를 보충적으로 완성하는 보충적 행정행위로 강학상 인가에 해당한다. 재건축, 재개발조합의 설립인가는 대법원에 의해 강학상 인가로 해석되었지만, 2009년 대법원은 견해를 바꾸어 이를 설권행위로 보고 있다. 따라서 정비조합의 설립인가는 더 이상 강학상 인가로 분류되기 어렵다. 다만 대법원은 도시정비법상 관리처분계획의 인가와 사업시행계획의 인가를 여전히 강학상 인가로 이해하고 있다.

3. 인가이론과 허가·특허이론

인가이론은 허가·특허이론과 차원을 달리하는 것이므로, 하나의 사안에서 복수의 이론들이 서로 겹칠 수도 있다. 부동산거래법상 토지거래허가는 매매계약의 효력을 완성시킨다는 점에서는 강학상 인가의 성질을 갖지만, 허가를 받지 않고 거래한 자를 형사처벌하는 조항과 관련해서 보면 강학상 허가의 기능도 동시에 수행한다. 이런 점에서 토지거래허가제는 하나의 행정행

73) 토지거래허가제도는 오랜 기간 국토계획법에 의해 규율되던 제도인데, 2018년 부동산 거래신고 등에 관한 법률의 제정과 함께 동법으로 이전되었다.

위 속에 강학상 허가와 인가가 동시에 존재할 수 있다는 것을 보여준다.

다만 허가와 특허의 구분은 본래 행정법이 예정하고 있는 구분이며, 허가와 인가의 구분이나 특허와 인가의 구분은 본래 행정법이 예정하는 구분은 아니다. 실제 사안에서는 행정행위가 기본행위-보충행위 관계로 포섭될 수 있는가를 판단해서 강학상 인가로 인식하게 된다.

허가와 특허이론이 재량행위이론과 긴밀히 맞물려 작동되는 반면, 강학상 인가는 재량이론과 상대적으로 독립한 문제라고 보아야 한다. 다만 강학상 인가는 후술하는 바와 같이 행정청의 심사범위가 좁고 재량의 여지가 좁아 기속행위가 될 가능성이 높다는 점만 지적해 둔다.

4. 인가이론의 발전

강학상 인가이론은 주로 판례에 의해 발전되었다. 강학상 인가에 해당하면 협의의 소익이 없음을 이유로 취소소송을 각하할 수 있다는 매력이 법원에서 강학상 인가이론을 즐겨 활용하는 가장 큰 이유이다. 1970년대 이래 강학상 인가에 대한 논문은 별로 없지만 법원의 판례는 다양한 행정처분을 새롭게 강학상 인가로 포섭하는 판결을 지속적으로 발전시키고 있다. 실무적인 필요에 의해 판례가 발전시킨 강학상 인가이론은 논리적 검토를 충분히 거친 것이라 보기 어렵고 특히 인가의 인정범위가 과도하게 넓어져 논리적 완결성을 잃을 위험이 있다.

> **참고논문** **김종보, 강학상 인가와 정비조합설립인가, 행정법연구 제10호**, 2003, 325-344**면**
>
> (논문 요약) 정비조합은 단순히 사인간의 민사상 결사에 불과한 것이 아니라, 정비사업을 주도하며 그 사업에 동의하지 않는 제3자의 소유권을 박탈할 수 있는 권능까지 부여받고 있는 행정주체이다(토지수용 또는 매도청구권). 이러한 주체를 만들어내는 조합설립인가라는 처분은 설권행위이며, 행정소송의 관할 하에 있을 때 비로소 그 정당성이 승인될 수 있다. 특히 2003년 도시정비법의 제정으로 재건축조합의 공법적 성격이 강화된 만큼 조합설립인가와 관련된 분쟁도 행정소송으로 다툴 수 있는 길을 열어주는 것이, 신법의 취지와도 잘 부합한다.
>
> 그러므로 대법원 및 하급심의 많은 판결들에도 불구하고, 정비조합설립인가를 강

학상 인가로 보는 태도는 수정되어야 한다. 이는 강학상 인가이론의 적용범위를 엄격하게 좁혀 인가이론의 논리적 완결성을 확보한다는 의미를 동시에 갖는다.

※ 이후 대법원은 조합설립인가가 강학상 인가라는 입장에서 설권행위(특허)라는 입장으로 견해를 변경하였다(2009년).

주요판례 대법원 2009. 9. 24. 선고 2008다60658 판결.

행정청의 조합설립인가는 재건축조합에게 행정주체(공법인)으로서의 지위를 부여하는 설권적 처분이므로, 조합설립결의에 하자가 있다면 그 하자를 이유로 직접 조합설립인가처분에 대해 항고소송을 제기해야 한다고 본 판례.

Ⅱ 인가이론의 장점과 논리구조

1. 행정의 책임범위한정 – 심사범위 한정

강학상 인가제도는 계약 등 일정한 법률행위의 성립을 당사자의 자유에 맡기고 그 내용에 대한 최소한의 공익적 통제를 위해 행정청에게 보충적 완성권을 부여하는 것이다.[74] 이러한 의미의 강학상 인가는 법률행위의 자유를 전제로 하면서도 일정한 공익상 필요와 공익적 관점에 관해 행정청의 동의를 얻도록 제약을 가하는 제도이다.[75]

강학상 인가에서 행정청은 기본행위 전반에 대해서가 아니라 법률이 정한 특정한 공익적 관점에 한정하여 심사하고, 기본행위가 이에 저촉되지 않으면 인가를 발급해야 한다. 이런 점에서 강학상 인가의 심사범위는 넓지 않고 행정청의 재량도 거의 없는 것이라 이해하는 것이 옳다. 따라서 실정법의 해석상 일정한 행정행위가 강학상 인가로 해석되면, 행정청은 그 인가에서 심사해야 할 목적에 한정하여 자신의 심사권을 행사해야 한다. 예컨대 토지거래허가에 있어 행정청은 투기적 토지거래목적(거래가격)을 심사하는

74) 김철용, 행정법 I, 221면.
75) 박윤흔, 행정법강의(상), 2000. 박영사, 364면.

것으로 충분하고 사인간의 매매계약 성립요건 전반에 관하여 검토할 의무는 없다. 이렇게 해석해야 기본행위의 하자를 주장하여 행정청을 피고로 인가취소소송을 제기하는 것을 불허하는 대법원의 논리가 정당화될 수 있다.

원칙적으로 인가권을 갖는 행정청은 그 내용대로 인가를 하거나 거부할 수 있으나 수정인가를 할 수 없다고 보는 것이 학설의 일치된 견해이다.[76] 즉, 행정청의 심사범위가 좁기 때문에 수정인가가 불가능하다는 논리는 강학상 인가가 재량행위로 해석되기 어렵다는 논거가 된다.

2. 취소소송의 금지

특정한 행정행위가 강학상 인가로 해석되면, 기본행위의 하자를 이유로 그 인가행위의 취소를 구하는 취소소송이 허용되지 않는다. 이러한 행정소송에 대해서는 학설과 판례가 일치하여 협의의 소익이 없음을 이유로 소를 각하해야 하는 것으로 본다. 이에 따라 기본행위의 하자를 들어 취소소송을 제기하는 것은 소의 이익이 없어 각하된다. 다만 인가 자체에 하자가 있다면 취소소송은 예외적으로 허용되는데, 인가 자체의 하자란 인가 행정청의 무권한 등 행정행위의 하자사유를 말한다. 그러나 인가 자체의 하자는 실무상 기본행위의 하자와 잘 구분되지 않는 문제를 남긴다.

강학상 인가이론의 가장 큰 매력은 이처럼 기본행위의 하자를 이유로 취소소송을 제기하는 것을 차단함으로써, 동일사안을 이중으로 심리해야 하는 법원의 부담을 덜고 분쟁을 민사소송(경우에 따라서는 당사자소송)으로 집중시키는 데 있다. 또한 행정청의 입장에서도 자신이 심리한 범위를 넘어서는 하자주장에 대해 행정소송을 면제받게 되므로 행정의 부담도 경감되는 효과가 있다. 다른 한편 기본행위의 당사자 또는 제3자의 입장에서는 행정소송을 제기할 수 있는 길이 봉쇄되므로, 인가심사 당시에 행정청의 과도한 심사권행사가 제한되어야 그 정당성을 수긍할 수 있다.

---

76) 통설. 예컨대 김동희 · 최계영, 행정법Ⅰ, 303면; 김철용, 행정법, 222면; 김도창, 행정법론(상), 1983. 청운사, 311면.

주요판례 대법원 1996. 5. 16. 선고 95누4810 전원합의체 판결.

재단법인의 정관변경허가를 강학상 인가로 보고, 기본행위의 하자를 이유로 한 인가처분에 대한 행정소송은 허용되지 않는다고 본 판례.

3. 인가와 재량행위

강학상 인가제도는 행정청의 심사범위를 한정적인 것으로 이해하고 있으므로 일반적으로 강학상 인가에 해당하는 행정행위의 경우 행정청에게 폭넓은 재량을 인정할 수 없다. 따라서 전통적인 학설은 강학상 인가를 기속행위에 가까운 것으로 보았다.[77]

그러나 최근의 판례[78]는 강학상 인가에 대해서도 재량행위가 존재할 수 있는 것으로 입장이 정리되고 있다. 전통적인 인가이론과 달리 인가이론의 범위가 법원의 판결에 의해 점차 넓어지는 경향과 맥을 같이 하는 것으로 보인다. 강학상 인가가 재량행위일 수 있다는 판례가 나온 이후, 학설도 강학상 인가가 재량행위일 수도, 기속행위일 수도 있다는 입장으로 바뀌고 있다.

생각건대 강학상 인가제도는 앞서 지적한 바와 같이 한정적인 공익목적 안에서 행정청의 동의를 받도록 정하고 있는 제도이므로, 행정청은 그 공익목적에 적합한 심사권만을 행사하는 것이 원칙이다. 그러므로 강학상 인가가 재량행위라는 법원의 견해에는 찬성하기 어렵다. 법원은 재량행위로 해석하는 강학상 인가 사례들에 대해 과도하게 강학상 인가범위를 넓힌 것이 아닌가 돌아보아야 한다.

4. 기본행위의 유동적 무효-인가의 소급효

강학상 인가제도는 제3자간의 법률행위를 완성시켜 비로소 그 효력을 발

---

77) 김도창, 행정법론(상), 311면.
78) 대법원 1995. 12. 12. 선고 94누12302 판결, 대법원 2000. 1. 28. 선고 98두 16996 판결 등.

생케 하는 제도이다. 따라서 제3자들이 체결한 각종의 계약 등은 행정청의 인가를 얻기 이전까지는 법적으로 효력이 없다. 그러나 인가처분이 발급되면 기본행위에 해당하는 법률행위는 소급적으로 효력을 얻게 되어 인가를 받기 이전에 있었던 각종의 행위들이 모두 유효한 것으로 인정되는 효과가 있다.

이를 통해 사인간의 행위가 인가를 받기 이전에도 '사실상'의 구속력을 발휘하게 되며, 일방 당사자가 임의로 계약관계에서 이탈하는 것을 막아준다.

주요판례 대법원 1991. 12. 24. 선고 90다12243 전원합의체 판결.

토지거래허가는 강학상 인가이며, 인가를 받으면 이전의 계약이 소급하여 유효하게 된다고 본 판례.

5. 기본행위의 실효와 인가의 무효

강학상 인가제도는 기본행위와 보충행위의 구도를 취함으로써 기본행위의 효력에 인가의 효력을 의존시킨다. 따라서 기본행위가 효력을 발생하지 못하면 인가도 독자적으로 의미를 갖지 못하고, 특별한 무효선언이 없어도 효력을 갖지 못한다. 또한 기본행위가 사후적으로 무효가 되는 경우에도 인가행위는 그에 따라 효력을 상실한다. 이러한 경우에는 예외적으로 기본행위의 하자를 이유로 인가의 무효확인을 구할 이익이 있는 것으로 해석된다.[79]

다만 행정청의 입장에서는 기본행위에 대한 무효판결이 있는 경우 인가의 무효를 확인하는 의미에서 직권취소할 수도 있지만, 이를 방치하여도 당연무효이므로 직권취소해야 할 의무가 있는 것은 아니다.

Ⅲ 재건축, 재개발과 강학상 인가이론

강학상 인가이론은 초기 판례에서 대단한 지위를 점하지 않았지만 최근으로 올수록 강학상 인가에 해당하는 처분이 급격히 늘어나고 있다. 특히 도시정비법상 빈발하는 소송에 대한 대응책으로서 강학상 인가이론이 자주

79) 대법원 1979. 2. 13. 선고 78누428 판결,

원용된 것이 주된 원인이다. 도시정비법에서 판례에 의해 주장되는 강학상 인가이론은 기존의 인가이론 체계를 불안정하게 하는 왜곡된 것으로 타당하지 않다. 이하에서는 개별적인 판례들에 대해 처분별로 검토한다.

1. 조합설립인가

(1) 조합설립인가를 강학상 인가로 보던 과거의 판례

재건축조합은 재건축결의 후 행정청으로부터 인가를 받아 재건축사업을 진행하는데, 재건축조합설립 인가를 대법원이 강학상 인가로 이해하면서 재건축조합에 대한 행정소송은 사실상 봉쇄되었다. 다른 한편 민사소송으로 제기된 재건축결의무효확인소송에서 법원이 비용분담이 구체적이지 않다는 이유로 재건축결의무효판결을 내기 시작하면서 정비조합을 공격하기 위한 방법이 민사소송인 재건축결의무효소송으로 집중되었다.

한편, 대법원은 2002년 재건축조합설립 인가를 강학상 인가로 보면서도 인가의 효력을 대내적 효력과 공법적(대행정청) 효력으로 나누고 인가 이전 시점에도 전자의 효력이 이미 발생한다고 하였는데, 이는 종래의 강학상 인가이론과는 상당한 차이를 보이는 것이었다.

참고판례 대법원 2002. 3. 11. 자 2002그12 결정

(강학상 인가라면 인가 이전에 이루어진 사인간의 계약은 유동적 무효인 것이 원칙임에도 불구하고) 인가 이전시점에도 조합설립을 위한 당사자간의 합의가 조합원 상호간 또는 조합내부자간에는 이미 효력이 발생하는 것으로 본 판례.

(2) 조합설립인가를 특허로 보는 변화된 판례

그 후 대법원은 조합설립인가가 강학상 인가가 아니라 설권행위(특허)라는 입장으로 변경되었고 민사소송으로 상고된 사건을 제1심 행정법원으로 파기이송하였다.[80] 조합설립에 대해 행정소송으로 다루는 데 인색했던 과

거의 관행이 폐기되고 조합설립에 대해 다투고자 하는 자는 모두 취소소송을 하도록 정리된 것이다.

참고판례 대법원 2002. 3. 11. 자 2002그12 결정

(강학상 인가라면 인가 이전에 이루어진 사인간의 계약은 유동적 무효인 것이 원칙임에도 불구하고) 인가이전시점에도 조합설립을 위한 당사자간의 합의가 조합원 상호간 또는 조합내부자간에는 이미 효력을 발생하는 것으로 본 판례.

(3) 검 토

강학상 인가이론은 동일한 분쟁을 민사소송으로 진행할 것인가 행정소송으로 진행할 것인가를 결정하는 데 중요한 역할을 한다. 최근 강학상 인가가 법률시장에서 관심을 끌었던 이유도 소송방식을 둘러싼 이해관계 때문이다. 대법원의 판례변경 후 재건축, 재개발과 관련된 민사소송이 현저히 줄었을 뿐 아니라 행정소송의 건수도 완만하게 줄고 있는 것으로 평가된다.

도입사례 10-1의 해결

조합설립인가는 강학상 인가가 아닌 조합에 정비사업 시행을 위한 행정주체의 권한을 부여하는 설권행위(특허)이다. 그러므로 조합설립결의에 하자가 있더라도 기본행위인 조합설립결의의 무효확인을 다투는 민사소송이 아닌 조합설립인가 처분의 위법성을 다투는 항고소송을 제기해야 한다.

주요 키워드 조합설립인가, 강학상 인가, 특허

2. 관리처분계획의 인가

조합설립인가와 약간 다른 방식으로 관리처분계획의 인가가 강학상 인가인가 하는 문제가 여전히 판례상 논란의 대상이 된다. 대법원은 1990년대 '관리처분계획'에 대해 조합을 피고로 취소소송만을 허용하고, 수분양권의 확인을 구하는 민사소송이 허용되지 않는 것으로 전원합의체 판결을 내놓

80) 대법원 2009. 9. 24 선고 2008다60568 판결.

았다. 그러나 그 후에도 대법원은 관리처분계획의 '인가'가 강학상 인가라는 판결을 지속적으로 내 놓으면서[81] 행정청의 인가는 조합의 관리처분계획을 보충적으로 완성해주는 강학상 인가로 보고 있다.[82]

판례는 여전히 관리처분계획을 처분으로 보면서도 그 인가는 강학상 인가로 보는 판결들을 되풀이 하면서 논리적 오류를 확대 재생산 하고 있다. 강학상 인가는 원래 사인간의 민사적 합의의 효력을 보충적으로 완성시켜 주는 행위를 지칭하는 것이고, 행정주체로서 조합이 내린 관리처분계획이라는 행정처분을 보충적으로 완성한다는 것은 이론상 상상하기 어렵다. 따라서 관리처분계획의 인가는 강학상 인가로 보아서는 안 되고, 인가된 관리처분계획만이 취소소송의 대상이 되는 것으로 이해하는 것이 옳다.

관리처분계획의 인가를 강학상 인가로 보고자 하는 대법원의 실질적인 이유는 '구청장'을 피고로 하는 소송을 불허하고 조합만이 피고가 되도록 하고자 하는 취지를 포함하고 있다. 그러나 이론상 구청과 조합은 공동피고가 되는 것이 맞고, 조합만을 피고로 하고 있는 현행 판례의 태도는 옳지 않다. 관리처분계획은 조합이 입안하고, 구청장이 인가를 통해 완성하는 하나의 처분이기 때문이다.

3. 사업시행계획의 인가

관리처분계획의 인가가 강학상 인가라고 보는 대법원의 입장은 다시 사업시행계획의 인가 영역으로 확대되었다. 최근 대법원은 사업시행계획과 그 인가를 구분하면서 사업시행계획을 기본행위로 보고 기본행위의 하자를 이

---

81) 대법원 2001. 12. 11. 선고 2001두7541 판결; 대법원 1994. 10. 14. 선고 93누22753 판결.

82) 그래서 다시 관리처분계획에 불만이 있는 조합원들이 관리처분총회에 대한 무효확인을 구하는 민사소송을 제기하기 시작하였고, 이 소송은 관리처분계획의 취소소송과 병행하여 허용되었다. 소송의 방법을 통일할 필요를 느낀 대법원은 조합설립인가에 대한 판결과 1주일 간격으로 다시 전원합의체 판결을 내놓으면서 민사소송은 불허하고 조합을 피고로 하는 관리처분계획 취소소송만 허용되는 것으로 입장을 정리했다(대법원 2009.9.17. 선고 2007다2428 전원합의체 판결).

유로 인가처분의 취소를 구할 수 없다는 입장을 밝히고 있다.[83)]

그러나 사업시행계획의 인가는 하나의 처분으로 처분을 발급하는 구청장이 피고가 되는 것이 옳다. 판례가 생각하는 강학상 인가이론은 사업시행계획을 수립하기 위한 조합총회결의를 기본행위로 보고 이를 구청장이 보충행위를 통해 인가하는 것을 전제로 한다. 그러나 조합총회결의는 사업시행계획이라는 처분을 구성하는 절차요소에 불과할 뿐(관리처분총회와 마찬가지) 독자적으로 기본행위의 위치를 점할 수 없다. 인가된 사업시행계획이라는 하나의 처분만이 존재하는 것이며 두 개의 처분이 존재하는 것은 아니다. 따라서 강학상 인가라 불릴 수 있는 별개의 처분도 존재하지 않는다.

Q&A 유동적 무효와 협력의무

Q 인가 전 사인간의 법률행위는 유동적 무효임에도 불구하고 대법원(90다12243판결)이 토지거래허가 전에 협력의무를 인정하는 근거가 무엇인지 궁금합니다.

A 무효인 계약에서 어떤 법적 의무가 나온다는 것은 아주 어색하지요? 법학에서 이렇게 애매한 영역이 조금 있어서 초학자들에게는 상당히 어렵게 느껴질 것 같아요. 아마 어렵지만 굳이 표현해보면 당사자 쌍방이 계약을 맺을 때 알맹이에 해당하는 계약내용이 있고, 그 형식이나 껍질에 해당하는 것으로 계약내용을 합의해 가기 위해 서로 협상하고 이의를 제기하는 등의 과정이 있겠지요? 만약 이 둘을 관념적으로 나눌 수 있다면 일단 계약내용에 해당하는 부분이 유동적 무효라고 보고, 나머지 협상절차는 여전히 진행되어야 하고 그것이 신의칙에 맞는다고 볼 수 있지요. 그러면 인가신청을 위한 당사자의 협력도 여전히 계약체결과 신의칙에 의존해 도출할 수 있지 않겠는가 하는 정도의 이론구성인 것 같습니다. 이론적으로 명쾌하기는 전적으로 무효라고 하는 것이 좋지만, 그러면 불합리한 결과가 오니까 적절하게 타협한 것이라 이해하고 넘어가면 좋겠군요.

83) 대법원 2008. 1. 10. 선고 2007두16691 판결, 대법원 2009. 11. 2자 2009마596 결정, 대법원 2010. 1. 28. 선고 2009다84646 판결 등.

제11장 준법률행위적 행정행위

Ⅰ 개 관

1. 준법률행위적 행정행위의 의의

전통적인 견해에 따르면 행정행위는 의사표시의 내용대로 법적효과가 발생하는지 여부에 따라 법률행위적 행정행위와 준법률행위적 행정행위로 구분된다. 법률행위적 행정행위는 행정행위의 의사내용과 법적 효과가 일치하는 행정행위를 말하며, 준법률행위적 행정행위는 의사내용과 법적 효과가 불일치하는 행정행위를 말한다.

법률행위적 행정행위의 경우 행정청이 처분의 내용에서 선언하고 있는 내용대로(건축을 허가한다, 영업을 허가한다) 법적 효과가 부여된다. 반면, 준법률행위적 행정행위는 행정청이 발급한 처분의 내용과는 무관하게 법조문에 근거해 그 법적 효과가 따라온다. 준법률행위적 행정행위의 대표적인 예는 확인, 공증, 통지, 수리 등이다.

실무적으로는 법률행위적 행정행위를 전형적인 행정행위로 보고, 이에 속하지 않는 일단의 행정작용에 대해 그 법적 효과를 주목해 행정행위에 준하는 것으로 취급한다. 이렇게 행정행위처럼 취급되는 것들을 묶어 준법률행위적 행정행위로 이해하는 것이 실무적으로는 더 중요할 수 있다.

2. 구분 기준

법률행위적 행정행위와 준법률행위적 행정행위를 구분하는 기준은 ① 행정청의 의사표시가 있는지 여부, ② 행정행위의 내용을 이루는 의사표시에 의해 법적 효과가 형성되는지 여부이다. 만약 위 두 기준이 모두 충족되면 법률행위적 행정행위로 볼 수 있다. 그에 반해 행정청의 의사표시는 없지만 법적 효과가 따라오거나, 행정청이 밝히는 의사와 처분의 법적 효과가 일치하지 않으면 준법률행위적 행정행위로 볼 수 있다.

3. 의사표시이론의 한계

통상 민법에서는 법률관계가 구속력을 갖는 이유(정당성)를 당사자 간 의사의 합치에서 찾고, 그 의사합치의 주된 요소를 의사표시로 이해한다. 이렇게 합의된 의사들은 양 당사자를 구속하며 그 내용도 의사표시에 의해 형성된다. 그러므로 민사법에서 의사표시는 매우 중요한 역할을 수행한다. 그러므로 의사표시가 아니거나 의사표시라 해도 의사합치가 없어 그 내용대로 법적 효과가 발생하지 않는 경우는 법적으로 아무런 의미가 없는 것이 원칙이다. 다만 법률이 예외적으로 특정한 행위에 법적 효과를 부여하면 그 효과가 부여되는 행위를 준법률행위적 행정행위라 부른다.

민사법과는 달리 행정법상 법률관계에 구속력이 부여되는 근거는 행정행위라는 일방적 처분이며, 행정행위에 따라 법률관계가 형성되는 이유는 법률이 행정행위에 법적 효과를 부여하고 있기 때문이다. 그러므로 법률과 행정행위에 따라 법률관계가 발생하는 행정법관계에서는 민사상 법률관계에서 채택되는 의사표시이론은 잘 맞지 않는다. 이런 관점에서 보면 민사법에서 통용되는 의사표시이론에 의존한 준법률행위적 행정행위 이론은 한계를 갖는다. 초학자들은 처분의 법적 효과가 어느 정도로 전형적인가 아닌가에 의해 행정행위와 준행정행위로 양자를 분류하는 것으로 충분하다.

4. 준법률행위적 행정행위와 재량

준법률행위적 행정행위는 행정행위와 달리 행정청에게 대단한 재량이 인정되기 어렵다. 행정청이 매우 제한적인 의사를 밝히고 법률의 규정에 따라 법적 효과가 부여된다고 해석되기 때문이다. 따라서 준법률행위적 행정행위는 기속행위이거나 또는 이에 준하는 것으로 이해하면 충분하다. 다만 기속과 재량이라는 주제는 수학적으로 0과 100으로 구별되는 것은 아니고 기속행위라고 해석되는 행위에 대해서도 행정청에게는 매우 작은 정도의 선택지는 있다고 유연하게 받아들여야 한다. 이와 동일선 상에서 준법률행위적 행정행위에 대해서도 행정청에게 선택의 여지가 부여되는 경우가 있을 수 있다고 보는 것이 옳다.

> **참고사례 준공검사와 사용승인**
>
> 전통적으로 건축법상 준공검사는 확인적 행정행위로 보았다. 준공검사를 통해 행정청이 하는 일은 '건축물이 설계도대로 시공되어 준공되었음을 확인하는 것'(준공을 검사하는 것)이지만, 그 법적 효과는 '건물을 사용(입주)할 수 있음'이므로 의사표시와 법적 효과가 불일치한다고 보았던 것이다. 그러나 1990년대 건축법이 개정되면서 준공검사라는 용어대신 사용승인이라는 용어가 채택되었고, 이제 행정청이 사용을 승인하여 입주를 할 수 있는 것으로 제도가 바뀌었다. 준공검사와 사용승인은 명칭만 바뀐 것이지만, 의사표시이론에 따르면 준공검사는 준법률행위적 행정행위로, 현행법상의 사용승인은 법률행위적 행정행위로 다르게 취급하게 된다. 행정법의 영역에서 의사표시의 내용대로 법적효과가 발생하는지 하는 기준은 큰 의미를 갖지 못한다는 것을 잘 보여주는 예이다.

Ⅱ 확 인

1. 개 념

확인이란 일정한 사실관계 또는 법률관계의 존부에 대해 행정청이 판단하는 행정작용을 말한다. 준공검사와 같이 토지 또는 건축물 등이 설계도와 일치하는지를 확인해서 준공필증을 발부하는 행위가 대표적인 예이다. 그 외에 국가시험합격자 결정, 발명특허와 같은 특허법상 특허 등이 확인에 해당한다.

확인은 법률행위적 행정행위와 잘 구분이 되지 않는다. 확인적 성격이 강하면 이론적으로는 준법률행위적 행정행위로 분류하나, 실제로는 취소소송의 대상으로 취급되므로 논의할 실익은 크지 않다.[84]

2. 법적 성질

(1) 확인의 처분성

확인은 여타의 준법률행위적 행정행위와는 달리 대체로 처분성을 인정하는 데 큰 어려움이 없다. 다만 일정한 요건을 판단하는 작용이 주된 내용을 이루는 처분이라는 점을 기억해 두어야 한다.

(2) 확인과 기속행위

확인은 사실의 존부 등만을 단순히 판단하는 행정작용이므로 확인행위를 하는 행정청에게는 재량이 없다고 보는 것이 일반적 견해이다.

3. 효 과

확인의 특징은 유권적으로 확정한다는 점에 있으므로 확인 중의 일부는 사후에 이를 임의로 변경할 수 없는 불가변력이 부여된다.[85] 예를 들어, 사법시험에 합격했다고 확인하고 나면 이를 취소하기는 매우 어렵다.

---

84) 법률행위적 행정행위들도 잘 살펴보면 확인적 요소를 가지고 있는 경우가 대부분이다. 건축허가, 운전면허 등에서 행정청은 법이 정하고 있는 요건들이 충족되었는가 먼저 확인하고 이를 전제로 처분을 발급하는 형태를 띤다. 확인적 행정행위가 이와 다른 점은 행정청의 주된 기능이 확인적인 데 있고 법에 의해 명칭도 그렇게 부여된다는 정도이다.

85) 김동희 · 최계영, 행정법 I, 305면.

Ⅲ 공 증

도입사례 11-1

군생활을 정상적으로 마치고 병장으로 제대한 갑은 회사에 취직하기 위해 병적증명을 발급받았으나 증명서상에 자신이 예편한 날짜보다 1년 늦은 시점까지 군생활을 한 것으로 표시되어 있는 것을 발견했다. 갑은 이를 바로잡고 싶어 병무청에 변경을 신청하였으나 일자를 임의롭게 고쳐줄 수 없다는 이유로 거부당했다. 이에 대해 취소소송을 제기하는 것은 어떤가?

1. 의 의

(1) 공증의 개념

공증이란 일정한 사실이나 법률관계를 공적으로 증명하는 행정작용을 말한다. 공증은 공적 장부에 존재하는 내용을 행정청이 발급해주는 행위를 말하기도 하고, 그 공적장부의 내용 자체를 의미하기도 한다. 그러므로 공증은 공적 장부의 존재를 전제로 하는 것이라는 점이 가장 중요하며, 공증에 대한 다툼은 공적 장부의 내용에 대한 당사자의 불만에서 시작되는 것이 보통이다.

(2) 공증의 예

공증의 예로는 등기부·등록부에의 등기·등록, 각종 명부·장부 등에의 등재, 회의록 등에의 기재, 영수증 교부, 여권 등의 발급이 있다.[86)]

참고사례 부동산등기법상의 등기

민사법에서 권리와 밀접하게 연동되는 부동산등기법상의 등기도 행정법상으로는 공증에 해당한다. 공적장부인 등기부의 기재내용을 변경하기 위한 등기신청이 있고, 그에 대해 등기관이 허부를 결정하는 구조를 갖는다. 거부에 대해 부동산등기법에 별도의 이의절차가 규율되므로 거부처분 취소소송의 형태를 띠지는 않지만, 등기의 본질도 공증에 해당한다.

86) 김동희·최계영, 행정법Ⅰ, 306면.

(3) 공증을 둘러싼 소송 : 증명서 소송과 내용변경 소송

공증을 둘러싼 소송은 공적 장부에 기초한 증명서(예컨대 여권발급 거부 등)의 '발급여부'를 둘러싼 소송과 공적 장부에 기재되어 있는 '내용의 변경'을 위한 소송으로 크게 나뉜다. 여기서는 전자를 증명서 소송, 후자를 내용변경소송이라 부르기로 한다. 증명서소송은 크게 쟁점이 많지 않지만, 내용변경소송은 다양한 형태의 소송들과 쟁점을 가지고 있다. 국가 또는 지방자치단체가 국민의 권리의무와 직간접적으로 연결되는 공적장부를 편성해서 보관하는 경우가 많고 그 중 상당 부분은 그 내용을 증명서의 형식으로 발급하도록 정해져 있다. 이러한 제도를 통해 국민이 증명서를 발급받는 경우에 그 증명서의 내용이 진실에 부합하지 않는 경우가 있을 수 있다. 증명서를 발급받은 국민은 진실에 부합하게 공적 장부를 변경할 것과 그에 따른 증명서의 발급을 원하게 된다.

그러나 처음부터 증명서의 발급을 전제로 하지 않는 행정내부적인 공적장부도 편성될 수 있으며, 이 경우에는 국민의 권리의무가 공적장부와 직결되는 것은 아니다. 다만 이때에도 개인들은 자신의 기록이 진실을 반영하는 것을 바라는 경우가 많고, 경우에 따라서는 일정한 기재내용을 삭제하고 싶을 수도 있다. 이런 경우라면 증명서를 매개하지 않고 바로 공적장부의 기재내용을 변경해달라는 신청으로 연결될 수도 있다.

공적장부의 내용과 무관하게 행정청이 일정한 내용의 증명서의 발급 자체를 거부하는 경우도 있을 수 있다. 행정청 내부의 업무처리지침상 그러한 내용의 공적 증명서의 발급이 허용되지 않거나 선례가 없는 경우 또는 행정청이 보유한 정보가 객관적으로 진실한 정보라는 확신이 서지 않는 경우 등 다양한 경우를 상정할 수 있다. 국민의 공법상·사법상 권리의무에 영향이 있는 증명서의 발급이 거부된 경우라면 취소소송이 허용되는 것이 옳지만 증명서의 발급을 거부하는 모든 경우가 거부처분으로서 취소소송의 대상이 되는 것은 아니다.

2. 법적 성질

(1) 공증의 처분성

공증의 처분성은 증명서에 기재된 사항의 변경을 원하거나 또는 일정한 내용의 증명서를 발급해달라는 당사자의 신청에 대해 행정청이 거부한 경우 이를 취소소송의 대상으로 인정할 것인가 하는 문제이다. 이는 거부처분의 처분성을 구성하는 중요한 쟁점 중의 하나이기도 하다.

앞서 설명한 것처럼 판례는 거부처분이 처분이 되기 위한 요건으로 ① 거부되는 것이 처분이고, ② 거부되는 처분에 대한 법적 이익이 존재하고, ③ 처분 발급을 신청할 권한이 있을 것을 요구하는데, 공증에서는 ①에 해당하는 요건이 주로 쟁점이 된다. 통상 공적 장부에 기재되어 있는 사항은 국민의 권리의무에 심각한 영향을 미치지 못하고, 확인적인 수준에 그치는 것들이 많다. 따라서 단순히 공적 장부에 기재된 내용의 변경을 요구하는 것과 그에 대한 거부는 거부처분의 요건을 충족하지 못한다고 보고 각하하는 것이 전통적인 판례의 입장이었다.

현재 법원의 실무에 의하면 증명서 소송(예컨대 주민등록증 재발급 신청에 대한 거부처분 취소소송)에서는 상대적으로 처분성을 인정받을 가능성이 높다. 다만 현존하지 않는 증명서식을 처음으로 요구하고 그 내용도 국민의 권리의무와 무관하면 처분성이 인정되기 어렵다.

내용변경 소송(예컨대 주민등록원부 상의 한자이름, 이사과정 등의 변경신청)의 경우에는 그 기재내용 자체가 권리의무에 직결되지 않는 한 처분성을 인정받기 쉽지 않다. 판례 역시 대체로 처분성을 인정하지 않지만, 상당한 정도 국민의 공법상 권리의무관계에 영향이 있는 경우에는 예외적으로 처분성을 인정한다. 예컨대 건축물대장에 표시된 건축주명의의 변경, 토지대장에 표시된 지목의 변경 등과 같이 상당히 강력한 내용변경의 필요성이 인정되면 처분성을 인정한다.

그 외 대법원은 일반적인 공적장부 변경 신청에 대한 거부처분의 처분성을 부인하고 있다. 이는 행정의 현실과 재판상의 편의를 종합적으로 고려한 판단인데, 만약 공적장부의 내용 모두에 대해 당사자가 변경을 신청할 수 있고, 거부되면 취소소송으로 다툴 수 있게 한다면 정상적인 행정작용이나 재판이 불가능해질 것이라고 생각하기 때문이다. 이때 대법원은 행정청의 대장편성 또는 내용변경행위가 처분이 아니므로 거부처분이 아니라는 논리를 전개한다. 이는 위 거부처분의 처분성 요건 중 '① 거부되는 것이 처분일 것'에 해당하는 것이고, '③ 처분 발급을 신청할 권한이 있을 것(신청권의 문제)'가 아니라는 것에 유의해야 한다.

주요판례 대법원 1992. 3. 31. 선고 91누4911 판결.

건축주명의변경을 신청한 경우에 건축물대장은 국민의 권리의무관계에 영향이 있는 공증이므로 처분성을 인정해야 한다고 본 판례.

(2) 지목변경신청 거부의 처분성[87)]

1) 지목의 의의

지목(地目)이란 개별필지단위로 당해 토지가 주로 어떠한 목적으로 사용되고 있는가를 나타내는 용어로서 「공간정보의 구축 및 관리 등에 관한 법률」(이하 공간정보법)이 채택하고 있는 개념이다. 공간정보법상 지목이란 "토지의 주된 용도에 따라 토지의 종류를 구분하여 지적공부에 등록한 것"을 의미한다(동법 제2조 제24호).

2) 토지형질변경허가제도의 의의

일반적인 견해에 의할 때 토지의 형질변경이란 기존의 '토지형상에 실질적인 변경'을 가하는 행위를 말하고, 토지형질변경허가는 형상변경을 위한 공사허가로 이해되고 있다(국토의 계획 및 이용에 관한 법률 제56조 제4호). 그러나

---

87) 건축허용성의 부여와 반영, 서울대학교 법학, 제53권 제3호. 2012. 9. 145-173면 중 토지형질변경허가 및 지목과 관련된 부분을 상세히 보라. 이하는 논문의 내용을 요약한 것이다.

토지형질변경허가에는 그것만으로 모두 해소되지 않는 추가적인 기능과 의의가 도시계획 체계의 작동을 위해 부여되고 있다. 토지형질변경허가의 명칭이 '형상(形狀)'변경허가가 아니라 '형질(形質)'변경허가로 정해진 취지도 그 허가의 내용이 공사허가, 즉 형상의 변경에 국한되는 것이 아니라 토지의 법적 성질을 변경하는 것을 공히 포함하고 있음을 보여준다. 그러므로 토지형질변경허가는 외형상 하나의 처분이지만 실질적으로는 토지의 '성질변경' 허가와 '형상변경' 허가로 구성되는 것으로 이해해야 한다. 판단의 순서도 토지의 성질을 변경해도 좋을 것인가 하는 판단이 선행하고, 긍정적인 판단이 내려지는 경우에 비로소 형상변경을 위한 공사허가의 판단이 뒤따른다고 해석된다.

형질변경허가는 보통 지목이 전(田), 답(畓)인 토지의 지목을 대지로 변경하기 위해 신청된다. 형질변경허가를 받아 공사를 완료하고 준공검사를 받으면 지적담당 부서에 지목을 '대지(垈地)'로 변경해 줄 것을 요청할 수 있기 때문이다. 이렇게 지목이 변경될 수 있는 계기는 형질변경허가 속에 존재하는 성질변경허가이며, 이 성질변경허가의 본질은 당해 토지에 대해 '건축허용성'을 부여하는 데 있다.

3) 지목의 법적 성질

① 지목의 확인적 성격

1911년부터 8년간 이루어졌던 토지조사사업의 결과로 편성되었던 토지대장과 임야대장에서 임야(林野), 전, 답 등으로 표시된 지목은 확인적 성격만 있었다. 지적공부에 등록하여 용도가 정해지는 것이 아니라 토지의 주된 용도가 먼저 확인되고 이를 공부에 기재하도록 되어 있던 것이다.

② 지목의 형성적 성격

불완전한 도시계획과 확인적 성격만을 갖고 있던 지목이 함께 결합하면서 이 둘을 묶어주기 위한 제도가 필요하게 되었고 이 역할을 담당한 것이 토지형질변경허가 제도였다. 지목이 전답인 토지가 주거지역내에서 건축에 적합한 토지가 되기 위해서는 형질변경허가를 받도록 하고 형질변경허가가 형성적 효력을 갖는 것으로 파악하면 논리적 일관성이 부여될 수 있었기 때문이다[88].

그러나 이러한 이론구성은 다른 한편, 우연적 사정에 의해 지목이 이미 '대지(垈地)'로 정해져 있는 토지의 법적 성격에 중대한 영향을 주는 강력한 효과를 수반했다. 형질변경허가에 의해 특권(건축허용성)이 부여되는 토지에 새롭게 부여되는 지목도 '대지'였으므로 형질변경허가를 받아 대지가 된 토지와 1910년대에 대지로 우연히 지정된 토지를 구별할 방법이 없었던 것이다. 물론 이 둘을 구별해 법적으로 다른 취급을 할 수 있는 이론적 근거도 없었다

③ 지목변경신청의 처분성

지목은 최초에 결정될 때에도 또는 그 후에 변경되는 경우에도 행정소송을 통해 통제된 적이 없다. 지목이 확인적 성격을 갖고 있다는 점 때문이다. 우리 대법원도 일관되게 지목변경을 둘러싼 행정소송을 부적법한 것으로 각하해 왔으며 2004년 4월에 와서야 지목변경신청에 대한 거부처분의 처분성을 처음으로 인정하고 있다.

주요판례 대법원 2004. 4. 22. 선고 2003두9015 전원합의체 판결.

지적공부 소관청의 지목변경신청 반려행위가 항고소송의 대상이 되는 행정처분에 해당한다고 본 판례.

이 판례는 지목이 대지였던 토지를 행정청이 직권으로 답으로 변경한 사안이었고, 이에 대해 토지소유자가 지목을 다시 원상으로 되돌려 줄 것을 신청한 사안이었다.[89] 이 경우라면 거부처분의 처분성이 인정되고 본안에서도 원고가 승소하는 것이 당연한 것이다. 그러나 이 판례를 오해해서 통

---

88) 대법원 2020. 7. 23. 선고 2019두31839 판결에서는 (지목이 대지 아닌 토지의) 지목을 변경하기 위해서는 국토계획법상 토지형질변경허가가 선행해야 할 것을 요구하고 있다. 자세한 내용은 김종보·박건우, 국토계획법상 토지형질변경허가와 건축허용성, 행정법연구, 제64호, 2021. 3. 45-73면 참조.

89) 헌법재판소 2005. 9. 13. 2005헌마829 결정 참조.

상적인 경우에도 언제나 지목변경을 신청할 수 있다고 해석하는 것은 과도할 수 있다. 즉 지목이 전, 답 등인 토지에 대해 토지의 형상이 평평해서 대지화되어 있다는 이유만으로 지목변경을 신청할 수는 없고, 이 신청이 거부되어도 취소소송의 대상이 될 수는 없다고 보아야 한다. 물론 형질변경허가를 신청했다가 거부되면 거부처분 취소소송을 할 수 있다.

참고판례 대법원 1992. 12. 8. 선고 92누7542 판결.

지적 소관청의 토지분할신청 거부행위가 항고소송의 대상이 되는 행정처분이라고 본 판례.

(3) 공증과 기속행위

공증은 단순한 인식작용으로서 특정 사실 또는 법률관계가 객관적으로 존재하는 한 행정청은 공증을 해야 할 기속을 받는다.[90)]

3. 효 과

공증을 통해 공적 증거력이 발생하고, 이러한 증거력은 반증이 있을 때까지 일응 진실한 것으로 추정된다.[91)]

Q&A 지목의 확인적 성격

Q 지목의 '확인적 성격'이 준공검사나 사용승인의 '확인적 성격'과 어떤 차이가 있는 건가요?

A 좋아요. 일단 확인적이라는 용어는 어원이 같지만 두 가지 정도의 다른 평면에서 사용되고 있습니다.

- 준법률행위적 행정행위로서 확인은 사실관계 등을 행정청이 확인하는 것이 주된 목적인 행위로서 행정행위에 준해서 취급하고 취소소송의 대상이 됩니다. 이 때 확인적이라는 표현은 행정작용의 성질 또는 양태를 묘

90) 김동희·최계영, 행정법 I, 306면; 김철용, 행정법, 225면 등.
91) 김동희·최계영, 행정법 I, 307면; 김철용, 행정법, 226면 등.

사하는 단어입니다.

- 지목이 확인적인지 형성적인지 논란이 있을 때 지목이 확인적이라고 본다면 지목에 의해 새롭게 권리의무가 변경되는 것이 아니고 현재상태를 반영하는 것이라는 의미입니다. 이 경우라면 현 상태를 잘못 반영해서 공부상 지목이 현상와 다르다 해도 이에 의해 권리의무가 변동되지 않아요. 현 상태가 실체를 지배하고 공부상 지목은 법적 성격에 영향을 주지 못하기 때문입니다. 이에 비해 지목이 형성적이라면 지목이 단순히 현재 상태를 반영하는 것에서 더 나아가 일정한 법적 지위를 표상하는 기능이 있다고 보는 겁니다. 전자로 보면 원칙적으로 취소소송이 어렵지만, 후자로 보면 취소소송이 가능한 것이지요. 이 때 확인적이라는 표현은 행정작용의 법적 효과를 묘사합니다.

Q&A 지목의 처분성

Q 행정청이 토지의 지목을 설정해주는 행위도 처분으로서 행정소송의 대상이 될 수 있는지가 궁금합니다.

A 지목의 성격을 확인적이라고 보면 현상으로서의 지목이 중요하고, 지목을 형성적이라고 보면 장부상에 기재되어 있는 지목이 중요하지요. 질문자의 의문처럼 행정청이 토지의 지목을 설정하는 행위의 처분성을 인정해야 하지 않는가 하는 점에 대해서는 자세한 설명이 필요합니다. 우선 기성시가자의 토지는 이미 1910년대부터 지목이 정해져 있었기 때문에 행정청이 새롭게 지목을 설정하는 경우는 거의 존재하지 않아요. 그러므로 기성시가지에서 행정청이 지목을 새롭게 설정해서 취소소송의 대상이 되는 경우는 없다고 보아도 좋습니다. 오히려 지목 변경의 주도권은 토지소유자에게 있다는 의미이고 취소소송은 지목변경을 신청했다가 거부되는 경우의 취소소송이 대부분이었겠지요.

이에 반해 분당이나 일산, 판교 같은 신도시는 택지조성사업의 단계에서 이미 지목이 정해지고 한참 후에야 토지를 개인들이 매입합니다. 토지를 매입하는 개인들은 이미 지목이 대지인지, 임야인지 알고 있으므로 불만이 있으면 매매계약 단계에서 계약을 체결하지 않을 뿐 매입 후 지목에 대해 다투는 경우는 상정하기 어렵습니다. 그러므로 신도시에서도 역시 행정청이 지목을 설정해서 취소소송의 대상이 되는 경우는 거의 없습니다. 이래저래 행정청의 지목설정행위에 대한 취소소송은 사실상 상정하기 어렵겠습니다.

도입사례 11-1의 해결

공증에 대한 내용변경소송의 경우 판례는 기재내용이 상당한 정도로 국민의 권리의무에 영향을 미칠 때에만 처분성을 인정한다. 갑이 억울하다 해도 이 정도의 사안에서 거부처분의 처분성이 인정되기는 어려울 것이다.

주요 키워드 공증의 처분성

Ⅳ 통 지

도입사례 11-2

사업에 실패한 갑은 가족들과 함께 서울 외곽에 비닐하우스를 지어 그 안에서 살고 있었는데, 구청으로부터 철거명령을 받았다. 철거명령에서 정한 기간이 지나자 구청은 법률에 따라 20일 후에 철거를 하러 갈 것이라는 것을 알리는 '대집행계고'처분을 하였다. 마음이 급해진 갑이 철거명령에 대한 취소소송을 제기하고자 변호사에게 알아본 결과 철거명령은 이미 제소기간이 지나서 취소소송을 제기하기 어렵다는 조언을 들었다. 갑은 철거명령에 후속하는 대집행의 계고(戒告)에 대해 취소소송을 제기할 수 있을까?

1. 개 념

준법률행위적 행정행위로서 통지란 특정인 또는 불특정 다수인에게 일정한 사실을 알리는 것을 말한다. 이 통지에 의해 새롭게 권리의무가 변경되는 것이 아니라는 점에서, 행정행위의 성립요건 또는 효력발생요건으로서 통지와는 구별되는 개념이다. 통지의 효과는 행위자의 의사의 내용이 아니라, 개별법률에서 정한 바에 따라 달라진다.[92]

92) 김철용, 행정법, 226면.

2. 통지의 처분성

통지는 일반적으로 이미 정해진 사실 또는 존재하는 사실을 알리는 것에 불과한 경우가 많아서 법적으로 새로운 효력을 지니지 못하는 것이 원칙이다. 따라서 일반적인 경우 취소소송의 대상이 아니다. 예를 들어, 미세먼지 경보 등은 취소소송으로 다툴 수 없는 것이다.

그에 비해 예외적으로 취소소송의 대상이 되는 통지가 있는데, 이러한 통지는 국민의 권리의무에 큰 영향을 준다고 판단되기 때문이다. 폐기물관리법상의 부적정 통보, 대집행의 계고, 납세의 독촉 등이 그 예이다.

폐기물관리법상의 부적정 통보

폐기물처리시설을 허가받고자 할 때에는 적정여부를 가리는 예비적 절차가 있으며, 이 절차에서 요건을 심사하여 적정 또는 부적정 통보를 한다. 적정 통보를 받으면 비로소 본처분인 허가를 신청할 수 있지만, 부적정 통보를 받으면 허가신청을 할 수 없다. 그러므로 부적정 통보는 명칭이 통지에 가까울 뿐 사실상 거부처분의 실질을 띤다. 그러므로 판례가 부적정 통보는 취소소송의 대상이 된다고 판단했던 것이다.

도입사례 11-2의 해결

대집행계고는 철거명령 못지않게 침익적 성격을 가지므로 국민의 권리의무에 큰 영향을 준다고 판단된다. 따라서 철거명령과 독립하여 취소소송의 대상이 된다.

주요 키워드 대집행계고, 통지의 처분성

V 수 리

>> **도입사례 11-3**

토지소유자 갑은 83제곱미터 규모의 주차장건물을 주택에 붙여 증축하고자 건축신고를 하였으나 행정청이 증축되는 주차장이 도로를 일부 침범하게 된다는 이유로 수리를 거부하였다. 건축신고를 하지 않고 건축을 한 자를 처벌하는 건축법 때문에 갑은 건물을 지을 것인지 고민 중이다. 갑은 법적으로 건축신고를 이미 한 것인가 아니면 신고를 하지 않은 것인가?

1. 개 념

수리란 국민의 신청 또는 신고에 대해 이를 받아들이는 행위를 말한다.

2. 수리의 처분성 일반론

(1) 처분성과 관련된 문제상황

수리는 통상 행정청이 특별한 의사를 밝히지 않고 신청 등을 접수하는 사실행위에 가깝지만, 그로 인해 국민에게 부여되어 있는 신고의무가 해소된다는 점에서 경우에 따라 처분으로 인정되기도 한다.

수리의 처분성문제는 두 가지로 나누어볼 수 있다. 하나는 ① 수익적 처분과 관련하여 신고를 하였으나 행정청이 수리하지 않고 반려하는 경우이고, 하나는 ② 복효적 행정행위에서 일정한 신고가 수리되어 제3자가 신고수리를 다투는 경우이다. 통상은 전자, 즉 신고거부의 처분성 문제가 주를 이룬다고 보아도 좋다. 후자는 전자의 결론에 의존하는 경향을 갖는다.

(2) 자족적 신고와 수리부 신고

신고와 수리의 논리구조는 통상 수익적 처분의 구조와 유사하다. 영업허가에서는 영업을 하고자 하는 자가 행정청에 영업허가를 신청해야 하지만, 영업신고제도에서는 허가를 받을 필요 없이 행정청에게 영업신고를 하고 영업을 할 수 있다. 이 때 영업신고를 했다는 의미를 수리와 연관해서 해석하는 문제가 바로 자족적 신고, '수리부 신고'[93]의 문제이다.

신고는 법률에 의해 신고의무가 부여된 경우 과연 신고를 하는 것으로 신고의무가 해소되는가 아니면 행정청에 의해 적법하게 수리가 되어야 의무가 해소되어야 하는가에 따라 둘로 나뉜다. 학설 및 판례에 의하면, 자족적 신고(자기완결적 신고; 수리를 요하지 않는 신고)의 경우 신고하는 것만으로 신고의무가 해소되고, 수리부 신고(행정요건적 신고; 수리를 요하는 신고)는 행정청의 수리가 있어야 신고의무가 해소된다.

통상 법률은 단순히 신고하도록 정할 뿐 그것이 자족적인지, 수리를 요하는 것인지 밝히고 있지 않다.[94] 따라서 이 둘의 구별문제는 해석에 맡겨져 있고 이 둘을 구별하는 기준을 찾는 것은 쉽지 않다. 통설은 원칙적으로 신고는 자족적 신고로 해석해야 한다는 입장이지만, 실제 현장에서는 수리부 신고가 적지 않다.

주요판례 대법원 1997. 8. 29. 선고 96누6646 판결.

토지거래신고의 성격을 수리부 신고로 보고, 행정청은 신고 수리에 있어 절차요건에 대한 판단만을 할 수 있다고 본 판례.

3. 신고거부의 처분성

(1) 개 요

신고거부의 처분성 문제는 행정청에 의해 거부되는 신고가 자족적 신고

93) 판례는 수리를 요하는 신고라 부르지만 이 책에서는 수리부 신고라는 명칭을 사용함에 유의; 김종보, 건설법의 이해, 133면 이하 참조.

94) 「행정기본법」 제34조(2023. 3. 24. 시행)는 '법률에 신고의 수리가 필요하다고 명시되어 있는 경우에는 행정청이 수리하여야 효력이 발생한다'고 규정함으로써, 실정법상의 신고 일반을 자족적 신고로 보겠다는 의지를 보이고 있다. 그러나 신고의 유형에 관한 모든 판단을 입법자에게 맡기는 것은 과도한 부담으로서, 입법상 오류를 낳을 소지가 있고, 후속 입법의 과정에서 규율공백이 과도하게 많이 생길 수 있다는 점에서 동의하기 어렵다.

인지 수리부 신고인지에 따라 다른 결론에 도달한다. 원래 실체법상 행위가 가능한지 여부와 소송법상 취소소송의 대상이 되는지의 여부는 동전의 앞뒷면과 같은 것이어서 일치하는 것이 원칙이다. 다만 최근 판례에 의해 소송법적 효과와 실체법상의 효과가 괴리되는 현상이 나타나고 있으므로 이들을 구별해서 살핀다.

⑵ 수리거부의 실체법상 효과

자족적 신고는 행정청에게 정보를 제공하기 위한 목적에서 신고의무가 부여되는 경우로, 이에 대한 행정청의 수리는 사실행위에 불과한 것이 원칙이다. 주민등록법상 전입신고, 건축법상 철거신고 등이 이에 해당한다. 자족적 신고에 대해서는 수리를 거부할 수 없고 거부한 경우에도 신고의무는 해소되므로 상대방인 국민은 신고대상인 행위를 하는 데 아무런 지장이 없다.

이에 반해 수리부 신고는 행정청의 수리가 없으면 신고의무가 해소되지 않고 신고 이후 할 수 있는 행위도 수리 전에는 금지되는 것이 원칙이다. 예컨대 영업신고 등이 이에 해당한다. 만약 신고거부에도 불구하고 신고대상인 행위를 하면 형사처벌 등이 뒤따르게 된다.

⑶ 소송법상 처분성 존부

자족적 신고의 경우 신고를 하면 실체법적으로 신고의무가 해소되기 때문에 언제든 신고의 대상이었던 행위를 할 수 있다. 따라서 이러한 신고에 대한 거부는 국민의 권리의무에 아무런 영향을 주지 못하는 것이므로 소송법적으로 처분성이 부정되는 것이 원칙이다. 처분성이 없어서 실체법적으로 자유롭게 행위를 할 수 있는 것이 아니라, 실체법적으로 자유롭게 행위할 수 있기 때문에 처분성이 부정된다는 점에 유의해야 한다.

수리부 신고의 경우 신고의 수리가 거부되면 실체법적으로 신고의무가 해소되지 않기 때문에 신고의 대상인 행위를 할 수 없다. 법률에서 신고를 통해 허용하고자 하는 행위가 신고거부로 금지되기 때문에 상대방의 권리가 제한되며 소송법상 처분성 요건을 충족한다.

수리부 신고를 반려하면 허가의 거부와 마찬가지로 거부처분으로 이해되며 취소소송이 허용된다. 자족적 신고에 대해 수리가 거부된 경우에는 신고의무가 해소되었기 때문에 취소소송이 허용되지 않는다.

〈표〉 신고거부의 법적 효과

(거부되는 신고)	실체법	소송법
자족적 신고	행위 가능	처분성 X
수리부 신고	행위 불가	처분성 O

(4) 건축신고와 판례의 변화

초기 대법원은 건축신고를 자족적 신고로 해석했다.[95] 그러나 이 판례는 건축신고의 법적 성질에 대한 오해에 기인한 것이었다. 이 사건에서 원심은 건축신고의 수리를 다툰 이웃의 청구에 대해 수리를 처분으로 보고 원고의 청구를 기각했지만 대법원은 처분성이 없음을 이유로 소송을 각하했다. (대법원이나 원심법원 모두 원고가 건물을 지을 수 있다는 결론에는 차이가 없다.)

2010년에 대법원은 전원합의체 판결을 통해 건축신고가 자족적인 신고라는 입장을 유지한 채 건축신고의 처분성만을 인정했다.[96] 대법원에 따르면 건축신고는 자족적 신고이므로 신고를 하면 실체법상으로는 건축행위가 가능하나, 다만 신고가 거부된 상태에서 건축을 하면 공사중지명령, 형사처벌 등을 받을 법적 불안이 있기 때문에 취소소송이 허용된다.

대법원은 2011년 건축신고 중 의제조항이 포함된 것은 수리를 요하는 신고라는 입장으로 다시 변경하였다**(2021년 사법시험)**.[97] 그래서 건축신고 중 의제조항이 포함된 것은 수리부신고로서 처분성이 인정되고, 그렇지 않은

95) 대법원 1999. 10. 22. 선고 98두18435 판결.
96) 대법원 2010. 11. 18. 선고 2008두167 판결.
97) 대법원 2011. 1. 20. 선고 2010두14954 전원합의체 판결.

것은 여전히 자족적 신고이지만 처분성은 인정된다. 이러한 판례의 입장은 소송법과 실체법의 괴리를 가져올 뿐 아니라 실체법 내의 구별기준에 대해서도 이해하기 힘든 기교적인 구분기준을 사용하고 있다는 점에서 동의하기 어렵다.

대법원의 입장은 건축신고의 경우 실체법적으로 신고만 하면 행위를 할 수 있으면서 소송법적으로는 처분성을 긍정하므로 실체법과 소송법의 괴리를 가져온다. 또한 의제조항이 포함되는 건축신고라는 것도 매우 자의적인 기준일 뿐이다. 이론상 건축신고는 모두 수리부 신고로 보는 것이 옳고, 의제조항이 없어도 항상 건축신고는 수리를 요하는 신고로 보아야 한다.[98)]

주요판례 대법원 1995. 3. 14 선고 94누9962 판결.

건축법상 2미터 미만의 담장설치는 신고대상이 아니므로 신고를 할 필요가 없으며, 따라서 신고를 반려하여도 처분성이 없다고 본 판례.

참고판례 대법원 2010. 11. 18. 선고 2008두167 전원합의체 판결.

건축신고를 자족적 신고로 보면서도, 국민의 법적 불안을 고려하여 그에 대한 반려행위는 처분성을 인정해야 한다고 본 판례.

참고판례 대법원 2011. 1. 20. 선고 2010두14954 전원합의체 판결.

건축신고 중 의제조항이 포함된 신고의 경우 수리부 신고에 해당한다고 본 판례.

4. 수리된 신고의 처분성 문제

앞서 수리거부의 처분성을 논하는 경우에는 행정청이 신고를 수리하지 않은 것이 처분인가 하는 여부가 쟁점이 되지만, 여기서는 행정청의 수리를 제3자가 취소소송으로 다툴 수 있는가의 문제가 쟁점이다. 자족적 신고라면

---

98) 관련하여 최계영, 건축신고와 인·허가의제, 행정법연구 25호, 2009, 165면 이하 참조.

처분성이 없는 것이 원칙이고 제3자도 이를 다툴 수 없지만, 수리부 신고라면 처분성이 긍정되므로 원고적격 있는 제3자의 취소소송도 허용된다고 해석하는 것이 자연스럽다.

판례에 의할 때 건축신고가 거부되지 않고 만약 행정청에 의해 수리되면 다시 이웃주민이 이에 대해 취소소송을 할 수 있는가 하는 문제가 발생하게 된다. 이 때 건축신고를 자족적으로 보면 처분성이 부인되어 각하되는 것이 원칙이다. 다만 자족적 신고임에도 불구하고 판례와 같이 소송법적 관점에서만 건축주에 대해서 건축신고의 처분성을 인정하는 경우에는 제3자에 대해서도 처분성을 인정할 것인가 하는 새로운 문제가 등장하게 된다.[99] 건축신고를 수리부 신고로 보면 이러한 문제는 생기지 않는다.

도입사례 11-3의 해결

대법원의 견해에 따르면 건축신고는 자족적인 것이므로, 건축신고를 한 것이라고 해석된다. 그러나 건축신고를 행정청이 반려한 상황에서는 다양한 불안이 있기 때문에 취소소송도 허용된다.

이러한 결론은 누구도 이해하기 어렵다. 이론상으로는 건축신고를 수리부 신고로 보는 것이 맞고, 이 사안에서 신고의무는 해소되지 않았다고 보는 것이 옳다. 물론 수리부 신고이므로 취소소송도 가능하다.

주요 키워드 대집행계고, 통지의 처분성

5. 신고에 따른 행정청의 심사 범위

자족적 신고의 경우에는 법령에서 정한 형식상의 요건, 즉 신고 서류에 기재하도록 되어 있는 사항의 흠결 여부 및 소정의 서류를 구비했는지 여부 등만이 심사의 대상이 된다. 만약 신고서의 기재사항이나 구비서류를 누락하는 등 형식상 흠결이 있다면 행정청은 신고인에게 보완을 요구한 뒤, 보완이 없으면 신고서를 되돌려 보내야 한다(행정절차법 제40조). 다만 자족ㅈ

99) 대법원 1999. 10. 22. 선고 98두18435 판결.

거 신고의 경우에는 형식적 요건을 모두 갖추었음에도 실체적 사유를 들어 수리를 거부할 수는 없다.

수리부 신고의 경우에는 허가제도와 유사하게 형식적 요건과 더불어 실질적 요건을 충족했는지 여부도 심사하여 신고의 수리를 거부할 수 있다. 다만 허가제도에 비하여 그 심사의 정도는 완화될 것이다.

Q&A 신고의 유형 간 구별의 문제

Q 교수님께서는 수업에서 신고의 유형을 자족적 신고, 수리부 신고, 허가제적 신고로 나누시는 한편, 행정청은 수리부 신고의 경우 형식심사만을, 허가제적 신고의 경우에 실질심사를 할 수 있다고 하셨습니다. 그런데 많은 판례에서는 '수리를 요하는 신고'에 관해 행정청의 실질심사에 따른 처분에 대하여 위법/적법 판단을 내리고 있습니다. 그러한 신고는 허가제적 신고에 가까운 것이 아닌지 궁금합니다.

A 허가제적 신고도 수리부 신고의 일종으로 생각하면 될 것 같아요. 수리부 신고 중에는 과거 허가제로 운영되던 것이 규제 완화 등으로 인해 신고로 바뀌어 허가제와 비슷하게 운영되는 것(허가제적 신고)이 있고, 자족적 신고까지는 아니지만 행정청의 심사 범위가 상당히 제한되는 수리부 신고도 있을 수 있지요.

학생들에게 늘 강조하는 것인데, 신고의 유형, 그리고 재량-기속의 문제는 일도양단으로 나뉘는 것이 아니라 스펙트럼과 같이 이해되어야 해요. 예컨대 정보통신사업자에게 특정 주파수를 할당할 때는 행정청이 큰 재량을 갖지만, 누군가에게 의사 면허를 줄 때는 훨씬 재량의 여지가 적죠. 기속행위도 재량이 아예 없는 것이 아니라, 재량이 점점 줄어들어서 어느 시점이 되면 기속행위라고 하는 것뿐이에요. 신고도 마찬가지예요. 허가보다는 심사의 여지가 적으면서도, 한편으로는 형식적 요건만 본다고 해도 그 요건을 까다롭게 보면 얼마든지 반려시킬 수 있어요. 그러니까 0과 1처럼 나누지 말고, 유연하게 보는 사고가 필요합니다.

제12장 행정행위의 공정력

Ⅰ 행정행위의 효력 일반

행정행위의 요건을 모두 충족한 행정처분이 발급되면 그 처분은 다음과 같은 다양한 법적 효과를 발휘한다. 이 중에는 해석에 의해 인정되는 효과도 있고, 실정법의 조항에 의해 인정되는 효과도 있다. 행정행위의 효력은 행정법 관계의 중요한 특질이 된다.

1. 공정력

공정력이란 행정행위가 발급되면 발급과정에 하자가 있다 해도 하자가 행정행위를 무효로 만들지 않는 한, 권한 있는 기관에 의해 취소되기 전까지 일단 통용되어 처분의 상대방 또는 행정청을 구속하는 효력을 말한다. 예컨대 운전면허정지처분이 발급되면 면허의 효력이 정지되므로, 운전을 하면 무면허운전으로 처벌된다. 공정력은 후술하는 집행력과 결합하여 행정행위에 강력한 힘을 부여한다.

2. 불가쟁력

불가쟁력이란 '국민'이 행정행위를 더 이상 취소소송으로 다툴 수 없게 하는 효력을 말한다. 이는 행정소송법이 정한 제소기간에 근거한 실정법상의 효력이다. 행정소송법상의 취소소송의 제소기간(처분등이 있음을 안 날로부터 90일, 처분등이 있은 날로부터 1년: 행정소송법 제20조)이 도과하거나 대법원 판결이 확정된 경우, 행정행위에는 불가쟁력이 발생하여 이를 더 이상 취소소송으로 다툴 수 없게 된다.

다수인에 대해 내려진 행정처분(공인중개사시험 불합격 결정 등)에 대해 불합격자의 일부가 소를 제기해서 승소하면 소를 제기한 원고들은 판결의 효력에 의해 구제된다. 그러나 소를 제기하지 않은 불합격자들은 소송의 당사자가 아니므로 구제되지 않으며, 재판의 결과를 알게 되었다고 해도 통상 제소기간이 경과한 후이다. 따라서 이들에 대해서는 행정행위가 불가쟁력을 갖추게 되어 구제받을 수 있는 길이 봉쇄된다. 다만, 불가쟁력이 있다고 하여 불가변력까지 인정되는 것은 아니므로 행정청이 직권취소하는 것이 금지되지는 않는다.

3. 불가변력

일정한 행정행위는 성격상 일단 발급되면 '행정청'이 이를 철회하거나 직권취소할 수 없는 효력을 보유하는데, 이를 불가변력이라 한다. 불가변력이 인정되는 행위를 행정청이 취소하면 그 취소처분은 위법하다. 불가변력은 '행정청'에 대한 효력이기 때문에 불가변력이 인정된다고 하여 국민이 이에 대해 취소소송을 제기하는 것이 금지되는 것은 아니다. 어떤 행정행위가 불가변력을 갖는가에 관해 절대적인 기준이 있는 것은 아니며 해석을 통해 결정될 문제이다.

불가변력은 확인적 행정행위 중 일부, 즉 행위의 성격 자체가 한번 발급하면 취소하기 힘든 행위에 대하여 해석을 통해 인정된다. 특히 국립대학 합격자 결정 등 행정청이 발한 수익적 행정행위는 한번 선언되고 나면 이를 취소하는 것이 허용되지 않는 것으로 해석된다. 불가변력이란 행정행위 중 매우 예외적인 행정행위에 국한되어 인정되는 것이고 행정행위 일반에 인정되는 효력이 아니라는 점에 유의해야 한다.

불가쟁력은 국민에 대한 효력인 반면, 불가변력은 행정청에 대한 효력이라는 점에서 둘은 차이를 보인다. 또한 불가쟁력은 대부분의 행정행위에 대해 요건이 충족되면 인정되는 효력이지만, 불가변력은 제한된 범위의 행정행위에 대해서만 인정되는 효력이라는 점에서 역시 차이를 보인다.

4. 집행력

집행력이란 행정행위에 의하여 부과된 의무를 상대방이 이행하지 않을 때 법률상 근거에 의하여 자력으로 그 이행을 강제할 수 있는 효력을 말한다. 처분의 상대방은 공정력으로 인해 행정행위에 의해 부과된 의무에 구속되며, 이때 이 의무의 이행을 담보하는 것이 집행력이다. 만약 상대방이 이 의무를 이행하지 않으면 행정대집행법 등 법률에 근거한 '자력집행'의 절차가 진행된다. 이는 민사상 권리관계에 대해 자력구제가 금지되고 법원의 판결에 의해 비로소 집행될 수 있는 것과 크게 다르다. 행정법 관계는 공정력에 의해 일방적이고 권력적인 성격을 띠는 것에 더해 집행력을 통해 자력집행이 인정된다는 점에서 민사상 법률관계와 큰 차이를 보인다.

다만 행정행위 전부가 집행력과 연결되는 것은 아니며, 운전면허 정지처분과 같이 처분의 공정력(또는 형성력)만 있으면 더 이상 집행이 필요 없는 경우도 있다. 그러나 금전납부의무의 불이행, 대체적 작위의무의 불이행 등은 행정청의 강제집행이 뒤따라야 법적 목적을 달성할 수 있다. 행정청의 집행력을 확보하기 위해 별도의 법률이 제정되어 있으며, 국세징수법, 행정대집행법이 그 대표적인 예이다.

Ⅱ 행정행위의 공정력

도입사례 12-1

미성년자 갑은 운전을 하고 싶은 마음에 형의 주민등록증을 사용해서 면허시험을 통과하고 운전면허를 발급받았다. 갑이 운전을 하던 중 신호위반으로 단속되었는데, 경찰관의 면허조회결과 면허가 위법하게 발급된 사실이 밝혀졌다. 경찰관은 갑의 운전행위를 무면허운전으로 취급하여 형사절차를 진행하였다. 갑의 운전은 무면허운전인가?

1. 공정력의 의의

행정행위가 발급되면 성립과정에 하자가 있다고 해도 (그 하자가 중대·명백해서 행정행위를 무효로 만들지 않는 한) 행정행위는 처분의 상대방과 관계행정청을 구속하는 힘을 갖는데, 이를 공정력이라 한다. 민사적인 법률관계에서는 대등한 양 당사자 간 자발적 합의가 그 구속력의 원천이 되지만, 행정행위에 의해 성립하는 행정법 관계에서 상대방은 자신의 동의와 무관하게 행정상 법률관계에 구속된다. 가령 조세부과처분을 받은 상대방은 조세납부의무가 있다는 것에 동의하지 않더라도 일정한 기일 내 세금을 납부해야 할 공법상 채무를 부담한다.

공정력은 침익적 처분에 대해서만 인정되는 것이 아니고, 수익적 처분에 대해서도 동일하게 인정된다. 수익적 처분에 인정되는 공정력은 국민의 법적 지위에 법적 안정성을 보장하는 강력한 기능을 담당한다. 예컨대 운전면허를 발급받은 지위 등은 단순 위법의 하자가 있다는 사실만으로 그 효력이 부인되지 않는다.

2. 공정력의 근거

(1) 이론적 근거[100)]

1) 자기확인설 및 국가권위설

자기확인설은 행정행위는 행정청이 적법한 것으로 보아 행하는 것으로서 그 자체로 권위를 갖는 것이므로 무효가 아닌 한 구속력을 갖는다는 견해이다. 국가권위설은 행정행위를 행정청이 우월적 지위에서 행한 국가행위로 보는 견해다.

2) 취소소송의 배타적 관할의 반사적 효과설

취소소송이 제기된 법원 이외의 어떠한 국가기관이나 개인도 행정행위의 효력을 부인할 수 없다는 의미에서, 취소소송의 반사적 효과로서 공정력이 인정된다는 견해다. 현행 제도상 행정행위를 둘러싼 분쟁에 대해서는 취소소송만을 제기하도록 정해져 있고 행정행위의 취소를 선언할 수 있는 기관은 당해 법원에 한정된다는 점에 근거한 주장이다.

3) 행정의 실효성보장을 위한 정책설

행정의 실효성과 법적 안정성을 확보하기 위하여 법원이 행정행위의 위

---

100) 김동희・최계영, 행정법 I, 329면; 김철용, 행정법, 275면 등.

법성을 판정하여 그 효력을 배제하기 전까지는 유효한 것으로 인정할 정책적 필요가 있다고 보는 견해로 다수설이다.

4) 검 토

자기확인설 및 국가권위설은 과거 권위주의 국가시절 국가의 권위가 강력했을 때 주장되었던 견해이다. 또 취소소송의 배타적 관할의 반사적 효과설은 원인과 결과를 착각한 주장으로, 행정행위의 공정력이 있다는 점을 주목하여 취소소송제도가 설계된 것이라는 점을 오해하고 있다. 정책적인 이유로 취소소송에 의해 행정행위의 취소판결이 내려질 때까지 행정법관계의 안정과 실효성 보장을 위한 취지에서 공정력이 인정되는 것이라 보는 견해가 타당하다. 다만 국가권위설과 같은 견해도 현재까지 여전히 실무상 공정력을 받아들이는 근거로 작동하고 있다. 통상 국민이 국가나 자치단체의 견해를 존중한다는 점을 무시할 수 없고, 이는 공정력이 작동하는 중요한 전제가 되기 때문이다.

(2) 실정법적 근거

행정기본법은 행정행위의 공정력에 대해 명시적인 규정을 마련해서 처분이 권한있는 기관에 의해 취소 또는 철회되거나 기관의 경과 등으로 소멸되기 전까지 유효한 것으로 통용된다고 밝히고 있다(법 제15조). 다만 무효인 행정행위는 처음부터 그 효력이 발생하지 않는다(동조 단서).

행정행위의 공정력을 명시적으로 인정하는 실정법상의 근거가 없던 시절에도 직권취소를 정하고 있는 조문이나 별도로 취소소송 및 집행정지 신청제도(행정소송법 제23조 제1항)를 두고 있는 행정소송법의 조항이 공정력의 간접적 근거로 이해되었다. 만약 공정력을 인정하지 않는다면 위법한 처분은 효력이 없어서 직권취소가 불필요하므로 당연히 직권취소의 법적 근거도 필요하지 않을 것이며, 또한 위법한 행정행위는 효력이 없을 것이므로 이에 대한 취소소송에서 집행정지를 신청할 이유도 없다.

3. 공정력의 한계

행정행위의 하자가 중대·명백하여 행정행위가 무효인 경우 공정력이 인정되지 않는다.

도입사례 12-1의 해결
갑에게 발급된 운전면허는 당연무효가 아니므로 공정력을 가진다. 따라서 갑의 운전행위는 무면허운전에 해당하지 않는 것이므로 처벌할 수 없다.[101)]

주요 키워드 행정행위의 공정력, 공정력의 한계

4. 공정력의 범위

(1) 공정력과 민사소송

행정행위의 효력 유무가 소송상 선결문제[102)]가 된 경우에 행정행위에 공정력이 인정되는 한 민사법원은 이를 주어진 것으로 받아들여야 하고, 행정행위의 효력을 무시하는 판결을 해서는 안 된다. 행정행위의 공정력이 선결문제가 되는가는 다음 각 소송에서 차이를 보인다.

1) 국가배상소송

국가배상소송은 공무원의 위법한 직무집행으로 손해를 입은 자가 국가에 대해 손해배상을 청구하는 소송을 말한다. 위법한 행정행위가 발급되고 이로 인해 손해도 발생한 경우라면 행정행위의 취소소송과 함께 국가배상소송이 모두 가능하다. 이렇게 두 개의 소송을 모두 제기할 수 있음에도 취소소송을 제기하지 아니하고 국가배상소송만 제기하는 경우에 행정행위가 취소되지 않고 남게 되므로 행정행위의 공정력도 같이 존속하게 된다.

행정행위가 취소소송에서 취소되지 않은 상태에서 국가배상소송이 제기되었을 때 법원이 처분의 위법성을 인정하여 손해배상을 명할 수 있는지의

---

101) 대법원 1982. 6. 8. 선고 80도2646 판결.
102) 선결문제란 당해 소송의 본안판단을 위해 논리적으로 먼저 해결해야 할 법적 문제를 말한다.

문제가 국가배상소송의 중요한 쟁점이다. 통설과 판례는 당해 처분이 취소되지 않아 공정력이 있다고 해도, 국가배상소송에서는 그 공정력의 효력 범위에 당해 처분에 대한 '위법판단을 배제하는 힘'까지 포함되지는 않는 것으로 본다. 그러므로 국가배상사건을 심리하는 민사 법관은 배상책임 성립요건인 처분의 위법성을 판단할 수 있다. 선결문제의 관점에서 다시 서술하면 국가배상사건에서는 처분의 공정력이 선결문제가 되지 않는다.

주요판례 대법원 1972. 4. 28. 선고 72다337 판결.

위법한 행정대집행이 완료된 후에는 소익이 없어 취소소송 등이 불가능하지만, 국가배상 청구를 하기 위해 반드시 행정처분의 취소판결이 선결되어야 하는 것은 아니라는 판례.

2) 조세과오납금 반환소송(부당이득 반환소송)

조세부과처분은 금전납부를 명하는 하명이므로 공정력에 의해 사인과 행정청 사이 (공법상)금전채무관계가 발생한다. 처분에 따라 세금을 납부한 상대방으로서는 조세부과처분이 위법하다고 생각하여 행정청을 상대로 부당이득반환을 청구할 수 있다. 그러나 조세부과처분에 대한 취소소송을 거치지 않고 부당이득반환청구를 하면 부당이득인지에 대한 선결문제로서 처분의 공정력이 문제된다. 부당이득은 법률상 원인 없이 이득을 취하는 것으로서 채권이 유효하게 존재하면 부당이득이라 판단할 수 없기 때문이다. 조세부과처분의 공정력이 있으면 채권도 유효하므로 민사법원은 법률상 원인이 없다고 판단할 수 없다는 것이 학설과 판례이다(**제7회 변호사시험**).[103)]

물론 조세부과처분이 무효라면 공정력이 없으므로 채권이 존재하지 않고, 처분의 상대방은 행정청을 상대로 부당이득반환을 청구하면 승소할 수 있다. 다만, 처분이 무효인지 아닌지가 항상 명확한 것은 아니므로 조세과오납 반환소송을 할 때에는 제소기간을 지켜 취소소송을 먼저 하는 것이 바람직하다.

---

103) 김동희 · 최계영, 행정법 I, 333면; 대법원 1994. 11. 11. 선고 94다28000 판결 등.

주요판례 대법원 1994. 11. 11. 선고 94다28000 판결.

국세의 과오납이 위법한 과세처분에 의한 것이라도 과세처분의 하자가 단지 취소할 수 있는 정도에 불과할 때는 과세관청이 이를 스스로 취소하거나 항고 소송절차에 의하여 취소되지 않는 한 조세의 납부가 부당이득이 되지 않아 반환을 구할 수 없다고 본 판례.

국가배상사건이나 조세과오납 반환소송은 민사사건으로 처리하는 것이 법원의 실무이다. 법원이 이를 민사소송으로 처리하는 묵시적 이유는 법률상 원인이 없는지 또는 위법인지 여부의 판단을 함에 있어 공법과 사법을 구별할 필요가 없고, 민법 조항만으로 사건을 해결할 수 있다고 생각하기 때문이다. 그러나 이 두 소송 모두 공법상 원인에 의해 발생한 청구권에 관한 소송이고 공법적 쟁점에 의존하는 것이므로 공법상 당사자소송으로 처리해야 한다.

3) 조세과오납에서 무효등확인소송의 소익

종전 판례는 조세부과처분이 무효이면 이에 대한 무효등확인소송 없이 부당이득반환을 청구할 수 있으므로 무효등확인소송을 제기할 실질적인 필요, 즉 소의 이익이 없다는 입장이었다. 이와 달리 조세부과처분 취소소송에 대해서는 그 결과가 조세과오납금 반환소송의 선결문제가 되므로 소의 이익이 있다는 입장을 취했다.

그러나 취소소송과 무효등확인소송은 처분의 취소나 무효확인을 구하는 항고소송이고 당해 처분의 존재 자체로 인한 불이익을 구제하기 위한 제도이다. 처분의 하자가 중대·명백하여 무효확인을 구하는 소송은 처분이 단순위법임을 이유로 제기되는 취소소송보다 권리구제의 필요성이 더 높고 권리침해도 더 심각할 가능성이 있다. 그럼에도 불구하고 민사소송에서 통용되는 확인의 이익을 항고소송의 일종인 무효등확인소송에 기계적으로 대입하는 태도는 옳지 않은 것이었다. 또 무효확인을 구하는 취지의 취소소송은 무효등확인소송과 동일한 목적의 소송임에도 불구하고 소의 이익을 인정하는 법원의 입장은 부당한 태도였다.

2008년 대법원은 전원합의체를 통해 기존의 입장을 수정하여 무효등확인소송의 보충성을 부정하고 소의 이익을 인정했다.[104] 무효등확인소송은 항고소송으로서 형성소송적 성격이 강할 뿐 아니라, 행정소송의 구조는 민사소송의 구조와 본질적으로 다른 것이므로 민사소송법상의 체계에 따른 확인소송, 이행소송, 형성소송의 구분과 그에 따른 확인의 이익 이론[105]은 행정소송에 적용되기에 적합하지 않다. 또한 무효등확인소송은 취소소송에 대하여 보충적 관계에 있는 것이 아니라, 처분을 다투는 방법으로서 취소소송을 대신할 수 있는 선택적 관계에 놓여 있다.

주요판례 대법원 2008. 3. 20. 선고 2007두6342 전원합의체 판결.

행정소송법 제35조에 규정된 '무효확인을 구할 법률상 이익'이 있는지를 판단할 때 무효등확인소송의 보충성이 요구되는 것이 아니므로, 행정처분의 무효를 전제로 한 이행소송 등과 같은 직접적인 구제수단이 있는지를 따져볼 필요가 없다고 본 판례.

(2) 공정력과 형사소송

형사소송에서 행정행위의 유효여부가 구성요건판단의 선결문제가 된 경우에, 형사법원이 구성요건을 판단하면서 공정력에 구속되는지에 대해 견해대립이 있다.[106] 적극설은 형사법원이 행정행위의 공정력이 선결문제가 되는 경우에도 당해 행위의 공정력을 부인할 수 있다고 본다. 그러나 소극설은 당해 행위가 당연무효가 아닌 한 일단 유효한 행위로서 통용되고, 취소소송의 배타적 관할원칙이 채택되고 있음을 이유로 형사법원이 스스로 당해 행위의 효력을 부인할 수 없다고 본다**(제5회 변호사시험)**.[107]

판례에 의하면 형사사건의 경우에도 민사사건의 경우와 같이 형사법원이 공정력을 부인하지 못하고 처분의 효력을 인정해야 하는 유형과 처분의

---

104) 대법원 2008. 3. 20. 선고 2007두6342 전원합의체 판결.

105) 민사소송법에 따르면 확인의 소는 이행 및 형성의 소에 대하여 보충적인 성격을 가지고 있다. 따라서 확인의 소가 적법하기 위해서는 ① 확인의 소가 분쟁 해결에 유효적절한 수단이며, ② 법률상 이익이 있을 것이 요구된다.

106) 최계영, 행정처분과 형벌, 행정법연구 16호, 2006, 257-277면 참조.

107) 김동희·최계영, 행정법 I, 334면; 김철용, 행정법, 278면 참조.

적법성과 효력을 심리할 수 있는 유형으로 나뉜다. 예컨대 영업허가나 건축허가, 운전면허 등은 형식상 처분이 발급되면 무허가영업, 무허가건축, 무면허운전으로 처벌하기 어렵고 처분이 무효가 아닌 한 형사법원은 처분의 효력을 부인할 수 없다.108) 이에 비해 공정거래위원회의 시정명령에 불응하는 행위가 처벌의 대상이 되는 경우 형사법원은 당해 시정명령의 공정력을 그대로 받아들이지 않고 시정명령이 적법한 경우에만 처벌할 수 있는 것으로 판단하고 있다.109)

주요판례 대법원 1982. 6. 8. 선고 80도2646 판결.

미성년자가 운전면허를 받고 운전하다 무면허운전죄로 기소되더라도 운전면허가 취소되지 않는 한 유효하므로 무면허운전에 해당하지 않는다고 본 판례.

주요판례 대법원 1999. 2. 5. 선고 98도4239 판결.

운전면허취소처분을 받은 후 자동차를 운전하다 적발되었으나 나중에 그 취소처분이 취소소송을 통해 소급하여 취소된 경우, 이전에 적발된 자동차 운전행위가 무면허운전에 해당하지 않는다는 판례.

주요판례 대법원 1992. 8. 18. 선고 90도1709 판결.

원상복구의 시정명령을 위반한 피고인을 처벌하기 위해서는 당해 원상복구의 시정명령이 적법한 것이라야 하므로, 위법한 시정명령에 따르지 않은 피고인을 처벌할 수 없다고 본 판례.

주요판례 대법원 2014. 5. 22. 선고 2012도7190 전원합의체 판결.

[다수의견] 정비조합의 조합설립인가처분이 무효인 경우 당해 조합의 조합장, 이사 또는 감사로 선임된 자가 구 도시정비법 제85조, 제86조 위반행위를 하였다고 하더라도 각 위반죄의 주체인 '조합의 임원' 또는 '조합임원'에 해당하지 않으므로 위 각 위반죄로 처벌할 수 없다고 한 판례.

---

108) 대법원 1982. 6. 8. 선고 80도2646 판결.
109) 대법원 1992. 8. 18. 선고 90두1709 판결.

*그러나 행정행위의 무효는 '절대적 무효'가 아닌 '상대적 무효'의 관점에서 이해될 필요가 있다. 형사소송의 선결문제에 관하여 구성요건의 일부를 이루는 처분이 무효인 경우 그 무효를 '선험적인 효력부재 상태'라는 단순논리로 이해하는 것은 타당하지 않다. 자세한 내용은 김종보, 무효인 행정행위의 법적 효과, 행정법연구, 제62호, 2020. 8. 1-25면 참조.

(3) 공정력과 구성요건적 효력

1) 구성요건적 효력설의 의의

구성요건적 효력설이란 '공정력'을 처분의 상대방에 대한 효력과 국가기관에 대한 효력으로 이분하여 전자는 공정력, 후자는 구성요건적 효력이라고 파악하는 견해다.110) 구성요건적 효력설에 의하면 행정청이 처분을 발급했을 때 국민은 법적 안정성을 이유로 당해 처분의 효력을 존중해야 하지만, 관계 행정청은 관할 존중의 원칙에 의하여 처분의 효력을 부인할 수 없게 된다. 이 학설은 전통적 공정력이론과 달리 구성요건적 효력의 근거를 국가기관 상호 간 권한존중의 원칙에서 찾고 있다.

2) 구성요건적 효력설에 대한 비판

하나의 처분이 갖는 효력이 상대방과 국가기관에 대한 것으로 이분되어 각각 다르게 나타난다는 것은 상식에 반한다. 예컨대 운전면허를 발급받은 자가 당해 면허발급을 통해 느끼는 법적 안정감은 경찰이 그 면허를 존중해 줄 것이라는 점에 있으므로 면허처분의 효력을 구성요건적 효력설에 따라 기교적으로 분리하는 것은 부적절하다.111)

또한, 구성요건적 효력설을 따른다고 하여 민사소송이나 형사소송에서 처분의 공정력이 다른 결과를 보이는 것도 아니다. 기존의 공정력 이론으로 해결되지 않는 문제를 해결할 수 있는 기능이 입증된다면 이 설이 강력한 힘

110) 김남진 · 김연태, 행정법 I, 255면; 박균성, 행정법강의, 66면.

111) 자동차 운전자가 경찰관에게 운전면허를 제시할 때 운전자가 무면허운전이 아닌 것은 면허가 갖는 공정력 때문이지, 경찰관이 면허증에 대한 구성요건적 효력을 존중하기 때문이라고 해석하는 것은 상식적으로도 받아들이기 어렵다.

을 가질 수 있겠으나, 그렇지 않은 경우 실익이 없다는 비난을 피하기 어렵다. 오히려 공정력의 인정 근거를 일부 확대해서 행정청의 관할배분과 그에 대한 행정주체의 존중의무를 포함하는 것이 더 합리적인 해결책이라 보인다.

Q&A 공정력과 형사소송

Q 교재에서는 영업허가, 건축허가, 운전면허의 경우 공정력을 인정하고, 시정명령의 경우에는 공정력을 인정하지 않는다고 배웠는데, 이와 같이 구별되는 기준이 무엇인지 정확히 모르겠습니다.

A 형사사건에서 처분의 존재여부가 구성요건을 구성할 때 통상은 공정력이 인정되어 형사법원은 그 효력을 부인하지 못합니다. 예컨대 무면허운전에서 구성요건으로서 면허 없음은 면허정지나 면허취소처분의 효력에 따른 것이므로 원칙적으로 처분의 공정력에 형사법원도 구속됩니다.

예외적인 그룹이 있는데, 시정명령과 같은 유형입니다. 시정명령을 내린 후 그에 따르지 않았을 때 행정형벌이 가해지도록 조문이 정하고 있으면, 이 때 대법원은 그 처분이 비록 구성요건을 이루지만, 그래도 위법한 처분이면 처벌할 수 없다는 예외를 인정하는 것이라 이해하면 됩니다. 원칙적인 대부분의 경우와, 예외적인 시정명령 유형, 이렇게 둘로 나누어서 정리하면 좋겠네요.

제13장 행정행위의 무효와 취소

도입사례 13-1

갑은 상가 내 카페를 운영하는 자이고, 을은 국립대학교 내 카페를 운영하는 자이다. 갑의 상가임대차계약이 무효라는 것과 을의 사용수익허가가 무효라는 것이 동일한 개념의 무효라고 볼 수 있겠는가?

I 행정행위 하자의 의의

행정행위의 하자란 행정행위가 적법, 유효하게 성립하기 위한 요건을 갖추지 못한 것을 말한다. 하자가 가장 크면 행정행위의 부존재가 되고, 그다음 무효, 취소, 부당 순으로 분류된다.

행정행위의 부존재	행정행위의 무효	행정행위의 취소	행정행위의 부당
	중대·명백한 하자	단순위법의 하자	위법이 아닌 재량하자. 경우에 따라 위법하기도 함

※ 윗줄은 하자가 큰 순서대로 나열. 아래 줄은 그 행정행위 하자의 명칭.

위법 이상에 해당하는 하자는 법원에 의해 통제될 수 있지만, 부당은 원칙적으로 재량의 범위 내에서 재량을 그르치는 하자로서 법원에 의해 통제되지 않는다. 다만, 부당의 경우에도 법을 위반한 것은 아니나 공익 또는 합목적성 판단을 잘못한 것이므로 행정심판에 의해 구제되거나 직권취소의 사유는 될 수 있다.

Ⅱ 행정행위의 부존재

1. 의 의

행정행위의 부존재란 행정행위의 성립요건 중 일부가 완전히 결여되어 행정행위로 볼 수 있는 외관이 존재하지 않는 경우를 말한다. 예를 들어 권한 없는 기관이 내린 철거명령 등 행정행위로서 상대방과 이해관계인이 받아들일 수 있는 외관을 결여하고 있는 처분이 이에 해당한다.

2. 부존재와 무효의 구분

행정행위의 부존재와 무효는 이론상 행정행위의 성립요건 충족여부를 기준으로 구분할 수 있다. 그러나 무효 역시 중대·명백한 하자를 가지고 있는 경우이므로 부존재와 엄격하게 구별하는 것은 쉽지 않고 실익도 그리 크지 않다. 또한 행정소송법이 무효등확인소송을 처분의 '효력 유무 또는 존재여부'의 확인을 구하는 소송으로 넓게 정의하고 있으므로(행정소송법 제4조[112]) 부존재 역시 무효등확인소송으로 다툴 수 있다는 점에 대해서는 이견이 없다.

Ⅲ 무효와 취소의 구별

1. 무효와 취소의 의의

(1) 무효와 취소의 구분과 그 실익

무효란 행정행위가 행정행위로서 존재하지만 법적 효과를 발생시키지 못하는 경우를 말한다. 법원이 민사소송에서 선결문제로 행정행위의 무효를 확인할 수도 있고 개인이 무효를 원용할 수도 있다. 한편 단순위법의 하자만 있는 행정행위는 취소의 대상이 되며, 비록 행정행위에 위법한 하자가 있다고 해도 공정력은 발생한다. 무효인 행정행위와 단순위법인 행정행위의 가장 큰

112) 제4조(항고소송) 항고소송은 다음과 같이 구분한다.
1. 취소소송: 행정청의 위법한 처분등을 취소 또는 변경하는 소송
2. 무효등확인소송: 행정청의 처분등의 효력 유무 또는 존재여부를 확인하는 소송
3. 부작위위법확인소송: 행정청의 부작위가 위법하다는 것을 확인하는 소송

차이는 전자의 경우 공정력이 없지만 후자의 경우 공정력이 있다는 점이다.

처분성을 판단한 이후 단계는 행정행위가 무효인지 아니면 취소의 대상이 되는지 여부를 구분하는 것으로, 그 기준에 대한 실무적 감각을 익히는 것이 매우 중요하다. 취소소송이 제기된 경우 중 단순위법의 하자가 인정되는 비율(원고승소 가능성)이 그리 높지 않고, 이 중에서 무효로 인정되는 경우는 특히 드물다.

(2) 행정행위의 하자와 계약하자의 비교

계약에 하자가 존재하면 그 계약은 무효가 되고, 처분에 하자가 있으면 그 처분은 무효가 될 수 있다. 양자가 '무효'라는 동일한 용어를 사용하므로 동일한 범주의 개념이라 착각할 수 있으나 이는 구별되어야 한다. 민사적으로 '무효'는 계약상 하자 등으로 인해 효력이 없는 상태를 말한다. 그러나 처분의 '무효'는 명백하고 중대한 하자에 한해서만 인정된다. 처분의 단순위법은 90일 이내에 취소소송을 제기해야 구제되지만, 처분의 무효는 제소기간의 제한이 없이 구제된다.

▌행정행위의 하자와 계약하자의 비교▐

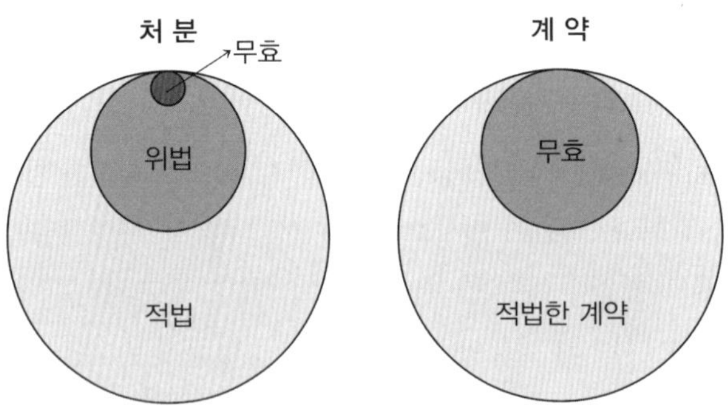

도입사례 13-1의 해결

상가임대차계약은 사법상 계약에 해당하고, 국립대학교 내 행정재산의 사용에 관한 사용수익허가는 공법적 법률관계에 해당한다. 민사상 계약의 효력은 양 당사자의 합의에 터잡아 인정되는 반면, 행정처분의 힘은 헌법과 국회로부터 나온다는 점에서도 차이가 있다. 단순위법의 하자를 가지고 있는 행정행위에 공정력이 인정되는 이유도 이에 근거한 것이라고 볼 수 있다. 갑의 계약이 무효가 되는 경우보다 을의 계약이 무효가 되는 경우는 훨씬 드물 것이다.

주요 키워드 처분의 무효, 무효의 효과

2. 무효와 취소의 구별기준(제6회 변호사시험)

(1) 개 관

무효와 취소를 구별하는 학설은 하자의 중대성 및 명백성을 결합하는 방식에 따라 중대설, 중대·명백설, 명백성보충설로 나뉜다.

하자가 중대하다는 것은 그 조항 위반이 제도의 본질적인 부분에 반한다는 의미인데, 개별적인 경우마다 판단이 달라질 수 있다. 행정처분을 발급함에 있어 당해 처분의 근거가 된 법률과 그 법률에 따른 제도의 취지에 본질적으로 반하는 것이라면 그 행정행위에는 중대한 하자가 있다. 다만 특정한 조문의 위반이 중대한 위반인가 아니면 일반적인 위반에 불과한 것인가를 따지는 일은 당해 법률에 대한 체계적인 이해를 전제로 하지 않는 한 매우 어렵다.

하자의 명백성은 법적 안정성을 위해 요청되는 요건으로 처분 당시 처분의 하자가 중대하다는 점이 누구나 알 수 있는 상태였다는 것을 의미한다. 중대성 요건에 더해서 명백성 요건을 요구하면 무효로 인정되는 행정행위의 범위가 좁아지고, 이를 요구하지 않으면 무효의 인정범위가 넓어지게 된다.

▌중대 · 명백설과 무효의 범위▐

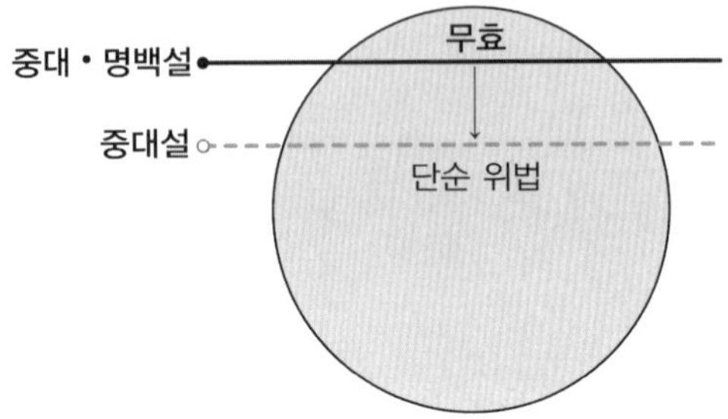

(2) 중대설

중대설은 하자가 중대하기만 하면 행정행위가 무효인 것으로 보는 견해이다. 명백성은 무효의 요건으로 보지 않기 때문에 무효로 인정되는 행정행위의 범위가 가장 넓다. 무효사유를 넓히면 국민의 권리구제에는 유리해진다. 통상 공무원임용에 있어 법이 정한 결격사유가 있었던 경우, 관할권 없는 행정주체가 처분을 내린 경우 등이 중대한 하자로 이해된다.[113]

(3) 중대 · 명백설(통설, 판례)

중대 · 명백설은 행정행위의 하자가 중대한 것을 전제로 그 하자가 중대하다는 것이 행위 당시 외관상 명백한 경우에 당해 행위를 무효로 보는 입장이다. 법적 안정성 및 제3자의 신뢰보호를 목적으로 무효의 범위를 한정하여 해석하고자 하는 입장이다. 하자의 중대성만으로 바로 처분이 무효가 되지 않기 때문에 행정청에 유리한 해석이다. 중대 · 명백설이 현재의 통설과 판례이다.[114]

---

113) 대법원 1995. 7. 11. 선고 94누4615 전원합의체 판결.
114) 대법원 2018. 7. 19. 선고 2017다242409 전원합의체 판결

> **참고 위헌결정을 받은 법률에 근거한 처분의 하자**(제7회 변호사시험)
>
> 사후에 위헌결정을 받은 법률에 근거한 처분이 소급해서 당연무효가 되는 것은 아니다. 처분이 발급될 당시에는 법률의 위헌여부가 명백하지 않기 때문에 법적 안정성을 고려하여 처분에도 단순 위법 정도의 하자가 있는 것으로 보는 것이 적절하다. 대법원도 이와 유사한 입장이다.[115]

(4) 명백성보충설

명백성보충설은 중대설의 변형으로 원칙적으로 행정행위의 하자가 중대하기만 하면 당해 행정행위는 무효지만, 이해관계 있는 제3자가 있거나 법적 안정성이 요청되는 경우 등에는 하자의 명백성도 인정되어야 한다는 견해이다. 즉, 명백성을 보충적으로만 요구하는 학설이다. 유력한 소수설로 중대·명백설에 비하여 무효인정 범위가 넓어 국민의 권리구제에 좋다.

> **주요판례** 대법원 1985. 11. 12 선고 84누250 판결.
>
> 원고의 종합소득세신고서나 각서가 과세관청 내지 그 상급관청의 강요로 작성제출된 것이라면 이러한 과세자료에 터잡은 과세처분의 하자는 중대하고 명백하여 무효라는 판례.

> **주요판례** 대법원 1996. 11. 12 선고 96누1221 판결.
>
> 출입국관리법에 따른 강제퇴거명령이나 보호명령이 대한민국 국민에 대하여 행하여진 경우 그 하자가 중대하나 원고가 중국 국적을 보유하고 있는 자라고 판단할 만한 외관을 가지고 있었던 이상 그 하자가 객관적으로 명백한 것은 아니므로 당해 처분을 당연무효로 볼 수 없다는 판례.

> **주요판례** 대법원 1995. 7. 11 선고 94누4615 전원합의체 판결.
>
> 건설업법에 따른 영업정지에 대해 무효인 조례에 따라 권한을 위임받은 구청장이 내린 영업정지 처분은 그 하자가 중대하나, 객관적으로 명백하지 않아 당연무효사유는 아니라는 판례.

---

115) 대법원 1994. 10. 28 선고 92누9463 판결.

주요판례 대법원 2009. 2. 12. 선고 2008두11716 판결.

취득세 신고행위는 제3자의 보호가 특별히 문제되지 않아 그 하자가 중대하지만 명백하지 않은 경우에도 납세의무자의 권익구제 등의 측면에서 현저하게 부당하다고 볼 만한 특별한 사정이 있는 경우 당연무효라고 판단한 판례.

3. 무효·취소의 구별과 제소기간

(1) 제소기간의 취지

이론상으로는 행정행위의 하자가 당연무효인 경우와 단순위법에 해당하여 취소할 수 있는 사유에 해당하는 경우를 어떠한 기준에 따라 구별할 것인가가 중요하다. 그러나 행정소송법이 무효와 취소가 다르게 취급될 것을 미리 전제하여 입법되어 있기 때문에 행정소송법상 무효와 취소가 어떻게 다루어지고 있는가를 이해하는 것이 무효·취소 구별의 핵심이 된다.[116)]

행정소송법은 행정에 대한 권리구제수단으로서 취소소송을 원칙으로 상정하고, 동법 제38조의 준용규정을 통해 보충적으로 무효등확인소송을 규정하고 있다. 행정행위에 대하여 다투고자 하는 경우 처분등이 있음을 안 날부터 90일 이내에 취소소송을 제기해야 하며(행정소송법 제20조), 소송에서 당해 행정행위가 위법이었음이 밝혀지면 원고의 권리는 구제된다. 그러나 만약 90일의 제소기간을 넘기게 되면 더 이상 취소소송을 제기할 수 없으며, 불이익처분의 상대방에게 남은 마지막 수단은 제소기간의 제한이 없는 무효등확인소송이다[117)]. 그러나 무효등확인소송에서는 행정행위의 하자가 중대하고 명백하다는 점이 밝혀져야 원고가 승소할 수 있고, 단순위법에 불과한 경우라면 원고의 권리는 구제될 수 없다. 이런 점에서 무효등확인소송은 취소소송에 비해 상대방에게 매우 불리한 소송이라 할 수 있다. 결과적으로 제소기간을 놓친 상대방은 단순위법의 하자가 있는 행정행위에 대해 권리구제를 받지 못한다.

---

116) 박정훈, 행정법의 체계와 방법론, 105-112면 참조.
117) 행정소송법 제38조의 준용규정에 제20조는 포함되지 않기 때문이다.

(2) 제소기간에 따른 권리구제의 4영역

	제소기간 도과 전	제소기간 도과 후
행정행위에 무효사유가 있는 경우	제1영역	제3영역
행정행위에 취소사유가 있는 경우	제2영역	제4영역

▌제소기간과 무효취소 구별에 따른 4영역▐

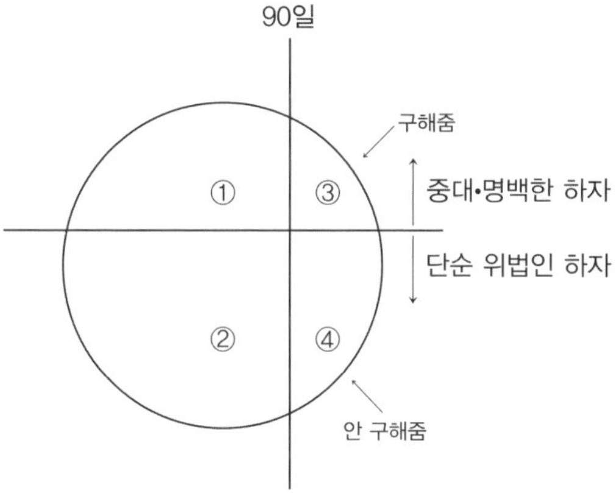

1) 제소기간과 항고소송의 선택

가) 제소기간이 지나지 않은 경우

제소기간이 지나기 전에는 무효와 취소를 구별할 필요 없이 무조건 취소소송을 제기하는 것이 원칙이다. 하자가 중대 · 명백하다고 판단되는 경우에도 취소소송을 제기해서 행정행위에 단순위법 이상의 하자가 있다는 점만 입증하면 승소하기 때문이다. 원고측에서 무효라 확신하지만 전략상 취소소송을 하는 경우 이 소송을 '무효선언을 구하는 의미의 취소소송'이라 한다.

나) 제소기간이 지난 경우

제소기간이 경과하였으므로 취소소송을 할 수 없어 무효등확인소송을 제기할 수밖에 없다. 처분이 무효이면 원고가 승소하지만, 처분에 하자가 있어도 무효사유에 이르지 않으면 원고가 패소한다.

2) 입법자의 권리구제 설계

행정소송법에 따르면 제 1, 2, 3영역은 권리구제가 가능하도록 입법되어 있다. 제1영역에 해당하는 경우 처분의 상대방은 제소기간 내 취소소송을 하거나 제소기간과 무관하게 무효등확인소송을 하여 권리를 구제받을 수 있다. 제2영역에 해당하는 경우 처분의 상대방은 제소기간 내 취소소송을 제기해야만 권리를 구제받을 수 있다. 제3영역에 해당하는 경우 처분의 상대방은 언제든지 무효등확인소송을 제기해서 권리를 구제받을 수 있다.

그러나 제4영역에 해당하면 처분의 상대방은 권리를 구제받지 못한다. 만약 처분의 상대방이 취소소송을 하면 제소기간 경과를 이유로 각하되고, 무효등확인소송을 하면 행정행위의 하자가 무효사유에 이르지 않아 기각되기 때문이다. 행정소송법에서 90일의 제소기간을 취소소송에 한정해서 정한 것은 제3영역의 국민은 구제하고 제4영역에 해당하는 국민은 구제하지 않겠다는 입법적 결단이다.

실무상으로는 제소기간이 경과한 경우에 행정행위가 제3영역에 속하는가 아니면 제4영역에 속하는가를 두고 무효·취소의 구별이 문제된다. 무효등확인소송을 할 때 원고는 당해 사안이 제3영역에 해당하여 자신의 권리를 구제받을 수 있음을 주장하는 반면, 피고는 제4영역에 해당하여 원고의 청구가 기각되어야 함을 주장하는 양상을 띠게 된다.

4. 무효·취소의 구별실익

행정행위에 무효사유가 있는지 아니면 취소사유가 있는지 여부에 따라 항고소송의 형태, 불가쟁력 발생 여부, 공정력 발생 여부, 하자의 승계 양상, 하자의 치유 가부 등이 달라지므로 무효와 취소를 구별할 실익이 있다.[118]

118) 이하의 설명은 앞서 본 제소기간에 따른 설명과는 다른 차원의 것이다. 제소기간에 따른 설명이 실무적이고 소송법을 종합적으로 고려한 것이라면, 여기의 설명은 무효와 취소가 선험적으로 구별된다고 보고 무효와 취소에 대해 각각의 효과를 귀결시키고자 하는 것이다.

(1) 항고소송의 형태

행정행위에 무효사유가 있는 경우 처분의 상대방이 제기해야 하는 항고소송의 원칙적 형태는 무효등확인소송이다. 반면 행정행위에 취소사유가 있는 경우 처분의 상대방은 취소소송을 하여야 한다.

(2) 불가쟁력 발생 여부

행정행위에 취소사유만이 있고 취소소송을 통해서만 구제될 수 있는 행정행위는 제소기간이 경과하면 불가쟁력을 갖추게 된다. 그러나 행정행위에 무효사유가 있는 경우에는 제소기간의 경과 여부와 무관하게 항고소송을 할 수 있어 불가쟁력이 발생하지 않는다.

(3) 공정력 발생 여부

행정행위에 무효사유가 있는 경우 공정력이 없다. 따라서 별도의 항고소송 판결로써 당해 행정행위의 효력을 소멸시키지 않아도 당해 행정행위의 효력이 선결문제가 될 때 민사나 형사법원이 이에 대해 심리할 수 있다. 그러나 행정행위에 취소사유만 있는 경우라면 행정행위의 공정력이 인정되므로 행정행위가 취소되지 아니하는 한 법원은 행정행위의 효력을 부인할 수 없다.

(4) 하자의 승계 양상

선행하는 행정행위에 무효사유가 있는 경우 후행하는 행정행위는 그 법적 기초를 상실하게 되므로 역시 무효가 된다. 그러나 이는 좁은 의미의 하자승계 문제는 아니고 연속하는 행정처분에서 앞선 처분의 유효성이 후속처분의 법적 기초가 된다는 일반론에 따른 것이다.

반면 선행하는 행정행위에 취소사유만 있는 경우에는 행정행위는 유효하게 성립하며, 후행처분도 유효하게 성립하는 것이 원칙이다. 다만 선행처분의 하자가 후행처분에도 영향을 미쳐 후행처분의 취소사유가 되는지에 따라 하자의 승계 여부가 결정된다(후술하는 하자의 승계부분 참조).

(5) 하자의 치유 가부

행정행위에 무효사유가 있는 경우 그 하자는 치유될 수 없다. 그러나 행정행위에 취소사유만 있는 경우 이는 사후에 치유될 수 있는 것이 원칙이다.

	무효인 행정행위	단순위법인 행정행위
항고소송의 형태	무효등확인소송	취소소송
불가쟁력	×	○
공정력	×	○
하자의 승계	관련 없음	원칙적으로 승계되지 않음
하자의 치유	불가능	가능

참고판례 헌법재판소 1994. 6. 30 자 92헌바23 결정.

불가쟁력이 발생한 행정처분에 대하여 그 근거법규가 위헌임을 이유로 무효확인의 소를 제기한 경우 헌법재판소 또는 대법원에 의하여 유권적으로 확정되기 전에는 근거법규가 위헌임이 명백한 것이라 할 수 없기 때문에 당연무효사유에는 해당할 수 없다는 판례.

Ⅳ 무효인 행정행위의 법적 효과

1. 행정행위 무효의 의의

행정행위는 민사상 법률행위의 개념에 의존해서 만들어진 개념으로 논리구조의 상당한 영역이 민사상 법률행위와 연결되어 있다. 민사상 법률행위는 처음부터 법적 효력이 법률관계의 당사자에 국한되고 무효에 대한 법원의 판단도 역시 양 당사자에게만 미치는 기판력에 묶인다. 그러나 공법적 차원에서는 상대방이 수천 명에 달하는 처분(도시관리계획, 관리처분계획)까지 모두 무효가 될 수 있고, 그 처분을 전제로 다양한 법률관계가 후속하는 경우가 많다. 이는 행정행위의 무효라는 개념이 민사상 법률행위의 무효라는 개념과 다르게 취급되어야 할 이유가 된다. 무효인 행정행위의 '법적 효과'를 보고자 하는 것은, 행정행위의 무효가 단순한 효력으로서 '0'이 아닌 무엇인가를 가지고 있다는 주장을 담는 것이다[119].

2. 행정행위 무효의 법적 효과

(1) 절대적 무효와 상대적 무효

행정행위의 무효는 행정행위의 효력을 일체 부인해서 무효를 절대적 무효로 보는 견해(절대적 무효설)와 행정행위의 효력을 국면과 상황에 따라 부분적으로만 부인함으로써 무효를 상대적 무효로 보는 견해(상대적 무효설)로 나뉠 수 있다.

1) 절대적 무효설

행정행위 무효가 실체법상 소송법상, 민사상, 형사상 모든 영역에서 절대적으로 무효이며 누구나 무효를 주장할 수 있다는 견해로, 이론적으로 명확성을 추구한다는 점에 가장 큰 장점이 있다. 공정력 이론에서도 무효인 행정행위에는 공정력이 부인되며[120], 대법원의 판례에 따르면 무효인 행정행위에 대해서는 "존치시킬 효력이 있는 행정행위가 없기 때문에"사정판결도 허용되지 않는다[121].

2) 상대적 무효설

행정행위의 무효가 언제나, 누구에게나 완벽하게 무효인 것은 아니고 일정한 범위에서만 무효로 취급된다는 견해이다. 다만 무효가 아닌 상태의 상대적인 효력이란 그 정체가 무엇인지 또 어떤 범위에서 무효를 인정해야 하

---

119) 이하의 내용에 대해 자세히는 김종보, 무효인 행정행위의 법적 효과, 행정법연구, 제62호, 2020. 8. 1-25면 참조.

120) 김동희 · 최계영, 행정법 I, 331면 등 참조.

121) 대법원 1996. 3. 22. 선고 95누5509 판결.

는지에 대해서는 다양한 가능성이 열려 있다. 예컨대 무효등확인소송에서 무효판결이 확정되면 행정행위의 무효는 절대적인 것으로 변환된다고 보는 견해와, 무효판결에도 불구하고 당해 동일한 사실관계에서 권리구제에 필요한 한도에서만 행정행위가 무효로 된다는 논리가 대립할 수 있다.

3) 무효인 행정행위의 처분성

절대적 무효설을 따르면, 무효인 행정행위는 결과적으로 국민의 권리의무에 대한 아무런 법적 규율을 담지 못하기 때문에 무효등확인소송에서 처분성을 인정하는 것도 이론상 어렵다. 이에 비해 상대적 무효설에 의하면 행정행위의 무효는 상대적으로 국민의 권리의무에 영향을 미친다고 보기 때문에 처분성을 인정하기 한결 수월하다.

(2) 행정소송법과 상대적 무효설

1) 무효등확인소송의 법적 성격

현행 행정소송법은 무효등확인소송을 항고소송의 일종으로 받아들였으나, 무효등확인소송의 법적 성격에 대해 여전히 확인소송설과 (취소소송에 준하는) 준항고소송설의 대립이 존재한다. 무효의 효력에 대해 확인소송설은 절대적 무효설과, 준항고소송설은 상대적 무효설과 연결되어 있다.

2) 준용규정

행정소송법은 취소소송에 대한 조항을 상세하게 베풀면서 이를 무효등확인소송에 준용(제38조)하는 방식을 사용하고 있다. 이 중, 행정행위의 공정력을 전제로 한 집행정지에 관한 조항(제23조), 그리고 취소판결의 제3자효에 관한 조항(제29조 제1항)은 무효등확인소송에 준용된다. 이는 행정행위의 무효에 일정한 효력이 있다는 것을 전제로 하는 것으로서 상대적 무효설에 입각한 것이다[122].

122) 일본의 행정사건소송법은 무효등확인소송에 대해 취소소송의 집행정지에 대한 조항을 준용하지만, 판결의 제3자효에 관한 조항은 준용하지 않는다(동법 제38조). 제3자효에 대해 박정훈, 행정소송의 구조와 기능, 2006, 박영사, 24면 참조.

3) 선결문제 심사권

선결문제의 관점에서는, 행정행위의 무효를 선결문제로 하는 사건에서 민사법원과 형사법원이 독자적으로 행정행위의 무효를 판단할 수 있는가 하는 쟁점으로 나타난다. 행정소송법은 행정행위의 무효를 민사상 선결문제로서 판단할 수 있다고 명시적으로 인정하고 있다(제11조 제1항). 따라서 민사법원은 행정행위의 무효나 부존재에 대해 판단할 수 있다. 이 조항은 행정소송법이 절대적 무효설을 전제로 입법된 것이라는 주장에 힘을 실어준다. 다만 상대적 무효설의 입장에서도 이 조항은 민사법원에 선결문제 심사권만을 부여한 것으로 한정 해석하고, 민사법원의 무효판단은 당해 민사사건에 한해 효력이 있는 것으로 해석할 수 있다.

3. 무효판결의 제3자효 및 소급효

취소판결은 행정행위를 취소하는 형성판결이므로 처분이 취소되는 효과가 제3자에게 미치는데(행정소송법 제29조)[123], 이 조항은 무효등확인소송에서도 준용된다[124]. 무효등확인소송도 취소소송과 마찬가지로 권리구제를 목적으로 하는 것이므로, 무효판결이 제3자에게 미칠 때 원고의 권리구제를 위해 필요한 한도에서는 당해 행정행위가 무효라는 점을 부인할 수 없지만, 그 필요한 범위를 넘어서 제3자들에게 무효의 효력이 확대되지 않는다고 보아야 한다.

행정법원의 무효판결이 확정될 때까지 효력을 유지한다는 상대적 무효설에 의하는 경우에도 무효판결에 의해 행정행위는 소급적으로 효력을 잃는다. 무효등확인소송의 권리구제 기능을 고려하면 당해 처분이 무효라는 점을 인정하지 않는 한 소송 자체가 무용해지기 때문이다. 다만 무효판결시

123) 김동희 · 최계영, 행정법 I, 782면; 김철용, 행정법, 680면 참조.

124) 최초 행정소송법(1951년)에는 판결의 제3자효에 대한 조항은 없고, 관계행정청과 그 소속기관에 대한 기속력을 정하는 조항만 있었으며(법 제13조), 이 조항은 1984년 개정을 통해 처음 등장한 것이다. 물론 일본 행정사건소송법에 있는 조항(제32조 제1항)과 대법원의 판례 등이 참고된 것이라 할 수 있다.

를 기준으로 장래를 향해 무효의 효력이 인정되는 것으로 권리구제가 충분하다면 무효판결은 장래를 향해 효력을 갖는 것으로 해석할 수 있다.

4. 무효와 협의의 소익

취소소송에서 협의의 소익은 일정한 처분에 하자가 있어도(정확하게는 하자가 있는지를 판단하기 전에) 처분의 취소를 구할 이익이 없다는 것을 이유로 각하하는 기능을 하는 소송요건이다.

대법원은 최근 전원합의체에서 조세과오납소송에서 무효등확인소송을 제기할 독자적인 필요성을 용인하고 민사소송과 별도로 제기되는 무효등확인소송의 소익을 인정하는 방향으로 입장을 정리했다[125]. 나아가 다수인의 법적 불안을 초래할 것이 심각하게 우려되는 사안들에서, 무효판단을 망설이던 일부 법원들이 본안판단을 회피하기 위한 수단으로 협의의 소익이론을 원용해 소를 각하하기 시작하고 있다[126].

협의의 소익이론은 소가 각하되었을 때 행정행위의 유효성이 유지된다는 것을 전제로 하는 경우가 많다[127]. 따라서 무효등확인소송에서 협의의 소익이론이 일반적으로 적용된다고 보는 것은 상대적 무효설과 연결되어 있을 가능성이 높다.

---

125) 대법원 2008. 3. 11. 선고 2007두6342 전원합의체 판결

126) 사업시행인가에 대해 대법원 2008. 1. 10. 선고 2007두16691 판결 등; 관리처분의 인가에 대해 대법원 2001. 12. 11. 선고 2001두7541 판결; 대법원 1994. 10. 14. 선고 93누22753 판결, 대법원 2013. 10. 24. 선고 2012두12853 판결, 대법원 2011. 2. 10. 선고 2010두19799 판결 등.

127) 예컨대 원상회복 불가, 이익침해상태의 해소, 처분기간의 경과 등을 이유로 하는 협의의 소익문제는 취소소송의 각하함으로써 현재 상태를 유지하고자 하는 취지가 강하다. 행정행위가 무효라면 이러한 사유로 협의의 소익을 판단해야 하는가에 대해 의문이 제기될 수 있다.

제14장 하자의 승계

도입사례 14-1

토지소유자 갑은 사업인정의 고시를 통해 자신의 토지 위에 도로가 개설될 예정이라는 것은 막연히 알고 있었으나, 수용재결을 받고 나서야 비로소 권리구제의 필요성을 느껴 소송을 제기했다. 갑이 소송을 통해 수용재결을 다투던 중 그 선행처분인 사업인정이 고시되는 과정에 절차하자가 있다는 것을 발견했지만 사업인정에 대해서는 오래전에 제소기간이 경과되어 취소소송이 불가능하다. 갑은 사업인정에 절차하자가 있다는 점을 주장해서 수용재결이 위법하다는 결론을 끌어낼 수 있을까?

I 하자승계이론의 의의

하자승계이론이란 동일한 법률 또는 다수의 법률에 의해 두 개 이상의 행정행위가 '일정한 상관관계'를 갖고 연속하는 경우 선행처분에 하자가 있을 때 그로 인해 후행처분도 위법해지는가에 관한 이론을 말한다. 원칙적으로 하자의 승계는 인정되지 않지만, 예외적으로 특정 요건이 충족되는 경우 하자가 승계된다는 것이 하자승계이론의 핵심내용이다.

선행하는 행정처분을 다투었어야 하는 원고가 제소기간을 놓치고 그 후에 후행처분이 발급되자 취소소송을 제기하면, 후행처분의 취소소송에서 하자승계가 쟁점이 된다. 특히 후행처분에는 명확한 하자가 보이지 않는 반면 선행처분에는 하자가 있다는 것이 비교적 선명할 때 원고는 하자의 승계를 적극적으로 주장하게 된다.

하자의 승계가 원칙적으로 인정되지 않는 이유는 선행처분이 불가쟁력을 확보하였음에도 불구하고 후행처분에 대한 항고소송에서 선행처분의 위법을 주장하는 것을 막기 위한 것이다. 후행처분을 발급받은 입장에서 보면 선행처분에 하자가 있음을 주장하지 못하도록 하는 것이 가혹한 것처럼 느껴질 수 있다. 그러나 처분의 상대방은 이미 선행처분에 대해 취소소송을 할 수 있는 기회를 부여받았고, 이를 이용하지 않아 선행처분에 불가쟁력이 발생한 것이므로 그렇게 억울한 상황이라 보기는 어렵다.[128)]

Ⅱ 하자승계이론의 적용요건

① 연속하는 선행처분과 후행처분이 모두 처분성을 갖출 것

② 선행처분에 단순위법의 하자(취소사유)가 있을 것

③ 후행처분에는 원칙적으로 하자가 없을 것

④ 선행처분에 불가쟁력이 발생할 것

반드시 필요한 전제는 아니나, 만약 선행처분에 불가쟁력이 발생하지 않았다면 선행처분 자체에 대한 취소소송을 하는 것이 적절하다.

⑤ 선행처분이 무효가 아닐 것

선행처분이 무효인 경우 후행처분이 성립하기 위한 법적 기초가 상실되어 후행처분 역시 무효가 된다. 이는 하자의 승계 이론과 그 논의의 차원을 달리 한다. 이론적으로는 선행처분의 무효사유가 승계되어 후행처분이 무효가 되는 것은 아니기 때문이다.

⑥ 선행처분과 후행처분 간에 긴밀한 상관관계가 있을 것[129)]

하나의 법률이 연속하는 처분들을 규정하고 있을 때 이들은 대체로 하자의 승계를 논하기 위한 전제로서 선행처분과 후행처분의 관계에 놓여 있다고 볼 수 있다. 그러나 다수의 법률에 의해 여러 행정행위들이 연속하고

---

128) 박정훈, 행정소송법 개혁의 과제, 서울대학교 법학, 제45권 제3호, 2004, 392-394면 참조.

129) 이에 대해서는 일반 학설이나 판례에서 언급되지 않고 있다는 점에 유의해야 한다.

있다고 해도 이들 간에 '긴밀한 상관관계'가 없는 경우라면 이들은 엄밀히 선후행관계라고 규정하기 어렵다. 다른 법률들에 기초한 행정처분들간에서 긴밀한 상관관계가 인정되기 위해서는 행정행위 상호간 사실관계가 동일하거나 또는 일정한 행정목적에 의해 서로 연결될 때 인정될 수 있다. 상관관계를 인정할 수 있는 하나의 기준은 선행처분이 무효일 때 후행처분의 발급이 불가능하거나 또는 후행처분이 발급되어도 무효로 판단될 정도로 상호간에 긴밀한 관계인가를 살피는 것이다. 따라서 여러 법률들에 존재하는 행정처분들이 상호간의 존재여부에 대한 인식이 없이 단순히 시간적 선후관계로 발급되는 정도라면, 이들이 일정한 행정목적에 함께 동원된다고 해도 긴밀한 상관관계를 인정하기 어렵다.

행정행위 상호간에 일정한 상관관계가 없다면 앞선 처분의 하자에 대한 평가는 행정법의 일반이론에 의한다. 선행처분과 후행처분의 관계가 아니라면 '앞의 처분'의 하자는 '뒤의 처분'의 하자여부를 판단할 때 참고가 될 뿐이다. 하자있는 앞의 처분을 기초로 행정청이 뒤의 처분을 발급했다면 처분의 기초가 된 앞 처분의 내용이 뒤 처분의 하자가 될 수 있는가를 기준으로 판단되어야 한다.

Ⅲ 하자승계의 기준

선행처분과 후행처분이 독립된 효과를 목적으로 별개의 법적 근거를 가지고 있는 경우에는 하자가 승계되지 않는다. 반면 선행처분과 후행처분이 결합하여 하나의 법적 효과를 완성하는 경우 하자가 승계된다.

참고 하자의 승계가 인정되지 않는 경우

- 철거명령(의무부과행위)과 대집행(의무불이행 시 강제집행행위)[130]
- 조세부과처분과 강제징수
- 사업인정과 수용재결(**제9회 변호사시험**)
- 직위해제와 직권면직
- 영업정지처분-영업소 폐쇄명령
- 석유사업정지처분-석유정제업 등록취소처분(**제6회 변호사시험**)

> **참고** 하자의 승계가 인정되는 경우
>
> • 강제철거의 대집행절차 내; 계고-통지-실행-비용징수의 연속 처분
> • 조세체납의 강제징수절차 내; 독촉-압류-매각-충당의 연속 처분

주요판례 대법원 1993. 11. 9 선고 93누14271 판결.

선행처분인 계고처분의 위법성을 이유로 후행처분인 대집행비용납부명령의 취소를 구할 수 있다는 판례.

Ⅳ 판례상 하자승계의 대표사례

1. 토지보상법에 따른 사업인정과 수용재결[131)]

토지수용과정은 포괄적으로 사업대상지 전체에 대해 사업인정처분(선행처분)을 발급하는 절차와 그 안에 존재하는 개별 필지에 대한 수용재결처분(후행처분)을 발급하는 절차로 구성된다. 통상 수용재결 취소소송의 원고는 수용재결의 하자뿐 아니라 선행처분의 하자도 주장하지만, 사업인정에 존재하는 단순위법의 하자는 승계되지 않고 후행처분의 위법성에 영향을 미치지 않는다.

사업인정처분에 단순위법의 하자가 있는 경우라면 이에 대하여 취소소송을 하여야 한다. 그러나 과거에는 처분성에 대한 이해가 높지 못했고, 사업인정의 의미도 충분히 이해되기 어려워 선행처분에 대한 제소기간이 경과하는 경우가 많았다. 그 후 후행처분인 수용재결처분이 이루어지고 나서야 권리침해가 현실적으로 느껴지므로 비로소 취소소송을 제기하게 된다. 이때 수용재결은 수용재결위원회에 의하여 엄격한 절차를 거쳐 이루어지므로 원고가 수용재결의 하자를 찾아 승소하기는 쉽지 않았고, 선행처분인 사업인정처분의 하자주장에 의존하는 경향을 보였다.

사업인정과 수용재결은 모두 토지보상법이라는 동일한 법률에 존재하는

130) 철거명령과 대집행에 관하여는 제23장 참조.
131) 대법원 1987. 9. 8. 선고 87누395 판결.

처분이고 사업의 목적이나 사실관계도 공유하는 관계이다. 따라서 이들 간에는 당연히 '긴밀한 상관관계'가 존재하고 이들은 선후행 처분의 관계에 놓인다. 만약 사업인정이 무효라면 수용재결은 발급될 수도 없고, 발급되는 경우에도 무효로 판단 받을 수밖에 없다.

주요판례 대법원 1987. 9. 8 선고 87누395 판결.

토지수용법에 따른 사업인정의 위법·부당한 하자를 이유로 수용재결처분의 취소를 구한 사안에서 선행처분에 위법·부당함이 있더라도, 그를 이유로 후행처분의 취소를 구할 수 없다는 판례.

도입사례 14-1의 해결

토지보상법에 따른 사업인정과 수용재결은 독립된 효과를 목적으로 하는 선후행처분의 관계에 있으므로 절차하자로 인해 선행처분이 무효라 판단되는 예외적인 경우를 제외하고 보통 선행처분의 절차하자를 이유로 수용재결이 위법하다는 결론을 끌어낼 수 없다.

주요 키워드 하자의 승계

2. 개별공시지가와 양도소득세 부과처분

(1) 공시지가의 의의

공시지가란 국가에 의해 산정되어 공시되는 토지 등 부동산의 가격을 말하며, 표준지공시지가와 개별공시지가로 구성된다. 부동산 가격공시 및 감정평가에 관한 법률에 의하면 표준지공시지가는 동법의 절차에 따라 국토부장관이 조사·평가하여 공시한 표준지의 단위면적당 가격을 의미한다(동법 제2조 제5호). 한편 개별공시지가란 표준지공시지가를 참조해서 다시 개별 필지단위로 산정되어 공시되는 토지가격을 말한다.

(2) 공시지가의 처분성

공시지가는 사실상 행정내부적인 자료에 불과한 것으로 해석될 수 있으나, 전국의 토지를 대상으로 결정되고 고시되므로 처분으로 해석될 수도 있다. 처분성이 인정되면 취소소송의 대상이 될 수 있을 뿐 아니라, 취소소송 여부와 무관하게 당해 행정작용의 공정력과 불가쟁력이 인정된다. 그리고 처분성이 인정되어 행정작용에 불가쟁력이 발생하는 경우 그 행정작용이 무효가 아닌 한 공정력 역시 지속적으로 미치게 된다. 따라서 이 행정작용과 연관된 여러 행정처분에 일정한 효력을 미친다는 점을 부인하기 어렵다. 우리 대법원은 일관되게 개별공시지가 결정의 처분성을 인정하고 있다.[132)]

(3) 하자의 승계 여부

개별공시지가의 처분성이 인정된다면, 개별공시지가결정이라는 처분은 양도소득세 부과처분의 기초로 작동하므로 개별공시지가와 양도소득세 부과처분 사이에 선행·후행처분의 관계가 성립할 여지가 생긴다. 이 둘 사이에 긴밀한 상관관계가 있다고 보면 이들은 선후행처분의 관계이고 하자의 승계이론이 적용된다.

'만약 양도소득세 부과처분이 이미 확정된 공시지가에 근거해 이루어진 경우 처분의 상대방은 양도소득세 부과처분을 다투면서 공시지가가 잘못되었다고 주장할 수 있는가?', '행정청은 그러한 공시지가를 임의로 배제하고 다른 지가를 기초로 양도소득세 부과처분을 할 수 있는가?' 하는 문제 등이 하자의 승계와 관련한 문제다. 대법원은 이 두 개의 처분사이에 선후행처분의 관계가 성립한다는 전제하에, 예측가능성 등이 인정되지 않는 등 일정한 요건이 충족되면 하자가 승계될 수 있다는 입장이다.[133)]

생각건대 공시지가결정은 양도세부과처분을 위해 이루어지는 것이 아니고 전국적으로 토지의 가액을 공적으로 정하고 이를 기준으로 다양한 정책이나 제도를 집행하기 위한 것이다. 따라서 공시지가결정에 처분성이 인정된다고 해도 양도소득세 부과처분과 긴밀한 상관관계가 있다고 보기 어렵고 이들의 선후행처분 관계는 성립하지 않는다. 그렇다면 양도소득세 부과

---

132) 대법원 1993. 1. 15. 선고 92누12407 판결.
133) 대법원 1994. 1. 25. 선고 93누8542 판결.

처분의 기준이 되었던 공시지가는 처분의 사실상 기준에 불과한 것으로 해석되고 그 기준에 위법함이 발견되면 양도소득세 부과처분도 역시 위법해진다. 이는 하자가 승계되는 것과 유사하지만 하자승계의 문제는 아니고 행정행위 하자판단에 관한 일반론에 의한 것이다.

주요판례 대법원 1994. 1. 25 선고 93누8542 판결.

별개의 처분인 개별공시지가결정과 과세처분에서도 수인가능성과 예측가능성이 없는 경우 선행처분의 후행처분에 대한 구속력을 인정할 수 없다는 판례(이는 하자승계를 인정하는 것과 동일한 결론이다).

3. 소 결

하자승계이론은 하자의 승계 인정 범위가 너무 좁고 하자의 승계 인정 여부에 대한 판단기준도 불확실하다. 이러한 문제점의 보완과 발전을 소홀히 한 결과, 해결하기 어려운 새로운 사례의 등장에 문제 해결력 부족을 드러내고 있다. 전통적인 하자승계이론을 따르되 판례와 같이 하자의 승계를 예외적으로 인정하기 위한 요건으로 예측가능성과 수인가능성을 도입하여 하자의 승계 인정 범위를 넓게 하는 것이 좋은 해결책이 될 수 있다. 추가로 선후행관계를 인정하기 위한 요건으로서 일정한 상관관계를 요청함으로써 하자승계이론의 적용범위가 과도하게 넓어지는 것은 피해야 한다.

V 이른바 구속력론

1. 구속력론의 의의

구속력론은 두 개 이상의 행정행위가 동일한 법적 효과를 추구하는 경우, 일정한 요건이 충족되면 선행처분은 후행처분에 구속력을 미친다고 보고, 이때 선행처분의 효과를 그대로 받아들인 후행처분은 위법하지 않다고 보는 이론이다.[134] 구속력론은 기존의 하자승계이론을 비판하며, 처분의 구속력에 판결의 기판력을 차용해야 한다고 주장한다. 하자승계이론은 후행처분의 관점에서 선행처분을 바라보는 소급적 시각을 가지지만, 구속력론은 선행처분의 구속력이 후행처분의 내용을 속박한다고 주장하여 반대의 관점을 갖고 있다.

하자승계이론은 두 개의 처분이 별개목적으로 성립하면 하자가 승계되지 않는 것이 원칙이라고 보고, 하자가 승계되는 예외적인 경우를 인정한다. 구속력론은 원칙적으로 선행처분에 위법의 하자가 있더라도 구속력이 인정되어 후행처분 발급주체를 구속하므로 후행처분의 하자를 인정하지 않는다는 구성을 취한다. 다만 구속력론에 따르면 예외적으로 기대가능성 및 수인가능성이 없을 때는 선행처분이 구속력을 상실하므로 그에 따른 후행처분에 하자가 인정될 수 있다.

2. 구속력론의 적용요건

구속력이 인정되기 위해서는 ① 연속한 두 개의 행정행위가 동일한 목적을 추구하며 법적 효과가 일치해야 한다. 다음으로 ② 연속한 두 개의 행정행위의 수범자가 같아야 하고, ③ 선행처분의 사실적 상태와 법적 상태가 동일하게 유지 되어야 하는데, 이를 시간적 한계라고도 표현한다. 마지막으로 ④ 예측가능성이나 수인가능성이 있어야 하는데, 이는 제소기간 내 취소소송을 할 수 있었는지 등과 관계된다.

3. 구속력론에 따른 하자의 승계 효과

선행처분에 하자가 있더라도 선행처분의 구속력이 인정되면 이에 따른 후행처분은 위법하지 않지만, 구속력 인정 요건이 충족되지 않으면 후행처분은 위법해질 수 있다. 구속력론에 의하면 후행처분의 하자가 인정되는 이유는 선행처분의 하자가 승계된 것이 아니라, 선행처분에 구속되지 않았어야 하는 후행처분 발급주체가 그에 구속된 잘못이 있기 때문이다.

---

134) 김남진 · 김연태, 행정법 I , 법문사, 2008, 288면 참조.

구속력론은 선행처분의 하자를 전제로 하는 이론이 아니므로, 이를 일관하면 선행처분에 하자가 없는 경우에도 선행처분에 대한 공무원의 전면적 심사의무를 부과하고 이에 위반하면 후행처분이 위법한 것으로 해석해야 한다. 이는 하자의 승계이론이 선행처분에 하자가 있음을 전제로 하는 것과 결정적으로 차이를 보인다.

4. 구속력론과 판례

판례는 "선행처분과 후행처분이 서로 독립하여 별개의 효과를 목적으로 하는 경우에도 선행처분의 불가쟁력이나 구속력이 그로 인하여 불이익을 입게 되는 자에게 수인한도를 넘는 가혹함을 가져오며, 그 결과가 당사자에게 예측가능한 것이 아닌 경우에는 ...(생략)... 선행처분의 후행처분에 대한 구속력은 인정될 수 없다."고 판시한 바 있다.[135] 이에 대해 구속력론은 판례가 예측가능성 등을 기준으로 설시하여 이를 따른 대표적인 예로 해석한다. 반면 통설은 예측가능성과 수인가능성이 권리보호를 위해 요구되는 일반적 요소라 보고, 판례가 기존의 하자승계이론에 예측가능성을 추가적 기준으로 선언한 것이라 본다.

5. 구속력론에 대한 비판

구속력론은 선행처분의 효력을 법원의 판결에 준해서 해석하고자 하지만, 행정행위에 기판력이나 기속력에 준하는 효력을 인정하는 것은 무리다. 또 선행처분이 구속력을 갖는다는 표현은 매우 구체적인 것 같지만 개별적인 사안마다 다양한 양상으로 나타나므로 후행처분의 하자를 평가하는 일반적 기준이 되기 어렵다.

구속력론은 선행처분에 대한 전면적 심사의무를 공무원에게 부여하고, 이를 통해 후행처분의 위법성을 선행처분의 법적 평가에 과도하게 의존시

135) 대법원 1994. 1. 25 선고 93누8542 판결, 대법원 2013. 3. 14. 선고 2012두6964 판결.

키는 모순을 초래한다. 특히 하자승계가 문제되는 선행처분과 후행처분은 동일한 법률에 의한 일련의 처분으로 한정되지 않고, 다양한 법률에서 느슨한 관계를 맺으며 발급되는 처분들이다. 하나의 처분을 발급할 때 이에 선행하는 것으로 평가할 수 있는 수많은 처분들이 다양한 법률에 근거해 이미 존재할 수 있다는 의미이다. 이런 상황에서 모든 선행처분이 후행처분에 대해 구속력을 발할 요건을 충족했는지 심사할 의무를 공무원에게 부담시키는 것도 과도하지만, 이런 심사를 그르친 것인지 여부에 따라 후행처분에 하자가 생기거나 없어진다는 것도 매우 기교적인 논리이다.

주요판례 대법원 2013. 3. 14 선고 2012두6964 판결.

친일반민족행위진상규명위원회의 최종발표에 따라 독립유공자 예우에 관한 법률 적용배제자 결정을 한 사안에서 선행처분의 불가쟁력이나 구속력이 당사자에게 예측가능한 것이 아닌 경우 후행처분에 대한 구속력은 인정할 수 없다는 판례.

Ⅵ 하자의 치유와 전환

1. 하자의 치유

하자의 치유란 처분의 발급 당시의 존재하던 하자가 사후적으로 해소되는 경우를 말한다. 다만, 행정심판이나 행정소송이 제기된 이후나 행정행위가 무효인 경우에는 하자가 치유될 수 없다고 보는 것이 통설·판례이다(**제3회 변호사시험**).

2. 하자의 전환

하자의 전환이란 무효인 행정행위가 다른 행정행위로서 성립요건을 충족하는 경우 무효인 행정행위를 그 다른 행정행위로 보아 유효한 것으로 취급하는 것을 말한다. 예를 들어 사망한 사람에 대한 영업허가의 갱신은 상속인에 대한 신규 영업허가처분으로 전환될 수 있다. 그러나 하자의 전환이 인정되는 예는 많지 않고 민사에서와 달리 행정소송에서는 크게 쟁점이 되는 경우가 없다.

Ⅶ 변경처분과 소의 이익

1. 협의의 소익과 정비사업

행정소송에서 '소의 이익' 또는 '협의의 소익'이란 승소판결을 얻었을 때 원고가 얻을 수 있는 실질적이고 현실적인 이익을 의미하며, 소송을 통해서 권리구제가 실현되지 않으면 소의 이익이 인정되지 않는다.136) 예컨대 취소소송이나 무효등확인소송을 제기해 소송에서 승소해도 원상회복이 불가능하거나 또는 취소판결 이전에 이미 당해 처분으로 인한 불이익 상황이 해소된 경우에 소의 이익이 부인된다.

재건축·재개발사업이 활성화되는 2000년부터 약 10여 년간 법원은 폭증하는 소송으로 수많은 재건축·재개발사건을 심리하게 되었다. 강학상 인가부분에서 설명한 2009년 대법원의 두 판결에 따라 조합설립을 다투는 민사소송과 관리처분총회를 다투는 민사소송이 모든 심급에서 행정소송으로 이송되었는데 그 당시 서울행정법원 등은 사건 수의 증가로 커다란 어려움을 겪었다. 이와 시기를 같이 해서 도시정비법 관련사건을 심리하는 행정소송에서 특히 협의의 소익이 없음을 이유로 소를 각하하는 판결들이 많이 발견되고 있다. 빈발하는 소송으로 인한 행정법원의 재판부담이 각하판결의 양산이라는 결과로 이어지는 것이 아닐까 하는 우려가 있다.

이하에서는 소익이론에서 최근 문제가 되고 있는 변경처분과 소의 이익 문제를 도시정비법에 대한 대법원 판례를 중심으로 설명한다. 변경처분과 협의의 소익은 형식상 소송요건과 관련된 것이지만 실질은 행정행위 하자의 치유와 긴밀하게 연결되어 있는 주제이다.137)

---

136) 김동희·최계영, 행정법 Ⅰ, 737면 등.

137) 이하의 내용에 대해 자세히는 김종보, 재건축·재개발사업의 전개과정과 소의 이익, 행정법연구, 제56호, 2019. 2. 1-29면 참조.

2. 본처분과 변경처분의 관계

(1) 변경인가에 대한 실무와 법원의 태도: 이른바 '흡수론'

재건축·재개발사업의 시행자인 정비조합은 설립인가를 받은 후 인가받은 사항을 변경하고자 하는 경우에도 최초의 설립행위와 마찬가지로 일정한 동의율과 동의내용을 갖추어 변경인가를 신청하여야 한다(법 제35조 제5항). 최근 실무에서는 조합설립인가 후 그에 대한 취소소송이 제기되면 조합은 마치 처음 조합설립인가를 받듯이 동의율 등 요건을 다 갖추어서 조합설립변경인가를 신청하는 경우가 많아지고 있다(전면적 변경인가). 조합의 주장은 앞의 본처분은 전면적 변경인가로 흡수되었고 그에 대한 취소소송은 소의 이익이 없어 부적법해진다는 것이다. 그리고 이러한 주장은 적지 않은 사례들에서 법원에 의해 받아들여지고 있다.[138]

또 대법원은 관리처분계획의 변경인가가 최초 인가의 '주요부분을 실질적으로 변경'하면 처음의 인가처분이 변경인가에 흡수되어 효력을 상실한다는 입장을 취하고 있다. 이는 관리처분계획인가처분이라는 당초 처분에 대한 취소소송 또는 무효등확인소송이 소의 이익을 상실해 각하되어야 한다는 결론으로 이어진다.

(2) '변경처분'과 '본처분에 대한 하자의 치유' 구별의 필요성

정비사업에서 발급되는 조합설립인가 또는 관리처분계획의 인가는 본처분이고 인가처분 후 일정한 사항이 변경되어 이루어지는 조합설립변경인가 또는 관리처분계획의 변경인가 등은 변경처분에 해당한다. 행정법상 일정한 처분(본처분)이 변경처분에 의해 사후에 변경될 때 본처분과 변경처분의 관계에 대해서는 특별한 법적 이론이 존재하지 않는다. 다만 일반적인 법리에 비추어보면 본처분 후 사정변경이 생겨 내용을 변경하기 위해 이루어지

138) 대법원 2013. 10. 24. 선고 2012두12853 판결, "당초 조합설립변경인가는 더 이상 존재하지 않는 처분이거나 과거의 법률관계가 되므로 특별한 사정이 없는 한 그 취소를 구할 소의 이익이 없다."

는 변경처분은 본처분에 기해 발급되므로 본처분의 존속을 전제로 그 내용을 일부 변경하는 처분일 뿐이다.

변경처분이 본처분을 흡수한다는 대법원의 입장을 이 책에서는 '흡수론'이라 부르는데, 흡수론은 일반이론이므로 본처분에 대한 취소소송이 제기되었는가에 의존하지 않고 모든 전면적 변경처분에 의해 본처분이 흡수된다는 전제하에 이해되어야 한다. 흡수론이 단순히 행정소송에만 머물지 않고 변경처분과 관련된 일체의 법률관계에 영향을 미치게 된다는 의미이다. 이런 점에서 흡수론은 법적으로 매우 파장이 커다란 논리체계이다.

주요판례 대법원 2012. 3. 22. 선고 2011두6400 전원합의체 판결.

관리처분계획의 주요 부분을 실질적으로 변경하는 내용으로 새로운 관리처분계획을 수립하여 시장·군수의 인가를 받은 경우, 당초 관리처분계획은 효력을 상실한다고 본 판례.

3. 흡수론의 요건

(1) 하나의 근거조문

흡수론은 본처분과 변경처분의 관계에서 변경처분이 일정한 요건을 구비해서 발급되면 본처분이 변경처분에 흡수되어 소멸된다는 이론이다. 본처분과 변경처분의 특징은 입법적으로는 원래 하나의 조문에 근거해서 발급될 것으로 설계되어 있는 행정처분을 대상으로 한다는 점이다. 이런 점에서 선행처분과 후행처분이 서로 다른 법적 근거를 요하는 것과 다르다.

(2) 주요부분의 실질적 변경처분 또는 전면적 변경처분

대법원이 생각하는 흡수론이 적용되기 위해서는 변경처분이 본처분의 주요부분을 실질적으로 변경하는 것이거나 또는 최초의 본처분을 받는 것과 동일한 절차와 요건을 갖추어서 변경처분(전면적 변경처분)을 받는 경우여야 한다.

(3) 본처분의 유효성

흡수론의 또 하나의 요건은 변경처분시까지 본처분이 실효되지 않고 유효하였을 것이다. 흡수론은 유효한 본처분의 존재를 그 적용요건으로 한다는 점에서 본처분이 이미 실효된 경우에는 흡수론의 적용대상이 아니다.

(4) 선행처분에 기초한 후속행위가 없을 것

흡수론은 본처분과 변경처분의 관계에 한하지 않고 변경처분 상호간에도 적용되는 것으로 범위를 확장하고 있다. 대법원에 의하면 제1차 조합설립변경인가 이후 적법한 절차를 거쳐 당초 변경인가를 받은 내용을 모두 포함하여 제2차 변경인가를 받았다면 당초 제1차 변경인가는 취소·철회되어 특별한 사정이 없는 한 그 취소를 구할 소의 이익이 없다. 다만 당초 변경인가에 기초한 후속행위의 효력을 다툴 여지가 있다고 인정되면 소의 이익이 소멸하지 않는다.[139)]

4. 흡수론의 법적 효과와 한계

대법원에 의한 흡수론은 본처분이 변경처분에 흡수된다는 것인데 이러한 흡수(와 소멸)의 법적 성격이 명확하지 않다. 우선 소송법적으로만 흡수되어 소의 이익이 없어진다는 소송법적 효과만을 의미한 것일 수도 있고(소송법설), 실체법적으로도 흡수되어 소멸한다는 의미일 수도 있다(실체법설). 실체법설은 실체적 권리관계도 소멸한다고 보는 것이므로 이 기간 중 본처분의 효력도 모두 소멸되는 것으로 해석하는 것이 타당하다.

최근에 대법원은 관리처분계획의 효력을 선결문제로 하는 민사소송에서 소송법설에 가까운 입장을 취한 바 있다.[140)] 소송법설에 의하면 변경인가 이전에 이루어진 행위의 실체법적 효력은 영향이 없으므로 이들도 모두 유

---

139) 대법원 2012. 10. 25. 선고 2010두25107 판결; 같은 취지 대법원 2013. 2. 28. 선고 2012두20809 판결, 대법원 2012. 10. 24. 선고 2012두12853 판결 등.

140) 대법원 2016. 6. 23. 선고 2014다16500 판결.

효한 것으로 해석할 수 있는 가능성이 생긴다. 기존의 행정소송에 대응하기 위해 많은 조합들이 전면적 변경인가를 받는 실무상의 전략들은 부지불식간에 '소송법에 국한되는 효과'를 전제한 것으로 추측된다. 그러나 변경인가의 흡수론을 순수한 소송법적 효력에 국한시키는 해석은 하자의 치유이론과 정면으로 배치되고 또 실체법과 소송법을 과도하게 괴리시키는 것으로 받아들이기 어렵다. 만약 대법원이 소송법설에 입각해 본처분에 대한 취소소송을 각하한 것이라면 이는 단순한 재판을 거부하는 행위에 불과하다는 비판을 피하기 어렵다.

본처분이 주된 것이고 변경처분이 종속되는 관계에서 변경처분에 의해 본처분이 흡수된다는 것은 어떠한 학설도 주장하거나 동의한 적이 없는 근거 없는 이론이다. 이러한 견해는 행정법 총론은 물론 각론이나 또는 공법의 어느 영역에서도 일반화될 수 없다. 특히 조합설립인가 후에 일정한 법률관계가 발생한 경우에는 본처분은 흡수되지도 않고 소의 이익도 상실되지 않는다고 보는 것이 옳다. 또 관리처분계획인가에 대한 항고소송 중에 관리처분계획이 변경인가를 받았다 해도 그 항고소송은 여전히 다툴 이익이 있으며 소의 이익을 상실하는 것은 아니다. 변경처분과 소의 이익에 대한 대법원의 판례군(判例群)들은 모두 수정되어야 한다.

참고논문 **김종보, 항고소송에서 협의의 소익, 행정법연구 제63호**, 2020, 89-118**면**

(논문 요약) (협의의)소익은 권리 보호를 위한다는 재판제도의 본질에 기인하며, 소송경제와 공법적 법률관계의 안정화에 이바지한다는 의의가 있다. 그러나 소익이론은 현재 법원 판단의 누적적 집합체에 불과할 뿐 독자적인 구조를 만들어내지 못하고 있다. 소익이론은 원고적격, 처분성 등에 대한 소송요건론을 완성하는 마지막 퍼즐이며, 소익이론의 발전을 위해 유형화가 출발점이 되어야 한다.
소익이론은 기준에 따라 소멸형과 존속형 / 이익형과 논리형으로 나뉠 수 있다. 소익의 존부를 기준으로, 소익이 소멸하여 권리보호의 필요가 탈락하고 소가 각하되어야 하는 경우를 '소멸형'이라 하며, 처분 등의 효과가 소멸한 뒤에도 권리보호의 필요가 남아있는 경우를 '존속형'이라 한다.
전통적 소익이론이 위와 같이 소익에 관한 판단 기준을 권리구제에 따른 이익의 존부에 두고 있다는 점에서 '이익형'이라면, 새롭게 등장하는 소익이론은 이익의 탈락을 검토하지 않고 처분의 구조나 법적 성질, 처분상호간의 관계 등 논리에 기준을 맞춘다. '논리형' 소익이론은 본처분과 변경처분 등 연속하는 처분관계에서 대법원이 흡수론을 채택하는 과정에서 발전된 것으로 보인다. 이와 함께 종국처분이론, 강학상 인가에 관하여도 '논리형' 소익이론을 원용하고 있다.
논리형 소익이론은 재건축 · 재개발소송이 빈발하는 과정에서 과도한 소송으로부터 법원의 부담을 경감하기 위해서, 또는 부담스러운 취소판결이나 무효판결을 회피하기 위해서 채택된 것들이다. 그러나 권리보호의 필요는 존재하지만 논리적 필요에 따라 소익을 부인하는 것은 국민의 재판청구권을 너무 쉽게 부정하는 결과로 이어질 수 있다. 흡수론은 원칙적으로 포기되는 방향으로 정리되어야 하며, 종국처분이론도 매우 제한적으로 인정되어야 한다. 처분에 대한 행정청의 심사가 구체적이고 광범위하면 이를 강학상 인가로 인정하는 것도 신중해야 한다.

〈소익이론의 구조〉

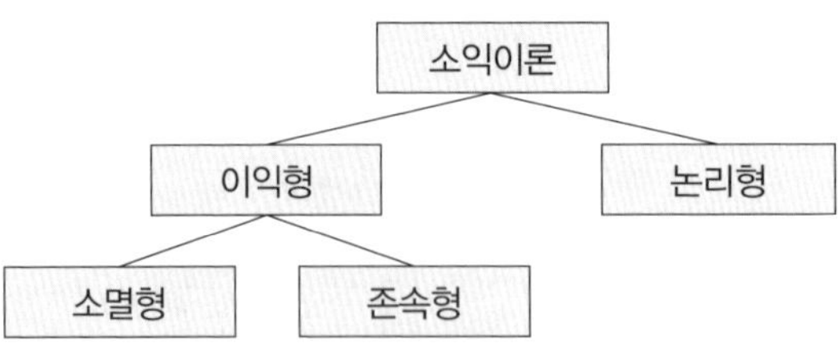

제15장 행정행위의 부관

도입사례 15-1

11채의 연립주택을 건축하고자 하는 갑은, 현재 이웃 토지와 사이에 설치된 담장이 경계선에서 갑의 토지 쪽으로 침범되어 있으므로 이를 철거하라는 조건으로 건축허가를 발급받았다. 갑은 이를 이행하지 않은 채 건물에 대한 공사만을 완료하고 사용승인을 신청하였지만, 행정청은 조건을 이행하지 않았다는 이유로 사용승인을 거부하였다. 건축허가에 부가된 부관은 어떤 기능을 하는 것인가 생각해 보라. 또 갑은 소송에서 이길 수 있을까?

I 부관의 의의

부관이란 행정행위의 효과를 제한하거나 처분의 상대방에게 부가적인 의무를 부과하기 위해 본체인 행정행위에 붙이는 종된 규율을 말한다. 실무상 부관을 부가하는 행정청은 행정처분을 하는 문서의 내용에 '조건'이라는 명칭으로 상대방의 다양한 의무를 정하거나 또는 처분의 효과를 제한하는 내용의 문장들을 삽입한다.

행정행위의 부관은 조건, 기한과 같이 행정행위에 포함되어 별도의 처분이 되지 않는 것들과 부담처럼 독립해서 취소소송의 대상이 될 수 있는 부관으로 나뉘고, 특히 후자의 경우에 행정소송과 민사소송에서 다양한 법적 쟁점을 불러온다. 행정법에 있어 부관에 대한 논의는 주로 부담에 집중되므로 부담의 개념과 이를 둘러싼 소송의 유형들을 잘 이해하는 것이 가장 중요하다.

행정행위의 부관은 행정행위를 단순하게 거부하는 대신 상대방이 원하는 처분을 발급할 수 있다는 점에서 국민에게 유리한 탄력적 행정을 가능하게 한다. 그러나 부관은 보통 처분의 상대방에게 불리하게 작용하므로 이를 통제하기 위한 부관이론이 전개되어 왔다.

부관은 '수익적 행정행위의 발급'과정에서 행정청이 개발이익을 환수하거나 기타 공익목적을 달성하기 위해서 본처분에 부가하는 것이 일반적이다. 그 중에서도 부담은 상대방에게 특권적 처분이 발급될 때, 그에 부가해서 상대방에게 불이익이 되는 하명을 말한다. 이 경우 본체인 처분은 수익적이지만, 부관이 붙어 그만큼 불리한 것이 되므로 상대방의 입장에서는 본체인 처분을 그대로 두고 부관만을 다투는 방안을 찾게 된다.

Ⅱ 부관의 종류(제1회, 제2회 변호사시험)

부관에는 부담, 조건, 기한, 철회권유보, 법률효과의 일부배제 등이 있다. 다만 각각의 개념이 서로간에 배타적으로 구분되는 것은 아니며, 특정한 부관이 어떠한 유형에 속하는지는 구체적인 사실관계의 해석을 통해 도출된다. 나아가 하나의 부관이 여러 유형의 성격을 동시에 띨 수도 있다는 점에 유의해야 한다.

1. 부 담

부담이란 행정행위의 주된 내용에 부가하여 상대방에게 작위, 부작위, 급부, 수인 의무 등을 명하는 종된 규율을 말한다. 본체인 처분에 부가된 것이지만, 다른 부관들에 비하면 나름대로 상대적 독립성이 있다. 대체로 특허 또는 재량행위에 부담이 많이 붙는데, 예컨대 도로점용허가와 점용료, 국유재산 사용수익허가와 사용료, 주택건설사업승인과 진입도로의 기부채납, 토지형질변경허가와 토지일부의 기부채납 등이 대표적이다.

다른 여타 부관들은 종된 규율로서 독립성이 없어 독립쟁송 가능성이 없는 것에 비하여, 부담은 종된 규율이면서도 독립해서 처분성이 인정된다. 즉, 부담은 별도의 처분이며 독립해서 취소소송의 대상이 되고, 제소기간의 제한을 받으며, 공정력도 발생한다. 특히 부담의 공정력은 민사소송에서 선결문제가 되는 경우가 많지만, 정확하게 인식되지 않는 경우도 적지 않다.

2. 조 건

조건이란 장래발생여부가 불확실한 사실을 말하고, 이러한 조건에 행정행위의 효력을 의존시키면 조건부 행정행위라 부른다. 행정법관계는 법적 안정성과 예측가능성을 중시하고 법률관계를 조기에 확정하려는 경향이 있으므로 조건부 행정행위는 쉽게 발급되지 않는다. 조건은 정지조건과 해제조건으로 나뉜다. 조건의 예로는 전쟁의 발발을 조건으로 하는 징발처분, 도로개설을 조건으로 내려지는 철거명령 등을 상정해 볼 수 있다.

3. 기 한

기한은 행정행위의 효력을 장래의 발생 여부가 확실한 사실에 의존시키는 종된 규율을 말한다. 기한은 시기와 종기, 확정기한과 불확정기한 등으로 나뉘며, 시기와 종기를 결합하여 일종의 기간과 유사하게 운영되기도 한다. 그러므로 행정행위의 부관으로서 기한은 기간과 거의 구별되지 않고 사용된다. 기한의 예로는 종기가 정해진 여권, 종기가 정해진 운전면허, 기간이 정해진 도로점용허가 등이 있다.

4. 철회권 유보

철회권의 유보란 행정행위에 부가해서 장래 일정한 사유가 발생하면 철회권을 행사할 수 있음을 유보하는 종된 규율을 말한다. 법령의 규정에 의해 직접 부가된 부관은 통상 철회권 유보로 보이지만, 법정부관[141]이고 철회권유보가 아니다. 예컨대 운전면허증 뒷면에 "음주운전 시 면허가 취소될 수 있다"라고 부가된 경우, 이는 도로교통법 자체가 정하고 있는 운전면허 취소사유이므로 법정 부관이지, 여기서 말하는 전형적인 철회권 유보는 아니다. 철회권 유보는 부담에 중첩되어, 부담이 이행되지 않으면 직권취소할 수 있다는 내용의 부관이 붙는 경우도 있다.

참고판례 대법원 2003. 5. 30 선고 2003다6422 판결.

행정청이 종교단체에 대하여 기본재산 전환인가를 함에 있어 인가조건을 부가하고 그 불이행시 인가를 취소할 수 있도록 한 경우, 인가조건의 의미는 철회권을 유보한 것이라고 본 판례

철회권 유보에 근거해서 철회하는 경우에도 후술하는 철회의 제한이론인 이익형량의 원칙이 적용된다(16-II-6 참조). 다만 신뢰보호의 원칙이 배제될 가능성이 높고, 신뢰보호에 근거한 손실보상도 원칙적으로 부정된다.

5. 법률효과의 일부배제

법률효과의 일부배제란 본체인 행정처분의 법적 효과를 일부 제한하거나 배제하는 종된 규율을 말한다. 법률효과의 일부배제를 부관으로 분류하지만, 이는 행정처분의 내용을 구성하기도 하므로 부관으로 이해할 것인지에 대해 의문이 있을 수 있다. 대체로 법률효과를 일부 배제하는 범위가 좁으면 부관으로 분류할 수 있지만, 범위가 크면 행정행위의 내용 그 자체로 해석될 수도 있다. 예컨대 개인택시면허를 내어주며 격일제 운행을 내용으로 하는 경우 등을 법률효과의 일부배제로 볼 수 있다.

---

141) 법정부관이란 외관상 부관처럼 보이지만, 이미 법령에서 이를 조건으로 정해놓은 것이라 부관을 붙이는 것이 별도의 의미를 갖지 못하는 (확인적 성격의)부관을 말한다.

Ⅲ 부관의 한계(제1회, 제5회 변호사시험)

1. 부관의 한계일반

부관이 허용되는 경우라 해도 다음과 같은 원칙에 위반한 부관은 위법한 것이라는 판단을 받을 수 있다. 다만 그 위법의 주장방법은 부관의 종류에 따라 다르게 나타날 수 있다.

(1) 법률의 취지

부관은 개별적인 처분을 보조해서 그 처분의 근거가 되는 법률의 제정목적에 봉사해야 하는 것이므로, 법률이 정한 규정이나 법률의 취지에 반할 수 없다.

(2) 본처분과의 관계

부관은 본처분에 종속적인 것이므로 본처분의 목적에 반하거나 본처분의 내용보다 더 큰 것을 내용으로 할 수 없다. 또한 부관은 본체인 행정행위와 실체적 관련성이 있어야 한다(부당결부금지원칙[142]).

(3) 법의 일반원칙

부관도 행정법의 일반원칙인 비례원칙, 평등원칙 등에 반하면 위법하게 된다.[143]

2. 준법률행위적 행정행위

부관은 '행정행위의 효과를 제한하기 위해 주된 의사표시에 부과된 종된 의사표시'이지만, 준법률행위적 행정행위에는 행정청의 의사표시가 없는 것이므로 준법률행위적 행정행위에는 부관을 붙일 수 없는 것으로 이해하는 것이 전통적인 견해였다.[144] 그러나 처분은 행정청의 의사표시에 의해 효력을

142) 대법원 1997. 3. 11. 선고 96다49650 판결 등.
143) 대법원 1997. 3. 14. 선고 96누16698 판결 등.

발생하는 것이 아니고, 처분의 법적 효과는 개별법률에 근거한 것이므로 준법률행위적 행정행위도 부관을 붙이는 것이 불가능하지 않다. 개별 처분에 대한 효과를 일부 보충, 변경하는 종된 규율을 붙일 수 있기 때문이다. 실무상으로도 여권과 같은 공증에 유효기간이 정해지는 등 많은 예들을 발견할 수 있다.

다만 준법률행위적 행정행위에 대해 부관을 붙이는 것은 전형적인 (법률행위적)행정행위에 비해 드물고 예외적이라는 점은 유의해야 한다. 상대적으로 부관을 붙이기에 법적 효과가 제한적인 경우가 많고 행정청이 다양하게 종된 규율을 붙이기에도 부적합하기 때문이다.

3. 기속행위

(1) 원 칙

기속행위는 법이 정한 요건이 충족된 경우 반드시 발급해야 하는 행위이므로 요건이 충족되면 발급해야 할 뿐, 이에 부관을 붙이면 위법이 된다. 따라서 기속행위는 개념과 성격상 부관이 부가될 수 없고 부관이 부가되어도 무효라고 해석된다. 특히 실무상 대표적인 기속행위로 분류되는 건축허가에 대해서는 대법원이 일관되게 이러한 법리를 반복적으로 선언해왔다.

참고 건축허가와 부관에 대한 판례의 표현

판례가 건축허가와 부관에 대해 반복적으로 채택하고 있는 문구는 다음과 같다.

1. "건축허가는 기속행위로 법률이 정한 요건이 충족되면 반드시 발급해야 하며, 법률이 정하지 않은 사유인 인근주민의 반대, 풍기문란의 우려 등을 이유로 거부할 수 없다."
2. "건축허가는 기속행위로 부관을 붙일 수 없고, 부관이 붙은 경우에도 무효이다."
3. "건축허가에 붙은 부관은 무효이므로 이를 이행하지 않았다는 이유로 사용승인을 거부할 수 없다."

기속행위에 부관을 붙이면 무효라는 원칙이 상당히 강력한 것임에도 불구하고 실제 식품위생법상의 영업허가와 같은 기속행위에도 조건이라는 명

144) 김동희 · 최계영, 행정법 I, 313면 참고; 김철용, 행정법, 261면.

칭의 부관이 붙는 경우가 적지 않으므로 이는 실무에서 항상 관철되는 것은 아니라는 점에 유의해야 한다.

주요판례 대법원 1995. 6. 13 선고 94다56883 판결.[145)]

건축허가는 기속행위이므로 이에 붙인 부담은 당연무효이지만, 부담이 무효라는 점은 부담의 이행으로 한 증여계약에서 표시되지 않은 동기의 착오이므로 취소할 수 없다고 본 판례.

(2) 예 외

요건부관이란 법률이 정하고 있는 요건이 결여된 경우, 그 요건을 충족하기 위해 붙이는 부관을 의미한다(통상 법률요건 충족적 부관이라 부르며 이 책에서만 요건부관이라 하므로 유의할 것). 원칙적으로 기속행위에 대한 부관은 금지되지만, 비록 기속행위라고 해도 요건부관은 허용된다고 하는 것이 통설이다[146)]. 재량행위의 발급요건 중 일부가 결여된 경우에도 행정청은 이 요건을 충족시키기 위해 요건부관을 붙이는 경우가 적지 않다. 예컨대 진입도로가 없는 주택단지에 대해 도로개설의 부담을 부과하면서 사업승인을 하는 경우 등이 대표적이다.

4. 사후부관(제5회 변호사시험)

행정행위가 발급된 이후의 일정시점에 발하는 부관을 행정행위보다 사후에 발급된다는 점에 착안하여 사후부관이라 한다. 일반적으로 행정행위에 부관을 붙이는 시점은 행정행위의 발급 시이고, 사후에 부관이 발급되면 국민의 입장에서 불의타가 될 수 있으므로 허용되기 어렵다.

사후부관을 인정할 것인가에 대해 학설이 나뉜다. 사후부관을 전적으로 부인하는 견해와 사후부관은 안 되는 것이 원칙이나 법령상 근거가 있거나 상대방의 동의, 사정변경 등 상당한 사유가 있으면 허용된다는 견해가 있

145) 대법원 1995. 6. 13. 선고 94다56883 판결의 평석으로 박정훈, 행정법의 체계와 방법론, 283-318면(제7장 기부채납부담과 의사표시의 착오)를 참고할 것.
146) 김동희·최계영, 행정법 I, 314면; 김철용, 행정법, 262면 등.

다. 대법원은 사후부관을 붙일 만한 사정변경이 있는 경우에는 사후부관도 위법하지 않은 것으로 인정하고 있다[147].

Ⅳ 부관의 독립쟁송가능성: 소송요건의 문제(제1회 변호사시험)

1. 부관의 독립쟁송가능성의 의의

부관의 독립쟁송가능성문제는 부관이 행정행위로부터 독립해서 독자적으로 취소소송의 대상이 될 수 있는지, 이 때 소송의 형태는 어떠한 것인지의 문제이다. 만약 부관이 본체인 행정행위로부터 독립해서 취소소송의 대상이 되면 독자적인 처분성이 인정되는 것이고, 그렇지 않으면 행정행위의 일부를 구성하는 것으로 이해된다. 만약 독자적인 처분성이 인정되면 본체인 행정행위는 그대로 둔 채 부관만을 취소소송의 대상으로 삼는 것이 허용된다. 수익적 행정행위에 부가된 부관의 경우 부관에만 침익적인 성격이 있으므로, 본체인 행정행위의 효력을 훼손함이 없이 부관만에 대한 취소소송을 제기하는 것이 상대방의 입장에서는 유리하다. 본체인 행정행위까지 취소소송의 대상으로 하면 승소를 위해 수익적 처분 그 자체도 판결에 의해 취소될 수 있기 때문이다.

2. 통설과 판례

통설과 판례는 부담과 기타 부관을 구별해서 독립쟁송가능성을 다르게 보고 있다.

(1) 부담의 독립쟁송가능성 인정

통설과 판례는 부담에 대해서는 독립쟁송가능성을 인정하고, 부담에 대한 독립 취소소송이 인정된다고 본다. 부담은 본체인 행정행위에 부가해서 처분의 상대방에게 별도의 의무를 부가하는 것이므로, 본체인 행정행위와

---

147) 대법원 1997. 5. 30. 선고 97누2627 판결.

별도로 독립된 규율을 갖는다고 이해하는 것이다. 만약 부담에 대해 독립쟁송가능성이 인정되면 공정력도 인정되고, 민사소송에서 선결문제로 중요한 역할을 할 수 있다. 물론 부담부 행정행위인 경우에는 부담을 포함해서 본체인 행정행위에 대한 취소소송도 허용된다.

(2) 기타 부관의 독립쟁송가능성 부인

부담을 제외한 조건, 기한 등의 부관에 대해서는 독립쟁송가능성을 부정하는 것이 통설과 판례의 입장이다. 이러한 유형의 부관은 본체인 행정처분으로부터 분리하면 독립된 규율로 성립될 수 없다는 것이 이유이다. 그러므로 이러한 부관들에 대해서는 부관을 포함한 행정행위 전체에 대한 취소소송만이 허용된다.

예컨대 기간을 정한 도로점용허가가 발급된 경우라면 기한부 도로점용허가 전체를 취소해달라는 소송을 해야 한다. 기간만을 분리해서 취소소송의 대상으로 삼으면 소가 각하되며, 이로 인해 제소기간이 지나면 점용허가에 대한 취소소송을 할 수 없다.

주요판례 대법원 1985. 7. 9 선고 84누604 판결.

일정 기간 동안 지하도로 내 상가를 무상점용하기로 하는 명시적 계약이 행정청과 상대방 사이에 체결되었을 때, 무상점용 기간을 단축하는 내용의 부관을 붙인 것은 약정에 위배되어 위법하다고 본 판례.

주요판례 대법원 2001. 6. 15 선고 99두509 판결.

사용·수익허가의 기간을 정하는 부관의 처분성을 부인하여 독립쟁송가능성을 부정한 판례.

주요판례 대법원 1992. 1. 21 선고 91누1264 판결.

부담의 독립쟁송가능성은 인정하면서도 수토대금납부고지행위는 행정처분이 아니라고 보아, 수토대금부과처분의 취소소송을 각하한 판례.

V 부관의 독립취소가능성: 본안판단의 문제

1. 독립취소가능성의 의의

부관에 대해 이견이 있어 제기된 행정소송의 '본안'에서 행정행위를 그대로 둔 채 부관만을 취소하는 판결을 내릴 수 있는가의 문제를 독립취소가능성의 문제라 한다. 이는 본안문제라는 점에서 소송요건문제인 부관의 독립쟁송가능성과는 차원이 다른 문제이다.

부관에 대해 불만을 제기해서 소송을 하는 경우는 부관의 독립쟁성가능성에 대한 통설과 판례에 의할 때 첫째, 부담만에 대한 취소소송, 둘째, 부담과 본체인 행정행위 모두에 대한 취소소송, 셋째, 부담을 제외한 기타 부관이 붙은 행정행위에 대한 취소소송의 세 가지 유형으로 분류된다. 이 세 유형의 소송에서 공히 법원이 부관이 잘못된 것이라는 결론에 이르렀을 때 행정행위로부터 분리해서 부관만을 취소할 수 있는가에 대해 견해대립이 있다.

‖ 부관에 대한 소송의 유형 ‖

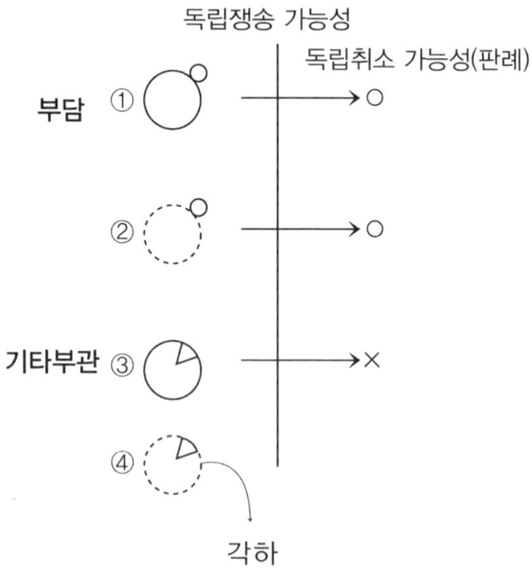

2. 학 설

(1) 독립취소 인정설

인정설은 부관이 행정행위의 중요한 요소가 아닌 가분적인 것이면 부담과 기타 부관을 가리지 않고 독립해서 취소할 수 있다는 견해이다.

(2) 기속행위와 재량행위 구별설

기속행위와 재량행위 구별설은 기속행위만 부관의 독립취소를 인정하고, 재량행위는 부관의 독립취소를 허용하지 않는 것으로 이해하는 견해이다.[148] 재량행위에 붙은 부관을 법원이 본체인 행정행위와 분리해서 취소하면 재량행사의 취지가 몰각될 수 있기 때문에 재량행위인 경우에는 본체인 행정행위를 같이 취소해야 한다고 주장한다.

현실적으로 부담은 대체로 재량행위에 부가되므로, 이 학설에 따르면 결국 부담의 처분성을 인정하여 독립쟁송가능성을 열어두어도 원고의 승소가능성이 없어진다. 따라서 국민의 권리구제에 미흡하게 된다는 문제점이 있다.

3. 판 례

판례에 따르면 부담은 독립해서 취소소송의 대상이 되고, 독립취소가능성도 있다.[149] 그러나 기타 부관의 경우에는 독립취소가능성도 부인하고 본체인 행정처분 전체를 취소하는 것을 원칙으로 한다.[150]

4. 결 론

행정행위의 부관 중에서 부담은 항상 독립취소 가능한 것으로 보아야 하고, 기타 부관은 개별적으로 판단하는 것이 옳다. 부담은 독립해서 취소

148) 김동희 · 최계영, 행정법 I, 320면.

149) 대법원 1993. 10. 8. 선고 93누2032 판결, 대법원 1994. 1. 25. 선고 93누13537 판결 등.

150) 대법원 1985. 7. 9. 선고 84누604 판결.

소송의 대상으로 인정하는 이상 그에 대한 승소가능성이 전제되어야 독립쟁송가능성을 인정하는 실익이 있다. 만약 부담에 대해서도 독립취소를 불허하면 부담만에 대해 독립해서 제기되는 취소소송은 소의 이익이 없어 각하되어야 한다. 부담은 취소소송의 대상이 부담에 대한 것이든 전체 처분에 대한 것이든 부담만 취소 가능하다.

기타 부관은 본처분과 부관의 관계에 따라 개별적으로 판단해야 하고, 경우에 따라 부관만 취소하는 것도 가능하다고 할 것이다. 부관이 반드시 재량행사와 불가분적으로 결합되어 본체인 행정행위의 본질적 요소가 되는 경우는 오히려 드물고, 부관만을 취소해도 행정청은 전체를 직권취소할 수 있는 권한이 있으므로 법원이 행정청의 편의를 고려해서 판단할 필요는 없다.

도입사례 15-1의 해결

우선 담장 철거 부관의 법적 성격이 부담인지, 조건이나 철회권의 유보인지를 따진 후, 독립쟁송 가능성과 독립취소 가능성을 따져야 할 것이다. 대법원 2000. 2. 11. 선고 98누7527 판결을 참고하라. 판례와 달리 이 책의 입장은 당해 부관이 요건부관이며 성질은 부담이고 위법하지 않다는 것이다.

주요 키워드 부관, 부관의 독립쟁송 가능성, 부관의 독립취소 가능성

주요판례 대법원 1999. 5. 25 선고 98다53134 판결.

토지형질변경행위허가에 붙은 기부채납의 부관에 따라 토지를 기부채납한 경우, 기부채납의 부관이 당연무효이거나 취소되지 않은 상태에서 그 부관으로 인하여 증여계약의 중요 부분에 착오가 있음을 이유로 증여계약을 취소할 수 없다고 본 판례.

※ 이 판례에 대한 평석으로 김종보, 토지형질변경허가의 법적 성질, 행정판례연구 제11집, 2006. 6. 10. 383-421면을 참조.

제16장 직권취소와 철회

행정행위의 직권취소와 철회는 체계상 행정행위의 하자이론에 속하는 것으로 분류되지만, 다른 한편 의무위반자에 대한 불이익제재라는 측면도 공유한다. 실무적으로는 오히려 후자의 비중이 더 높다고 보아야 하고, 따라서 후술하는 행정강제와의 관계도 충분히 고려하면서 내용을 숙지해야 한다.

I 직권취소

1. 직권취소의 의의

(1) 직권취소의 개념과 특징

행정행위 취소의 뜻은 협의, 광의로 나누어 볼 수 있으며, 협의로는 직권취소, 광의로는 직권취소와 쟁송취소를 뜻한다. 여기서 말하는 취소는 직권취소 즉 협의의 취소를 의미하는 것이나, 직권취소는 그 자체가 또 하나의 행정행위라는 점에 유의해야 한다.

직권취소란 일단 유효하게 성립된 행정행위에 대해 성립상 하자를 이유로 권한 있는 행정청이 그 효력을 소급해서 소멸시키는 독립한 행정행위를 말한다. 이는 행정청의 직권에 의한 불이익처분으로, 이미 발급된 원(元)행정처분이 있을 것을 전제로 한다.

(2) 쟁송취소와 비교

직권취소에 대응하는 개념은 신청에 의한 취소일 것이지만, 취소의 신청은 소송을 제기한다는 의미로도 해석되어 쟁송취소로 연결된다. 쟁송취소도 행정심판에 의한 취소와 법원에 의한 취소를 포함하지만, 이하에서 쟁송취소는 통상 법원에 의한 취소를 의미하는 것으로 이해하면 된다.

직권취소와 쟁송취소는 취소사유가 성립 당시에 존재하는 하자이고, 그 하자에 의하여 행정행위의 효력이 상실된다는 공통점을 가지고 있다. 그러나 양자는 취소권자, 취소절차, 소급효 등에서 차이를 보인다. 공정력의 개념을 설명할 때 "권한 있는 기관에 의해 취소되지 않는 한" 이라는 표현이 있는데, 권한 있는 기관은 쟁송취소에서는 법원, 직권취소에서는 처분청(또는 감독청)을 의미한다.

(3) 철회 및 무효선언

직권취소와 비교되는 개념으로 철회와 무효선언이 있다. 철회는 행정행위가 성립한 이후에 사정변경에 의해 행정행위의 효력을 장래를 향하여 소멸시키는 것이고, 무효선언은 행정청이 직권으로 처분이 무효임을 확인하는 것이다.

철회는 성립당시의 하자와 무관하게 후발적인 사유에 의해 행정행위의 효력을 소멸시키는 것으로 소급효가 없는 것이 원칙이라는 점에서 직권취소와 다르다. 무효선언은 행정청이 법률관계를 명확하기 위해 직권으로 무효를 선언하는 것인데, 실무에서는 무효를 확인하는 의미에서 직권취소를 하는 경우가 적지 않다.

2. 직권취소의 근거

행정행위의 직권취소를 위해 당해 행정행위의 법적 근거 이외에 별도로 직권취소를 수권하는 근거조문이 있어야 하는가에 대해 견해가 대립하고 있다.[151]

151) 행정기본법 제18조 제1항에 행정행위의 직권취소에 관한 규정을 두고 있다. "행정청은 위법 또는 부당한 처분의 전부나 일부를 소급하여 취소할 수 있다. 다만, 당사자의 신뢰를 보호할 가치가 있는 등 정당한 사유가 있는 경우에는 장래를 향하여 취소할 수 있다."

(1) 제한적 필요설

직권취소는 취소되는 행정행위와 별도의 행정작용이고, 수익적 행정행위를 취소하는 것은 침익적 행정행위이므로(침해유보설의 관점), 수익적 행정행위의 직권취소는 법적근거가 필요하다고 보는 견해이다.

(2) 법적근거 불요설(통설, 판례)

처분청의 직권취소에는 별도의 법적 근거가 불필요하다고 보는 견해이다. ① 직권취소는 이미 존재하는 하나의 처분이 있고, 그 처분을 유지 · 소멸할 것인가의 문제이므로, 행정청의 처분권 속에는 취소권이 당연 포함되며, ② 법적합성 원칙에 비추어 처분청은 적법성을 회복할 권한 · 의무가 있고[152], ③ 실제로는 개별법의 보칙조항에 취소의 근거조문이 마련되어 있어 취소권의 근거가 문제되는 실례는 적다는 것을 그 논거로 삼는다.

3. 감독청의 취소권(주체의 하자 관련)

감독청이 하급행정청의 행정행위를 직접 취소할 수 있는가에 대해 부정설과 긍정설이 대립하고 있다.

(1) 부정설

부정설은 감독청이 처분청의 행정행위를 직권취소하기 위해서는 별도의 법적 근거가 필요하다는 견해이다. 감독청의 감독권한은 행정내부적인 통제를 목적으로 설계된 것이고, 대국민적 직접효를 인정하기 어려우며 직권취소는 적법성 보장을 위해 하자를 보정하기 위한 것이라는 점을 근거로 삼는다. 부정설의 입장에서 보면 지방자치법 제169조의 감독청의 취소권을 명문으로 인정하는 조항은 창설적 성격을 갖는다.

(2) 긍정설

긍정설은 감독청의 직권취소는 별도의 법적 근거가 필요 없다는 견해이

152) 대법원 1986. 2. 25. 선고 85누664 판결.

다. 법치주의 원칙상 적법성을 감시할 의무가 상급행정청에게 있으므로 감독의 목적 달성을 위해 당연히 취소권을 갖는다는 점을 논거로 삼는다. 긍정설에 따르면, 지방자치법 등에서 감독청의 취소권을 명문으로 인정한 것은 확인적 성격을 갖는다.

(3) 소 결

> **참고 지방자치법 제169조**
>
> **제169조(위법 · 부당한 명령 · 처분의 시정)** ① 지방자치단체의 사무에 관한 그 장의 명령이나 처분이 법령에 위반되거나 현저히 부당하여 공익을 해친다고 인정되면 시 · 도에 대하여는 주무부장관이, 시 · 군 및 자치구에 대하여는 시 · 도지사가 기간을 정하여 서면으로 시정할 것을 명하고, 그 기간에 이행하지 아니하면 이를 취소하거나 정지할 수 있다. 이 경우 자치사무에 관한 명령이나 처분에 대하여는 법령을 위반하는 것에 한한다. ② (생략)

이 조항은 감독청의 취소권한을 정하고는 있지만 행사요건을 상당히 제한적으로 정하고 있다. 이는 법적 근거가 없는 상태에서 감독청이 직권취소를 하는 것은 쉽지 않다는 것을 잘 보여준다. 이 조항에 의해 감독청의 직권취소에 법적 근거가 필요한 것인가에 대한 논쟁은 사실상 큰 의미를 잃게 되었다. 감독청 직권취소의 법적 근거에 대한 논쟁은 주로 국가의 자치단체에 대한 감독관계 또는 광역자치단체의 기초자치단체에 대한 감독관계에서 생기는 것이기 때문이다.

4. 취소사유

행정행위에 성립당시부터 하자(위법 또는 부당)가 있으면 취소의 사유가 된다. 일반적인 학설은 무효사유의 경우에는 직권취소할 수 없는 것처럼 설명하고 있지만, 이는 이론상 그렇다는 것이고, 행정청이 행정행위를 무효라고 인식하는 경우에도 처분의 외관을 소멸시키고 싶을 때 직권취소할 수 있다.

5. 수익적 행정행위의 취소제한

(1) 개 관

행정청으로 하여금 스스로 위법성을 시정할 권한을 주는 것은 직권취소의 장점이다. 그러나 상대방의 입장에서는 직권취소로 인해 기성의 권리를 잃게 되는 불이익을 당하게 되므로, 직권취소에 대해서는 취소권을 제한하거나 취소의 소급효를 제한하기 위한 법리가 발달해왔고 이는 최근 입법된 행정기본법에 반영되었다.[153]

상대적으로 침익적 처분의 취소는 자유롭게 가능하다고 보지만, 법률상 이해관계가 있는 제3자가 있거나(복효적) 공익에 현저히 반하는 경우에는 역시 직권취소가 제한될 수 있다.[154]

(2) 법적 안정성 또는 신뢰보호원칙에 의한 제한

수익적 처분은 처분의 상대방에게 이익을 주는 처분으로 처분의 공정력 등에 의해 상대방에게 보장된 법적 지위가 보호되어야 할 필요가 있다. 취소권의 행사는 신뢰보호의 원칙에 의해서도 제한될 수 있다. 이렇게 수익적 처분에 의해 보장된 상대방의 지위 또는 특권은 다시 존속보장과 가치보장의 2가지 방식으로 보호될 수 있다.

1) 존속보장

이미 발급된 수익적 처분의 상대방이 기득권에 가까운 지위를 누리고 이를 통해 존속보장이 요청되는 경우에 직권취소 자체가 제한될 수 있다. 공무원으로 임용한 후 오랜 기간이 지나 임용결격사유가 발견되거나 생활보호대상자로 지정된 후 경미한 요건이 불비한 자라는 점이 밝혀진 경우에

---

153) 행정기본법 제18조 제2항. "행정청은 제1항에 따라 당사자에게 권리나 이익을 부여하는 처분을 취소하려는 경우에는 취소로 인하여 당사자가 입게 될 불이익을 취소로 달성되는 공익과 비교·형량(衡量)하여야 한다. 다만, 다음 각 호의 어느 하나에 해당하는 경우에는 그러하지 아니하다.
1. 거짓이나 그 밖의 부정한 방법으로 처분을 받은 경우
2. 당사자가 처분의 위법성을 알고 있었거나 중대한 과실로 알지 못한 경우"

154) 대법원 2006. 5. 25. 선고 2003두4669 판결 등.

직권취소를 제한하는 것이 이에 해당한다.

2) 가치보장

직권취소의 제한은 손실보상을 전제로 직권취소가 가능해지는 가치보장의 문제와도 연결된다. 예컨대 처분으로 인해 수익적 지위를 누리던 자에 대해 처분을 직권취소하는 것은 가능하지만, 그 자에 대해 정당한 보상이 요청될 수 있다.

영업허가가 직권취소되는 경우 손실보상이 이루어지면 이는 전형적인 가치보장이라 해석할 수 있다. 그러나 우리의 실무상 이러한 손실보상은 상정되기 어렵다. 가치보장은 소급효를 제한해서 이미 지급된 일부의 가치를 환수하지 않는다는 의미를 갖기도 한다.

6. 취소의 취소

행정행위에 대한 직권취소 자체를 다시 직권취소할 수 있는가에 대해 견해의 대립이 있다.

(1) 적극설(다수설)

적극설은 직권취소 자체를 다시 직권취소할 수 있다고 본다.[155] 그 근거로 ① 국민의 권리를 보호할 필요가 있다는 점, ② 위법한 취소행위에 불가변력을 인정하는 것이 부당하고, 이를 존속시키는 것이 옳지 않다는 점, ③ 그리고 직권취소도 독립된 행정행위이므로 하자 일반이론에 따라 다시 취소 대상이 된다는 점을 들고 있다.

(2) 소극설

소극설은 직권취소 자체를 다시 직권취소할 수 없다고 본다. 명문의 규정이 없는 한, 취소로 소멸된 원행정행위를 다시 소생시킬 수 없다고 보는 것이다.

155) 김동희 · 최계영, 행정법 I, 369면; 김철용, 행정법, 316면

(3) 절충설

절충설은 취소의 취소가 수익적 행정행위이면 취소의 취소를 인정, 침익적 행정행위이면 취소의 취소를 불인정하자는 견해이다.

(4) 판 례

판례는 취소의 취소를 부정하는 견해를 취하기도 하고, 이를 긍정하기도 해 일관성을 보이지 않는다.

(5) 검 토

직권취소가 행정행위인 것처럼 직권취소의 취소도 역시 행정행위이다. 직권취소라는 처분에는 불가변력이 인정되지 않으므로 원칙적으로는 취소의 취소도 가능하다고 보아야 한다. 직권취소도 행정행위이므로 무효일 수 있고, 무효라면 취소된 행정행위는 존속하는 것으로 해석된다.

참고 직권취소와 쟁송취소의 구별

직권취소와 쟁송취소의 구별은 행정행위의 취소 개념을 정립하는 데 도움이 된다.

	직권취소	쟁송취소
취소권자	행정청	법원 또는 재결청
	감독청이 취소권자인지 논란 있음	
취소의 목적	적법성 보장이 제1목적	권리구제가 제1목적
	직권취소에도 권리구제라는 측면이 있고, 쟁송취소에도 적법성 통제라는 목적이 병존하지만 그 주된 초점이 다르다는 의미일 뿐이다. 직권취소는 또 하나의 새로운 행정작용이라는 측면이 있으므로 공익목적이라는 일반적 행정목적을 위한 것이지만, 쟁송취소는 소급적인 권리구제라는 측면이 더 부각된다.	
취소의 절차	행정절차법	행정소송법, 행정심판법
	절차가 문제되는 경우는 통상 수익적 행정처분을 취소하는 경우. 취소 그 자체가 침익적 행정행위로서의 성격을 갖기 때문	
(주된) 취소의 대상	수익적 행정행위	침익적 행정행위
	수익/침익적 행정행위가 모두 직권취소의 대상이 되지만 문제되는 경우가 수익적 행정행위라는 의미	취소소송의 원고에게 처분은 항상 침익적이다.
취소의 내용(적극적 변경)	처분의 적극적 변경 가능	적극적 변경 불가
취소기간	실권의 경우(신뢰보호원칙과 관련됨)를 제외하고는 취소기간의 제한이 없다.	제소기간의 제한이 있다. 엄밀하게는 취소청구기간만 제한되고, 소가 제기된 이상 행정행위가 발급 후 3,4년이 지나도 취소할 수 있으므로 취소기간의 제한은 아니다.
소급효	쟁송취소만큼 강력한 소급효가 인정되기 어렵다.	소급효 인정

Ⅱ 행정행위의 철회

도입사례 16-1

A시는 전(前) 시장의 과도한 개인택시면허의 남발로 택시기사들의 생계가 어려운 처지에 놓이게 되었다. 그에 더해 인근 B시에 주변지역의 인구를 흡수하는 산업이 발달해서 A시의 인구가 급격히 감소하고 있다. 상급자치단체인 B도지사는 A시에 대한 정기감사 과정에서 문제가 심각하다고 인식하고 A시에서 개인택시사업을 하고 있는 갑의 택시면허를 취소하였다. B도지사에 의한 택시면허 취소에 대해 갑이 행정소송으로 다툴 수 있는가?

1. 의 의

철회란 성립당시에 하자가 없이 유효하게 성립된 행정행위를 의무위반, 사정변경 등의 후발적 사유에 의해 행정청이 장래를 향해 소멸시키는 행정행위를 말한다. 통상 직권취소와 대조하기 위해 철회를 설명하지만, 실무에서 가장 일반적으로 보이는 철회는 의무위반에 의한 면허취소, 영업취소 등 행정제재적 성격이 강한 철회이다. 그 외 사정변경에 의해 더 이상 행정처분의 효력을 유지할 수 없을 때에도 철회권이 행사된다.

행정행위의 철회는 행정강제와 긴밀하게 관련된다. 직권취소는 발급되어서는 안 될 처분이 발급되었던 것인데 비해, 철회는 적법하고 유효하게 발급된 행정행위를 전제로 상대방의 의무위반을 이유로 이를 소멸시키는 것이라는 점에서 기본적으로 큰 차이를 보인다. 다만 이하에서 설명하는 철회는 기존 교과서에서 설명하는 방식을 가급적 포함해서 서술됨에 유의해야 한다.

2. 취소와의 구별

(직권) 취소와 철회는 사유, 취소권자, 감독청의 권한, 소급효 등에서 차이를 보인다.

	직권취소	철회
사유	원시적 하자	후발적 사정변경, 의무위반
취소권자	처분청, 감독청	처분청(새로운 행정행위)
법적 근거	불요	불요(처분권에 당연 포함)
소급효	있음	없음
보상	원칙: 불요 예외: 상대방에게 적법성에 대한 귀책사유 없는 신뢰 존재	사정변경으로 인한 철회: 특별한 손실을 입은 경우 보상 위법행위에 대한 제재: 보상 × 철회권 유보: 보상 ×

3. 철회권자

철회는 처분청만이 할 수 있고, 감독청은 이를 할 수 없다고 보는 것이 옳다. 철회는 취소에 비해 새로운 행정작용이라는 측면이 더 강해 기존의 행정행위의 하자와는 거의 무관한 제재적 조치(원행정행위와는 독립된 새로운 행정작용)에 더 가깝기 때문이다.

4. 법적 근거

통설 및 판례는 행정행위에 대한 철회는 별도의 법적 근거가 없어도 행사될 수 있다고 본다. 철회는 원처분을 장래를 향해 실효시키는 것에 지나지 않으므로 철회권은 처분권에 당연 포함되는 것으로 해석하기 때문이다[156]. 여기서 말하는 법적 근거는 "철회할 수 있다"고 수권하는 명시적 규정을 말하며, 이러한 규정이 별도로 없다고 해도 사정변경이 생기면 철회할 수 있다는 것이 통설이라는 의미이다.

156) 행정기본법 제19조 제1항에 행정행위의 철회에 관한 규정을 두고 있다.
"행정청은 적법한 처분이 다음 각 호의 어느 하나에 해당하는 경우에는 그 처분의 전부 또는 일부를 장래를 향하여 철회할 수 있다.
1. 법률에서 정한 철회 사유에 해당하게 된 경우
2. 법령등의 변경이나 사정변경으로 처분을 더 이상 존속시킬 필요가 없게 된 경우
3. 중대한 공익을 위하여 필요한 경우"

주요판례 대법원 1995. 2. 28.선고 94누7713판결

처분 당시에 별다른 하자가 없었어도 사정변경이나 중대한 공익상의 필요가 있는 경우 별도의 법적 근거 없이 처분을 철회할 수 있다고 본 판례.

5. 철회사유

(1) 법령상의 철회사유

일반적이지는 않지만, 사정변경이 발생하는 경우를 예상해서 법률이 당해 처분의 철회를 명시적으로 규정하는 경우가 있다. 대표적으로 건축법 제11조 제7항이 이에 해당한다.

참고 건축법 제11조 제7항

⑦ 허가권자는 제1항에 따른 허가를 받은 자가 다음 각 호의 어느 하나에 해당하면 허가를 취소하여야 한다. 다만, 제1호에 해당하는 경우로서 정당한 사유가 있다고 인정되면 1년의 범위에서 공사의 착수기간을 연장할 수 있다.
1. 허가를 받은 날부터 2년 이내에 공사에 착수하지 아니한 경우
2. 제1호의 기간 이내에 공사에 착수하였으나 공사의 완료가 불가능하다고 인정되는 경우
3. 제21조에 따른 착공신고 전에 경매 또는 공매 등으로 건축주가 대지의 소유권을 상실한 때부터 6개월이 경과한 이후 공사의 착수가 불가능하다고 판단되는 경우

(2) 철회권 유보

철회권을 유보하는 내용의 부관이 처분당시 부가되고, 나중에 부관이 정한 철회사유가 발생하면 처분을 철회할 수 있다.(제5회 변호사시험)

(3) 상대방의 유책행위에 대한 제재

일정한 허가 또는 면허를 발급받은 자에게는 당해 허가 또는 면허를 발급하는 근거가 된 개별법에 준수해야 하는 일련의 의무가 규정되어 있다.

또한 그 의무를 위반하는 경우 그 허가 또는 면허를 취소할 수 있도록 하는 명시적인 규정이 마련되어 있다. 도로교통법상 음주운전에 따른 운전면허의 취소가 대표적인 예이다.

(4) 부담의 불이행

본처분에 부가된 부담이 자발적으로 이행되지 않았을 때 일정한 경우에는 행정행위를 철회할 수 있다.

(5) 근거법령의 변경 또는 사정변경

처분의 발급당시 예측하기 어려웠던 사정변경이 생기면 처분청은 행정행위를 철회할 수 있다. 예컨대 한국과 일본의 관계 악화에 따라 국적기의 일본발 항공노선을 일부 취소하면 이는 철회에 해당한다. 이런 맥락에서 철회는 과거에 대한 반성적 행위라기보다는 장래를 향한 또 하나의 적극적 행정행위에 가깝다.

6. 철회의 제한

(1) 이익형량의 원칙

법령에 정해진 위반사유에 해당하거나 또는 사정변경이 생겨 당해 처분을 철회해야 하는 경우에도 그로 인해 상대방이 받게 되는 불이익이 과도하면 철회권이 제한될 수 있다[157].

(2) 신뢰보호의 원칙

일단 수익적인 행정처분이 발급된 후 그 처분의 존속에 대한 신뢰가 형성되고, 그 신뢰가 보호가치 있는 것으로 판단되면, 철회사유가 발생한다고 해도 철회권이 제한될 수 있다. 다만 철회권이 유보된 경우 신뢰의 보호가

157) 행정기본법 제19조 제2항. "행정청은 제1항에 따라 처분을 철회하려는 경우에는 철회로 인하여 당사자가 입게 될 불이익을 철회로 달성되는 공익과 비교·형량하여야 한다."

치를 인정하기 어려워 철회권 행사가 용이해질 수 있다.

(3) 평등원칙 및 자기구속의 법리

철회권의 행사는 평등원칙 및 자기구속의 법리 등 법의 일반원칙에 의해 제한될 수 있다.

(4) 실권의 법리

1) 개 념

처분을 발급할 수 있음에도 불구하고 이를 하지 아니한 채 상당한 기간이 경과하면 행정청이 처분권한을 상실하게 되는 원칙을 말한다.

2) 요 건

실권의 법리가 적용되기 위해서는 다음의 요건이 충족되어야 한다.

① 행정청이 권리행사 가능성을 알았어야 한다: 예컨대 단속기관과 제재처분기관이 다른 경우에 제재처분기관이 권리행사의 가능성을 몰랐다면 실권의 법리가 적용될 수 없다.

② 행정권 행사가 가능함에도 장기간 불행사해야 하며,

③ 국민이 권리 불행사를 신뢰하였고, 그에 정당한 사유가 있어야 한다.

3) 인정 여부

독일의 행정절차법은 철회권이 행사할 수 있는 날로부터 1년이 경과하면 소멸하는 것으로 정하고 있다(동법 제48조 제4항). 그러나 한국은 이에 관한 명시적인 조문이 없으므로, 실권의 법리에 대해서는 해석에 맡겨져 있다[158]. 판례는 개별적인 경우에 3년 정도로 실권 유사의 법리를 원용한 경우가 있지만 실권의 법리를 전면에 세우기보다는 철회권의 행사가 재량의 일탈남용에 해당하는 것으로 이론구성하고 있다. 실무적인 관점에서 명시적인 조문도 없는 상태에서 철회권의 불행사 기간이 1년 경과한 정도로는

158) 자세히는 박정훈, 행정법의 체계와 방법론, 154-158면 참조.

철회권이 소멸된다고 보기 어렵다.

주요판례 대법원 1987. 9. 8. 선고 87누373 판결

면허정지기간 중 택시를 운전한 것이 적발되었음에도 아무런 처분이 없다가 3년여가 지난 후에야 운전면허를 취소하는 행정처분을 한 경우 재량권의 일탈 남용에 해당된다고 본 판례.

주요판례 대법원 1989. 6. 27. 선고 88누6283 판결

교통사고가 일어난지 1년 10개월이 지난 뒤에야 운송사업면허를 취소한 것에 대하여서는 실권의 법리를 인정하지 않은 판례.

7. 철회의 효과

철회는 장래를 향하여 원행정행위의 효력을 상실시킨다. 신뢰보호가 인정되는 경우에는 이론상 철회로 인한 손실을 보상해야 할 것이지만, 한국의 행정실무에서 법률의 근거조항이 없이 이 원칙을 관철하는 것은 쉽지 않다.

도입사례 16-1의 해결

택시면허취소는 철회에 해당하므로 이를 행정소송으로 다툴 수는 있으나, 전형적인 재량처분으로서 사정변경이나 중대한 공익상의 필요가 있는 경우이므로 갑이 승소하기 쉽지 않을 것이다.

주요 키워드 철회, 사정변경

제5회 변호사시험(2016)

甲은 주유소를 운영하는 자로서, 인접한 도로부지를 주유소 진·출입을 위한 가·감속차로 용도로 사용하고자 관할구청장 乙에게 도로점용허가를 신청하였다. 乙은 도로점용허가 당시 "민원이 심각할 경우 위 허가를 취소할 수 있다"는 내용의 조건을 부가하였다가, 교통정체 및 교통사고 발생위험성 등을 이유로 한 이용자들의 민원이 다수 제기되자, 1년 후 甲에 대한 이 사건 도로점용허가를 취소하였다. 甲이 도로점용허가 취소처분의 취소소송을 제기한 경우 그 인용가능성에 대해 논하시오.

주요 키워드 : 취소처분의 법적 성질(철회), 철회의 법적 근거, 철회의 사유, 철회의 제한

제17장 행정입법

I 개 관

1. 행정입법의 개념

행정입법이란 행정청이 규범(법조)을 제정하는 일반·추상적 규범정립작용 또는 그에 의해 만들어진 규범(법조)를 말한다. 행정입법은 다시 법규명령과 행정규칙으로 나뉜다.

2. 행정입법의 처분성

(1) 행정행위와의 차이

행정입법은 일반·추상적 규정의 형식을 띠므로 이 규정 자체만으로 구체적인 권리침해를 초래하는 것은 아니다. 행정입법은 통상 집행행위를 매개로 해서 구체적인 불이익처분이 내려졌을 때 그 처분을 매개로 소송에서 심리의 대상이 된다. 즉, 행정입법은 규율형식이 추상적이고, 규율대상이 포괄적이기 때문에 항고소송의 대상에서 제외되는 것이 원칙이다. 이에 비해 행정행위는 규율형식과 대상이 구체적이며, 따라서 항고소송의 대상이 된다.

(2) 행정입법을 둘러싼 행정소송

1) 간접적 통제

구체적 사건에 관한 재판에서 당해 행정입법의 위법 여부가 선결문제가 되는 경우, 그 위법여부를 판단할 수 있다. 행정처분의 취소소송에서 시행령이나 시행규칙 등의 위법성을 선결문제로 판단하는 등의 경우를 말한다.

2) 직접적 통제 : 취소소송 및 헌법소원[159)]

원칙적으로 행정입법은 직접 항고소송의 대상이 되지 않지만[160)], '처분적' 행정입법은 그 자체가 직접 취소소송, 헌법소원의 대상이 된다.[161)] 헌법재판소 또한 '집행행위의 매개가 필요하지 않은' 행정입법에 대해서 헌법소원의 적법성을 인정한다.

참고판례 헌법재판소 2008. 10. 30. 2007헌마1281 결정.

사법시험법 시행규칙이 구체적 집행행위를 매개하지 않고도 국민의 권리의무에 영향을 미칠 수 있어, 헌법소원의 적법요건인 '권리침해의 직접성'을 충족한다고 본 판례.

주요판례 대법원 1996. 9. 20. 선고 95누8003 판결.

두밀분교 폐지조례는 집행을 매개하지 않고 국민의 권리의무에 영향을 미치는 성격을 가지고, 이 경우 예외적으로 행정입법의 처분성을 인정할 수 있다고 본 판례.

주요판례 대법원 2006. 9. 22. 선고 2005두2506 판결.

보건복지부 고시인 약제급여 · 비급여목록 및 급여상한금액표는 집행을 매개하지 않고 국민의 권리의무에 영향을 미치므로 예외적으로 행정입법의 처분성을 인정할 수 있다고 본 판례.

---

159) 최계영, 헌법소원에 의한 행정작용의 통제, 공법연구 제37집 제2호, 2008. 12, 201면 이하 참조.

160) 행정입법이 행정소송의 대상이 되도록 행정소송의 범위를 넓혀야한다는 견해로는 박정훈, 행정입법에 대한 사법심사, 행정법연구 제11호, 125면-174면 참조.

161) 조례부칙의 처분성을 둘러싼 대법원 2016. 6. 10. 선고 2013두1638 판결 참조.

> **참고 처분적 행정입법(제8회 변호사시험)**
>
> 행정입법은 추상성을 본질로 하지만, 예외적으로 구체적 · 개별적 사안에 대해 처분과 유사하게 직접적 규율을 담는 행정입법(통상 법규명령)이 있을 수 있는데, 이를 처분적 행정입법이라 한다. 이에 대해서는 처분에 준하여 취소소송의 대상으로 보는 것이 학설과 판례의 입장이다.

> **참고 고시의 처분성**
>
> 판례에 의하면, 고시가 일반 · 추상적 성질을 가질 때는 법규명령 또는 행정규칙에 해당하지만, 구체적 규율의 성격을 갖는다면 행정처분으로 볼 수도 있다.

행정소송법 개정을 둘러싸고 입법론으로는 처분적 행정입법이 아니라도 행정법원에 대한 취소소송을 허용해야 한다는 주장이 있지만, 헌법재판소는 이에 반대하는 입장이다.

3. 법규명령과 행정규칙의 관계

(1) 개 념

법규명령이란 행정입법 중 법률의 위임 등에 의해 국민의 권리의무에 관한 사항을 규율하는 법규범을 말한다. 법규란 법적 효력을 갖는 문장을 말하며, 그에 의해 국민의 권리의무가 규율된다. 그러므로 행정입법 중 일부를 법규명령이라고 칭하는 이유는 국민의 권리의무를 구속적으로 정하는 것이라 표현하기 위함이다.

행정규칙은 행정사무의 원활한 처리를 위해 행정조직의 내부적 관리권에 기초하여 발령하는 규범을 말한다. 행정조직 내부에서 특별권력은 구성원에게 일정한 업무처리의 준칙 등을 정해주고 그 준칙에 따르게 한다. 이러한 준칙들을 통틀어 행정규칙이라 부르며 행정내부적으로는 구성원들을 구속하지만 대외적으로는 법규성이 없다. 행정규칙은 판례상 행정명령으로도 불린다.

(2) 양자 간의 비교

참고 법규명령과 행정규칙의 차이

	법규명령	행정규칙
형 식	시행령, 시행규칙	훈령, 예규, 지침, 고시
법적 근거	상위 법령의 수권 필요	상위 법령의 수권 불요
내 용	국민의 권리의무에 관한 사항	행정기관의 사무처리 기준
대외적 구속력	있음	없음

1) 법적 근거 및 정당성

가) 법규명령 : 법률유보원칙의 확장

법규명령은 법률의 위임에 의해 법률을 보충하기 위해 제정된다. 법치주의의 원리에 따라 국민의 권리의무에 관한 사항은 의회에서 제정한 법률에 의해서만 규율되어야 한다. 그러나 현대 사회의 생활관계가 복잡해지면서 의회가 이에 대한 모든 법규를 다 제정하는 것은 현실적으로 어렵다. 이렇게 되면 의회는 법률에서 중요한 사항들을 정하고 나머지 부분을 행정부에 위임하게 되는데, 이에 대해 제정된 행정입법이 법규명령이다. 이처럼 법규명령은 법률에서 유래하는 민주적 정당성을 공유하며 법률유보 원칙의 외연을 확장하는 기능을 한다.

나) 행정규칙 : 행정조직의 사무처리기준

행정규칙은 법률의 수권과 무관하게 행정조직의 내부적 관리권에 기초하여 발령된다. 통상 행정규칙의 정당성은 조직을 유지·관리하기 위한 특별권력 자체의 힘에서 나오는 것이므로 별도의 수권이나 법적 근거가 필요 없다. 법규명령과 달리 행정규칙에는 별도의 민주적 정당성이 요구되지 않는다. 조직이 존재하고 이를 유지·관리하기 위한 불가결한 규범이 바로 행정규칙이다.

2) 법규성

가) 법규명령 : 양면적, 대외적 구속력

법규명령은 법규성이 있으므로 국민과 공무원, 법원을 모두 구속한다.

나) 행정규칙 : 일면적, 대내적 구속력

행정규칙은 법규성이 없으므로 국민이나 법원을 구속하는 힘이 없으며, 업무를 처리하는 공무원에 대해서만 구속력을 갖는다. 따라서 행정처분이 행정규칙을 준수했다고 적법해지거나 또는 위반했다고 위법해지지 않는 것이 원칙이다. 다만, 학설과 판례는 재량준칙 등 일정한 행정규칙에 대해서는 예외적으로 법규성을 인정한다.

Ⅱ 법규명령

1. 법규명령의 의의

법규명령이란 법률의 위임에 의해 국민의 권리의무에 관한 사항을 규율하는 법규범을 말한다. 법규명령은 법률의 위임에 의해 법규를 보충하기 위해 제정되며, 국민의 권리의무에 관해 국민, 공무원, 법원을 모두 구속한다.

2. 법규명령의 종류

(1) 법률대위명령

법률대위명령이란 법률과 같은 효력을 갖는 법규명령을 말하며, 긴급명령, 긴급재정·경제명령 등이 이에 해당한다.

(2) 법률종속명령(일반적 법규명령)

법률종속명령이란 법률보다 하위의 효력을 갖는 법규명령을 말하며, 위임여부와 규율하는 사항에 따라 다시 다음과 같이 구분된다.

1) 위임명령

위임명령이란 법률에 의해 위임된 사항을 규율하기 위해 발하는 법규명령을 말한다. 위임명령은 법률의 위임범위 내에서 국민의 새로운 권리의무를 정할 수 있다.

2) 집행명령

집행명령이란 법률의 집행을 위해 필요한 사항을 법률의 위임 없이 행정주체가 직권으로 제정하는 법규명령을 말한다. 집행명령의 경우 법률의 위임이 없으므로 새로운 권리의무를 정할 수 없는 것이 원칙이다. 예컨대, 법률에서 위원회를 둔다고만 규정되어 있고, 위원회 구성에 대해 구체적으로 정하고 있지 않은 경우 구성방법에 대해 대통령령에서 새롭게 정할 수 있다.

그러나 실제로 위임명령과 집행명령이 각각 제정되는 것은 아니며, 하나의 대통령령이나 부령 속에 위임명령적 규정과 집행명령적 규정이 혼재하는 경우가 많다.

> **참고 폐지된 사법시험령(모법이 없는 대통령령)**
>
> 과거에 모법이 없는 대통령령을 집행명령이라고 잘못 부르던 경향이 있었다. 대법원도 폐지된 구사법시험령을 집행명령의 일종으로 보고 있다(대법원 2007. 1. 11. 선고 2004두10432 판결). 이는 집행명령이 법률의 위임을 요하지 않는다는 속성을 오해하여 초래된 현상인데, 원래는 모법이 없으면 집행명령도 제정할 수 없는 것이 원칙이다.

3) 헌법상의 법규명령

헌법상의 법규명령은 헌법에 근거가 있는 법규명령을 말한다. 예컨대 대통령령(75조), 총리령과 부령(95조), 중앙선거관리위원회규칙(114조) 등이 이에 해당한다. 한편 감사원규칙은 헌법상의 법규명령이 아니어서 논란이 된다.

> **참고** 감사원 규칙의 허용여부
>
> **1. 문제점**
>
> 헌법에 근거를 두지 않은 법규명령인 감사원규칙이 현행 헌법 하에서 허용될 수 있는가에 대해 논란이 있다.
>
> **2. 학설과 판례**
>
> (1) 부정설
>
> 의회유보의 원칙의 예외인 행정입법은 헌법에서 명시적으로 인정된 경우만 가능하므로, 감사원규칙은 법규명령이 될 수 없고 행정규칙에 불과한 것으로 보아야 한다.
>
> (2) 긍정설(다수설, 헌재)
>
> 입법권자인 국회가 스스로 한계를 정해 입법권을 행정기관에 부여하는 것은 위헌이 아니다. 따라서 감사원 규칙은 법규명령에 해당한다.

3. 법규명령의 한계

(1) 위임명령의 한계

1) 포괄적 위임의 금지

헌법 제75조는 "대통령은 법률에서 구체적으로 범위를 정하여 위임받은 사항과 법률을 집행하기 위하여 필요한 사항에 관하여 대통령령을 발할 수 있다."고 규정하고 있다. 헌법에 의해 법규명령은 법률이 구체적으로 목적과 범위를 정해서 위임한 사항만을 규율대상으로 할 수 있다.

위임의 포괄성 여부에 대한 판단은 사회와 시대 여건에 따라 달라질 수 있다. 즉 1970년대에는 구체적인 위임이라 생각되던 것도 현재의 관점에서는 포괄적 위임으로 평가될 수 있다는 의미이다.

> **참고** 위임의 포괄성 여부 판단의 변화
>
> 과거 도시계획법 제4조(현행 국토계획법 제56조)는 "다음 각호의 내용을 하려는 자는 시장 군수의 허가를 받아야 한다"고 하고, 각호에서 '대통령령이 정하는 물건을 대통령령이 정하는 기간 동안 쌓아놓는 행위'가 정해져 있었다. 또한, 그 위반에 대해 6개월 이하의 징역이 정해져 있었다. 헌법재판소는 조문만 보면 포괄적이지

만 그 앞뒤의 각호를 보면 대체로 어떤 경우가 구성요건인지를 알 수 있으므로 포괄위임이 아니라고 보았다.[162] 그러나 현재의 관점에서 보면 이는 포괄적 위임이라 보는 것이 상식에 부합한다.

※ 현행법도 "녹지지역 · 관리지역 또는 자연환경보전지역에 물건을 1개월 이상 쌓아놓는 행위"를 처벌하도록 정하고 있어서 여전히 위헌문제는 해소되지 않고 있다.

2) 법률사항의 위임금지

헌법 자체에서 법률로 정한다고 규정한 법률사항은 위임하지 못한다. 지방자치단체의 종류 등이 이에 해당한다(헌법 제117조 제2항).

3) 처벌규정의 위임한계

범죄와 형벌은 죄형법정주의에 의해 원칙적으로 법률로 정하여야 한다. 그 중에서도 특히 처벌규정은 구성요건 규정에 비해 더욱 엄격히 위임이 제한된다. 처벌규정의 경우 형벌의 종류 및 상한과 폭을 명백히 정해서 위임해야 한다.

4) 재위임의 문제

재위임은 원칙적으로 금지되며, 재위임 근거 조문이 있어야 위임할 수 있다. 이는 법률사항 위임 문제와 동일한 논리구조를 가지고 있다. 법률에서 '대통령령으로 정하는 물건'이라고 되어 있으면 대통령령에서 다시 부령으로 위임할 수 없는 것이 원칙이다. 다만 법률에 "대통령령에 위임된 사항은 재위임할 수 있다."는 규정이 있으면 재위임이 허용된다. 그러나 실제로는 원칙에 맞지 않는 재위임이 많이 행해지므로, 이를 절대적인 것으로 받아들이지 않는 것이 좋다.

(2) 집행명령의 한계

집행명령은 상위법령의 집행에 필요한 절차나 형식을 정하는 데 그쳐야 한다. 즉, 새로운 법규사항인 국민의 권리의무에 관한 사항을 정할 수 없다.

---

162) 헌법재판소 1994. 7. 29. 선고 93헌가12 전원재판부.

4. 법규명령의 통제

(1) 의회에 의한 통제

1) 간접통제

의회에 의한 간접통제 수단으로는 국정감사·조사권, 국무총리 등에 대한 질문권을 비롯한 국정감시권이 있다.

2) 직접통제

의회에 의한 직접통제 수단으로는 동의권 유보 또는 입법적 거부와 같은 수단이 있다. 법규명령을 의회에 제출하도록 하거나(국회법 제98조의2 제1항), 효력발생 전에 의회의 동의를 받도록 하는 통제 방법 등이 이에 해당한다.

(2) 사법적 통제

우리나라에서는 법규명령에 대해서 구체적 규범통제만이 가능하다. 즉, 법규명령이 구체적 사건의 전제가 된 경우에만 법규명령의 적법여부를 법원이 심사할 수 있다[163].

Ⅲ 행정규칙

도입사례 17-1

갑은 역사문화환경보존지역 내에 위치하는 토지에서 건물을 증축하려는 자이다. 을시장은 갑의 신청에 따라 '문화재 현상변경 등 허가'를 발급해 주었다. 그런데 위 허가는 문화재보호법 제13조 제4항의 위임을 받아 제정된 자치단체 고시의 내용에 반하는 것이었다. 위 허가처분은 위법한 것인가?

1. 행정규칙의 의의

행정규칙이란 행정조직 내부 또는 특별권력관계 내부와 같이 행정의 내

163) 대법원 1994. 4. 26. 자 93부32 결정 등.

부관계에서 제정되는 일반·추상적 규정을 말한다. 예컨대 상급행정기관이 하급행정기관의 업무처리기준을 정하는 것이나 국립대학교 로스쿨에서 학사관리 엄정화방안[164]을 정해 교수들에게 기준으로 제시하는 것 등이 이에 해당한다.

2. 행정규칙의 법적 성질

행정규칙은 법규성이 없으므로 행정규칙을 정당화하기 위한 법적 근거가 필요하지 않고, 행정규칙과 처분 상호간 효력에도 우열이 없다.

법규성이 없다는 것은 원칙적으로 공무원만을 구속하고, 법원이나 국민을 구속하지 않는다는 뜻이다. 따라서 이론상으로는 행정규칙을 위반하였다고 하여 반드시 위법이 되는 것은 아니며, 행정규칙을 준수하였다고 하여 반드시 적법이 되는 것도 아니다. 법원은 행정규칙의 준수여부에 구애받지 않고 처분의 위법성을 판단할 수 있다.

그러나 이러한 이론적 해석과는 달리 행정규칙(고시, 지침 등)은 공무원에게 실무상 가장 구속력이 강한 것이고, 공무원이 구속받으면 처분을 매개로 그 상대방인 국민도 사실상의 구속을 받을 수밖에 없다. 또한 법원에서도 행정의 현실을 감안해서 부분적으로 행정규칙의 효력을 인정하는 결론을 내릴 수밖에 없는 경우가 있다. 다만 행정규칙의 내용이 상위법령이나 법의 일반원칙에 반하는 것이라면 법치국가원리에서 파생되는 법질서의 통일성과 모순금지 원칙에 따라 그것은 법질서상 당연무효이고, 행정내부적 효력도 인정될 수 없다.[165]

---

164) 학사관리 엄정화방안은 법학전문대학원협의회와 법무부 간의 로스쿨제도 협상과정에서, 학점을 엄격한 상대평가제로 운영하기로 한 합의내용을 말한다. 이는 각 대학원에서 채택되어 형식상 교육에 종사하는 교수들의 업무처리기준으로 집행되었다. 그러나 그 집행의 결과가 학생들의 학점에 영향을 주게 되어 국민의 권리의무에도 영향을 주게 된다. 이는 행정소송에서 행정규칙이 어떠한 형태로든 쟁점이 되는 이유이다.

165) 대법원 2019. 10. 31. 대선고 2013두20011 판결, 법원 2020. 5. 28. 선고 2017두66541 판결

3. 행정규칙의 종류

(1) 내용에 따른 분류

1) 조직규칙

조직규칙이란 행정조직 내부에서의 행정기관의 구성, 사무분장 등을 정하는 행정규칙을 말한다.

2) 영조물규칙

영조물은 일정한 공적 목적에 제공된 인적·물적 결합체를 말하는데 국립대학이나 국립도서관 같은 시설이 이에 해당된다. 영조물규칙이란 영조물의 조직, 관리, 사용을 규율하기 위해 제정하는 규칙을 말한다. 예컨대 국립도서관의 이용 방법에 관한 규정이나 서울대학교 주차관리규정 등이 이에 해당한다.

3) 근무규칙

근무규칙이란 상급기관이 하급기관의 근무에 관한 사항을 계속적으로 규율하기 위해 발하는 행정규칙을 말한다. 근무규칙에는 훈령, 지시, 예규, 일일명령 등이 있다.

가) 훈 령

훈령이란 권한 행사에 대한 보다 일반·추상적 기준으로 제정되는 행정규칙을 말하고, 가장 일반적인 행정규칙이라 할 수 있다. 재량준칙이 이에 해당한다.

나) 지 시

지시란 상급기관이 하급기관의 질의에 대해 개별적·구체적으로 회신하는 것을 말한다. 개별적인 질문에 대한 지시이지만 이것이 일종의 일반기준처럼 공유되어 유사한 사안에 대한 행정규칙의 기능을 한다. 통상 질의회신, 회신 등의 명칭을 사용한다.

다) 예 규

예규란 반복적 행정사무의 기준을 제시하는 서면 형식의 행정규칙을 말하며, 행정내부적인 각종 서식 등이 이에 해당한다.

라) 일일명령

일일명령은 일일 업무에 관한 명령을 말하며, 당직, 출장, 시간외근무 등에 관한 규칙이 이에 해당한다.

(2) 기능에 따른 분류

공무원의 대국민적 행정작용에 직접 기준이 되는 행정규칙 중 중요한 것에는 해석준칙, 재량준칙, 규범구체화 행정규칙 등이 있다.

1) 해석준칙(법규해석규칙)

해석준칙이란 통일적 법적용을 위해 상급행정청이 제시하는 법령 해석을 위한 기준을 말한다. 신호위반이나 무면허 등에 대한 해석기준이 이에 해당한다.

2) 재량준칙

재량준칙이란 행정청이 가진 재량권 행사의 기준을 정하는 행정규칙을 말한다. 재량준칙은 재량의 범위를 상급자가 정해주어 행정조직 전체에서 이루어지는 행정작용의 통일성을 기하는 수단이므로, 담당 공무원이 재량처분을 할 때 중요한 기준으로 작용한다. 음주운전 단속기준 등이 이에 해당한다.

3) 규범구체화행정규칙

규범구체화행정규칙이란 관계법령의 불완전성을 구체화하는 행정규칙을 말한다. 관계법령의 불완전성이란 관련된 법률이 전혀 없거나 법률이 있어도 지나치게 포괄적으로 규정되어 있는 것을 말한다. 특히 원자력사업자의 방사능기준, 대기환경 기준 등 기술적, 전문적 분야의 법령을 보충하는 행정규칙이 이에 해당하며, 일정한 한도에서 법규성을 인정해야 할 필요가 높다. 규범규체화행정규칙의 법규성은 후술하는 법령보충적 행정규칙의 법규성과 유사한 논리구조를 가지고 있다.

4. 법령보충적 행정규칙(제4회, 제8회 변호사시험)

1) 의 의

법령보충적 행정규칙이란 법령의 위임에 의해 법령을 보충하는 법규사항을 정하는 행정규칙을 말한다. 판례는 법령보충적 행정규칙이 위임의 범위를 준수하는 한, 수권법령과 결합하여 대외적 구속력 있는 법규명령의 효력을 갖는다고 본다.

2) 인정여부

다수설과 판례는 법령보충적 행정규칙을 인정하는 입장이다.[166] 그 논거로는 ① 대국민적 구속력 유무는 법률의 위임에 의하는가에 의존하는 것이며, 그 형식에 의한 것이 아니라는 점, ② 법령의 위임이 있으므로 국회입법의 원칙에 어긋나지 않는다는 점, ③ 전문적·기술적이거나 빈번한 개정 사항에 대해서는 탄력성 있는 행정규칙으로 정할 필요성이 있다는 점 등을 든다.

이에 대해 법령보충적 행정규칙은 새로운 입법형식으로 국회입법원칙의 예외이며, 헌법에서 명시적으로 정하고 있지 않은 법규명령의 형식을 새롭게 창설할 수 없다는 견해가 있다.[167]

3) 한계(위임명령의 한계)

법령보충적 행정규칙을 법규명령으로 파악한다면, 법규명령의 한계와 동일한 원칙이 그대로 적용된다. 상위법령의 위임은 개별적·구체적이어야 하고, 법령보충적 행정규칙이 상위법령의 내용을 위반하지 않아야 하며, 위임의 범위를 준수해야 한다. 위임명령의 한계를 벗어난 행정규칙은 무효이

166) 박정훈, 행정입법과 헌법재판에 대한 지정토론문, 헌법실무연구 6, 2005, 377면 이하 참조.

167) 김도창, 일반행정법론(상), 252면 참조.

므로 이에 근거한 처분은 위법 또는 무효가 된다.

주요판례 대법원 1987. 9. 29. 선고 86누484 판결.

행정규칙은 당해 법령의 위임한계를 벗어나지 아니하는 한 상위법령과 결합하여 법령보충적 행정규칙으로서 법규성을 띨 수 있음을 인정한 판례.

주요판례 헌재 2004. 10. 28. 99헌바91 전원재판부 결정

헌법이 인정하는 위임입법의 형식은 예시적인 것이므로, 법률이 고시를 비롯한 행정규칙에도 위임할 수 있다고 본 판례.

5. 행정규칙의 통제

(1) 행정기관에 의한 통제

상급 행정기관은 그 지휘·감독권에 기하여 하급 행정기관의 행정규칙을 통제할 수 있다.[168]

(2) 법원에 의한 통제

우리 대법원은 행정규칙에 대하여 국민에 대한 법적 효력을 인정하고 있지 않으므로, 법원에 의한 통제의 가능성은 없다. 다만 행정규칙이 위임명령으로서의 성질을 갖고 있는 경우(법령보충적 행정규칙 등) 일반 법규명령의 경우와 마찬가지로 선결문제심리에 의한 간접통제가 가능하다.

(3) 헌법재판소에 의한 통제

행정규칙으로 인해 직접적으로 기본권의 침해를 받고 아울러 다른 방법으로는 이러한 침해를 다툴 수 없는 경우[169], 법령보충적 행정규칙으로서 상위법령의 위임한계를 벗어나지 않는 경우[170], 재량준칙이 그 정한 바에

168) 김동희·최계영, 행정법 I, 187면.
169) 헌법재판소 1992. 10. 1. 선고 92헌마68,76 전원재판부.
170) 헌법재판소 1992. 6. 26. 선고 91헌마25 전원재판부.

따라 되풀이 시행되어 행정관행이 이룩됨에 따라 행정기관이 자기구속을 당하게 되는 경우[171] 헌법소원의 대상이 될 수 있다.

도입사례 17-1의 해결

자치단체의 고시는 기본적으로는 행정규칙이지만, 법령의 위임을 받아 행정규칙의 형식으로 그 법령의 내용이 될 사항을 구체적으로 정하고 있는 것으로서 법령보충적 행정규칙에 해당한다. 따라서 동 고시는 법령의 위임한계를 벗어나지 아니하는 한 그것과 결합하여 대외적 구속력이 있는 법규명령의 효력을 갖게 된다. 따라서 고시의 내용에 따르면 허가를 거부하였어야 함에도 불구하고 을시장이 이 사건 허가처분을 발급한 것은 법령 위반에 해당하므로 위법하다.

주요 키워드 행정규칙, 법령보충적 행정규칙

Ⅳ 법규형식의 행정규칙(제3회, 제4회 변호사시험)

1. 의 의

법규형식의 행정규칙이란, 실질은 행정사무의 처리기준(행정규칙)에 불과하지만 형식은 대통령령이나 부령 등의 법규명령 형식을 취하는 행정입법을 말한다. 주로 제재적 처분기준과 같은 행정규칙(재량준칙)이 법령의 개정에 따라 시행령이나 부령에 편입된 경우, 이를 행정규칙으로 볼 것인가 법규명령으로 볼 것인가의 문제를 해결하는 과정에서 생겨난 개념이다.

법규형식의 행정규칙의 법적 성질을 정할 때 실질적 기준에 의할 수도 있고, 형식적 기준에 의할 수도 있다. 실질을 중시하면 행정규칙으로, 형식을 중시하면 법규명령이라 판단하게 된다. 법원은 법규명령에 따른 처분은 위법한 것으로 판단할 수 없지만, 그것이 행정규칙이라고 이론구성하면 처분을 위법으로 판단할 수 있다. 따라서 법규형식의 행정규칙 문제는 처분의 위법성을 따지는 취소소송에서 중요한 선결문제가 된다.

171) 헌법재판소 1990. 9. 3. 선고 90헌마13 전원재판부.

2. 법적 성질 : 법규성

(1) 형식설(법규명령설)

다수설로서 형식을 중시해서 법규성을 인정하는 견해로, 법규의 형식으로 규정된 이상 일반 국민을 구속한다고 본다.

(2) 실질설(행정규칙설)

실질을 중시해서 행정규칙에 불과하다고 보는 견해이다. 실질설은 국민과 공무원에게 법규성에 대한 판단의 부담을 전가해 법적 안정성을 떨어뜨린다는 단점이 있다.

(3) 판 례

판례는 부령에 대해서는 법규성을 부인해 행정규칙으로 보는 입장[172)]과 법규성을 인정하는 입장[173)]으로 나뉘어 있다. 다만 대통령령에 대해서는 법규성을 인정해 법규명령으로 본다(형식설)[174)].

주요판례 대법원 2001. 3. 9. 선고 99두5207 판결.

대통령령 형식으로 제정된 제재적 처분기준이 법규명령이라고 승인하고 있는 판례. 대통령령으로 정하고 있는 금액이 절대적인 금액은 아니지만 상한선의 역할을 한다고 보았다.

주요판례 대법원 1997. 12. 26. 선고 97누15418 판결.

주택건설촉진법 시행령(대통령령)으로 제정된 법규형식의 행정규칙에 대해 형식설을 취해 정지기간에 대한 재량을 부정한 판례.

---

172) 대법원 1996. 9. 6. 선고 96누914 판결, 대법원 2019. 9. 26. 선고 2017두48406 판결.

173) 대법원 2006. 6. 27. 선고 2003두4355 판결.

174) 대법원 1997. 12. 26. 선고 97누15418 판결.

주요판례 대법원 1996. 9. 6. 선고 96누914 판결.

「자동차운수사업법 제31조 등의 규정에 의한 사업면허취소 등의 처분에 관한 규칙」(부령)으로 제정된 법규형식의 행정규칙의 대외적 구속력(법규성)을 부정한 판례.

(4) 검 토

법적 안정성의 관점에서 획일적 기준인 형식설이 타당하며, 법규형식에 의한 것이면 일반적으로 법규성을 인정하는 것이 옳다. 특히 판례의 태도와 같이 일부에 대해서는 형식설을, 일부에 대해서는 실질설을 채택하는 견해는 논리적 일관성조차 없어 동의하기 어렵다.

참고 소의 이익과 법규성

취소소송의 요건 중 하나인 소의 이익은 소를 제기해서 승소했을 때 실질적 이익이 있어야 인정된다. 소의 이익이 없는 대표적인 경우는 처분기간의 경과인데, 예컨대 취소소송 계속 중 면허정지처분 기간이 경과되면 소의 이익이 없다.

다만 예외적으로 기간 경과 후에도 이를 다툴 법률상 이익이 있는 경우에는 취소소송을 유지할 수 있다(행정소송법 제12조 단서). 그 대표적인 경우가 바로 당해 처분의 존재가 '법령'상 가중적 불이익처분의 요건사실로 규정되어 있을 때이다. 그러므로 처분의 기간이 만료되었다 해도 그 처분의 존재 자체로 사후적인 불이익이 초래될 수 있는 경우에는 취소소송에서 소의 이익이 있다고 해석된다. 예를 들어 1회의 처벌이 누적되어 가중적 처벌을 받을 수 있는 경우 등이 이에 해당한다.

'법률상 이익'이어야 하므로 가중적 불이익처분과 그 요건을 정하고 있는 것이 법률 또는 법규명령 등 법령이어야 하는 것이 원칙이다. 그러므로 법규형식의 행정규칙에 법규성이 인정되는가의 여부에 의해 일정한 취소소송에서 소의 이익이 결정될 수 있다. 대법원은 종래 법규성이 부인되는 부령(법규형식의 행정규칙)에 대해서는 소의 이익이 없는 것으로 판시하였지만, 전원합의체 판결을 통해 이 경우에도 소의 이익을 인정하는 것으로 입장을 변경했다(대법원 2006. 6. 22. 선고 2003두1684 전원합의체 판결). 크게 보면 대법원도 형식설에 점점 접근하고 있는 것이라 평가된다.

주요판례 대법원 2006. 6. 22. 선고 2003두1684 전원합의체 판결.

제재적 행정규칙에 (가중적)불이익처분이 예정되어 있는 경우에도 협의의 소익이 있다고 본 판례. (행정소송법 제12조 '법률상 이익')

>> 3회 변호사시험(일부 수정)

「석유 및 석유대체연료 사업법」은 가짜석유제품 제조 등의 행위를 한 자에 대하여 사업정지처분을 내릴 수 있도록 하고, 그 기준은 부령으로 정하도록 하였다.

위 제재적 처분기준의 법적 성질은 무엇인가? 그에 따른 법원의 사법적 통제 방식은 무엇인가?

☞ 제재적 처분기준은 성질상 행정규칙(재량준칙)에 해당하나 법규명령(부령)의 형식으로 제정된 '법규형식의 행정규칙'에 해당한다. 다만 그 법적 성질이 행정규칙이라 해도 다시 법령의 위임을 받아 이를 구체화하는 경우에 법규성이 인정된다는 두 명제가 충돌하게 된다. 이를 전자의 원칙에 따라 행정규칙으로 볼 것인가, 아니면 법규명령으로 볼 것인가에 따라 법원의 판단척도는 달라질 것이다.

주요 키워드 : 법규형식의 행정규칙, 법규명령의 통제방식, 행정규칙의 통제방식

V 행정규칙의 법규성

1. 내부적 효력

행정규칙은 행정내부에서만 효력을 갖는다. 내부적(대공무원관계)으로는 구속력이 있고 행정규칙에 위반한 공무원에 대해서는 징계책임 등이 따를 수 있다.

2. 외부적 효력(법규성 인정 여부)

(1) 원칙적 비법규성

행정규칙은 대국민적 구속력이나 법원에 대한 구속력은 없는 것이 원칙이다. 따라서 당해 처분의 위법사유로 행정규칙위반을 주장할 수 없다. 또 행정규칙은 구체적 처분과 대등한 효력밖에 인정되지 않으므로 처분에 의해 개폐될 수 있다.

(2) 재량준칙의 준법규성

1) 준법규성 인정의 필요성

재량행위에는 원칙적으로 행정청의 독자적 판단권이 인정되지만, 법적용의 통일성을 위해 재량준칙이 제정되어 있는 경우가 많다. 처분의 발급과 무관한 행정규칙과는 달리 재량준칙은 행정처분을 발급하기 위한 기준이므로 행정처분과 불가분적으로 연결되어 있다. 그래서 내부적 구속력에 의해 공무원이 재량준칙에 구속되는 처분을 내리면 결국 재량준칙이 국민의 권리의무에도 직접적인 영향을 미친다. 다른 한편 처분의 상대방의 입장에서 재량준칙의 구속력을 원용하는 것이 유리한 상황이 발생할 수도 있다.

2) 학설－준법규설(통설)

재량준칙에 따른 행정처분이 반복되면서 일정한 관행이 형성되는 경우, 특별한 사유 없이 재량준칙과 다른 처분을 하는 것은 자기구속의 법리에 어긋나게 된다. 결과적으로 재량준칙은 자기구속의 법리와 결합하여 법규성이 인정되고, 대외적 효력을 갖게 된다.[175)]

3) 판례의 태도

행정규칙의 법규성에 대한 판례의 태도는 사건에 따라 가변적이다. 법규성을 인정하는 것이 국민에게 유리한 경우에는 구속력을 인정하는 판례가 많고, 법규성을 인정하면 국민에게 불리할 때는 법규성이 부인되는 경우도

175) 자세히는 박정훈, 행정법의 체계와 방법론, 136-138면 참조.

있다. 그래도 예외적인 판례를 제외하면 법원은 행정규칙의 법규성을 부인한다고 이해하는 것이 좋다.

주요판례 대법원 1993. 6. 29. 선고 93누5635 판결.

법규형식의 행정규칙(부령)인 경우 법규성이 없고 위법성 판단의 기준이 되지 못한다고 본 판례.

주요판례 대법원 2012. 7. 5. 선고 2010다72076 판결.

법령이 개정되어 상위법령의 위임한계를 벗어나면 법령보충적 행정규칙도 대외적 구속력을 상실해 더 이상 법규명령으로 볼 수 없다고 한 판례.

참고판례 헌법재판소 2007. 8. 30. 선고 2004헌마670 결정

행정규칙은 원칙적으로 헌법소원의 대상이 되지 않으나, 재량권행사의 준칙으로서 그 정한 바에 따라 되풀이 시행되어 행정관행을 이루게 되어 평등의 원칙이나 신뢰보호의 원칙에 따라 행정기관이 그 상대방에 대한 관계에서 그 규칙에 따라야 할 자기구속을 당하게 되는 경우에는 대외적인 구속력을 갖게 되어 헌법소원의 대상이 된다고 본 판례.

제 18 장 행정계획

I 행정계획의 의의

1. 개 념

행정계획이란 행정청이 장래 달성하고자 하는 목표를 정하고 그 목표를 달성하기 위한 수단들을 조정, 종합함으로써 구체적인 활동의 기준을 제시하는 행위 또는 그 행위의 결과를 말한다. 그러나 통상은 국토계획법에 따른 도시계획이 가장 대표적인 행정계획이며 이를 중심으로 현재 행정계획과 관련된 각종 논의가 시작되었다.

2. 특수성

(1) 추상성

행정계획은 구체성, 개별성의 관점에서 볼 때 행정입법과 행정행위의 중간 정도에 위치한다. 수범자의 범위에 있어서 행정처분은 보통 1명에게 개별적으로, 행정입법은 모든 국민에게 일반 추상적으로 영향을 미치지만 행정계획은 다수의 수범자를 대상으로 한다. 그래서 행정행위는 상대방에 대한 통지로 성립하지만, 행정계획은 고시를 통해 성립하고 효력을 발생한다. 행정계획은 행정처분처럼 아직 국민의 권리의무에 직접적 변경을 초래하는 단계는 아니지만 행정입법보다는 조금 더 구체적인 규율을 담고 있는 형태이다.

(2) '목표-수단'의 구도

통상적인 재량행위는 '요건-효과'의 구도이고 재량행위인지를 판단하는 것도 요건과 효과를 해석하는 것에 의존한다. 이에 반해, 행정계획은 목표와 수단의 구도이고 목표를 향한 수단들의 배합이 적절한 것인가에 대해 법원이 개입하는 구조를 갖는다.[176]

(3) 계획재량

계획재량이란 행정계획에서 목표를 이루기 위해 수단을 동원하고 조합하는 재량을 말하며, 행정청은 계획재량에서 거의 무한대의 재량을 누린다. 계획재량은 최초로 그 형상을 만들어가는 주체가 누리는 자유라는 측면에서, 도면을 그리는 데서 오는 형성의 자유와 유사하다.[177] 일단 도면이 완성되면 행정계획의 위법을 주장하는 자가 그 도면의 위법성을 찾아내서 법관을 설득하는 것은 불가능에 가깝고 승소의 확률이 매우 낮다.

행정계획은 그 자체의 처분성을 인정받기도 어렵지만, 처분성을 인정받아 본안판단에 들어가도 계획재량이라는 장애물을 만나 소송에서 승소할 가능성이 현저히 낮다는 것이 가장 큰 특성이다. 광범위한 계획재량을 통제하는 법은 크게 두 가지이다. 공익과 공익 또는 공익과 사익 간의 형량으로 재량의 일탈·남용여부를 가릴 수 있다. 또한, 법령에 근거한 수립 절차를 위반한 경우에 절차하자로 인한 처분의 위법성을 확인할 수 있다.

3. 대표적인 행정계획으로서 도시계획

(1) 도시계획의 의의

도시계획은 일정한 지역을 구획하고 법적 성격을 규정하여 당해 지역의 개발가능성과 그 가능성의 한도 등을 설정하는 행정계획을 의미한다. 행정계획의 가장 대표적인 예는 도시계획이고, 행정법총론에서 행정계획이 논

176) 목표는 법령에 설정되어 있지만, '최선을 다해서 수단을 동원하고 조합하라는 정도의 의무'만이 부여되어 있다는 점이 계획재량의 특징이다. 요건이 정해지고 효과도 예측되는 보통의 재량과 다른 점이다.

177) 행정계획의 대표적인 예인 도시계획은 도면의 형태를 띤다는 점에서 계획재량은 도면을 그리는 자유에 가깝다고 표현된다.

해지게 된 계기도 도시계획이다.[178] 실제 대법원에서 다투어지는 행정계획과 관련된 사안의 대부분은 도시계획이고, 도시계획이 아닌 행정계획도 관리처분계획, 개발계획, 실시계획 등 건설법 영역의 행정계획들이다. 도시계획이라는 건설법 영역의 행위형식이 총론상의 개념으로 전화되면서 '행정계획'이라는 용어로 바뀌었다.

> **참고 도시(관리)계획의 종류**
>
> 국토의 계획 및 이용에 관한 법률(국토계획법)에 규정되어 있는 도시계획의 종류는 ① 용도지역제 도시계획, ② 지구단위계획, ③ 개발제한제 도시계획, ④ 도시계획시설계획의 네 가지이다.
>
> **1. 용도지역제 도시계획**
>
> 용도지역제 도시계획은 도시 전체를 덮는 지도로 도시를 주거지역, 상업지역, 녹지지역, 공업지역의 용도지역으로 구분할 뿐 그 용도지역 내 개별 필지에 대한 규율을 담지 않는다. 다만 특정 용도지역으로 정해지면 법령에서 정해진 바에 따라 허용되는 용도의 건축물, 건폐율, 용적률이 자동적으로 따라와 규율된다.
>
> **2. 지구단위계획**
>
> 지구단위계획은 개별 필지에 대한 건축허가요건을 섬세하게 정하는 도시계획이므로 필지소유자의 권리가 도시계획에 의해 구체적으로 정해진다. 지구단위계획은 도시의 일부에 수립되므로 용도지역제 도시계획보다 규모가 작다.
>
> **3. 개발제한제 도시계획**
>
> 개발제한제 도시계획은 1970년대 8차례 대도시 외곽에 도넛 모양으로 지정된 도시계획으로 속칭 그린벨트라고 부른다. 개발제한구역으로 정해진 곳에서는 건축물의 건축, 토지의 형질변경 등이 강하게 금지된다.
>
> **4. 도시계획시설계획**
>
> 도시계획시설계획은 공원, 도로 등을 설치하기 위해 결정되는 도시계획으로 수용권이 예정되어 있다는 점에 특색이 있다.

---

178) 국토계획법이 사용하는 정식의 명칭은 도시관리계획이지만 이 책에서는 편의상 도시계획이라 칭한다. 도시(관리)계획은 구속적 행정계획으로 도시기본계획과 차이를 보인다.

(2) 도시계획의 '목표-수단' 명제

도시계획의 목표는 토지를 합리적으로 이용한다는 것이며, 이를 위한 수단들을 종합한 것이 도면의 형태로 나타나는 도시계획이다. 따라서 토지의 합리적 이용을 위한 수단은 매우 다양한 방법들이 존재할 수 있고, 도시계획을 수립하는 주체는 넓은 형성의 자유를 누린다.

Ⅱ 행정계획의 처분성[179)]

1. 서 론

도시계획과 같은 행위형식은 개별적, 구체적이라고 하기에는 너무 많은 수범자를 상대로 하는 것이고 또한 도시계획의 결정고시만으로 바로 법적 효력이 발생하는지가 불분명해서 이를 처분으로 볼 것인가에 대해 견해 대립이 있다. 소송법에서는 처분성의 문제로, 총론에서는 행정계획의 법적 성질 문제로 나뉘어 있지만 이들은 동일한 차원의 문제이다.

2. 전통적 견해대립

(1) 행정행위설

행정계획은 행정행위이므로 취소소송의 대상이 된다는 견해이다.

(2) 행정입법설

행정계획은 입법행위이므로 추상적이어서 취소소송의 대상이 되지 않는다는 견해이다.

(3) 독자성설

독자성설은 행정행위는 행정행위도 입법행위도 아닌 독자적인 행위형식이라는 견해이며, 행정계획의 처분성을 인정한다.

---

179) 행정계획의 처분성이라는 주제는 다양한 행정계획 전체의 처분성 문제를 포괄하는 것처럼 보이지만 실전적으로는 결국 도시계획의 처분성에 관한 것으로 한정된다. 이 논의 자체가 도시계획의 처분성에서 시작된 것일 뿐 아니라 그 후로도 그에 비견될만한 행정계획이 다른 영역에서 발견되지 않기 때문이다. 이 책에서는 행정계획과 도시계획을 대체로 동일한 것으로 보고 설명한다.

(4) 평 가

전통적 견해대립은 독일의 견해대립이 한국에 그대로 소개된 것이므로 한국 현실과는 잘 맞지 않는다. 독일은 행정소송법상 취소소송의 대상이 '행정행위'로 되어 있으므로 행정행위설을 취하는 순간 취소소송의 대상이 된다. 또 독일의 도시계획은 자치단체의 조례로 제정하도록 되어 있으므로 입법행위설은 이에 주목하여 행정계획을 입법행위로 보고 취소소송의 대상이 되지 않는다고 주장했던 것이다. 그 후 독일에서는 조례인 도시계획 자체에 대한 규범통제소송이 행정소송법에 별도로 입법되었고, 이 논쟁은 일단락되었다.

그러나 한국의 경우에는 취소소송의 대상이 '처분'이고, 도시계획도 조례가 아닌 행정청의 결정사항으로 정해져 있으므로 독일의 행정행위설 및 입법행위설은 한국 실정법과 전혀 맞지 않는다. 한국에서는 도시계획의 처분성을 인정하는 견해와 처분성을 부인하는 견해의 대립이 있는 정도로 보면 충분하다.

참고 한국과 독일의 소송법, 행정계획 비교

	실체법상(강학상)	소송법상
한 국	행정행위	처분
	행정계획(국토계획법)	
독 일	행정행위	행정행위
	행정계획(도시계획법:BauGB 또는 행정절차법)	

실체법상으로는 한국과 독일 모두 행정계획과 행정행위를 구별한다. 소송법상으로 독일은 취소소송의 대상을 행정행위라고 하고, 한국은 처분이라 부른다. 그러므로 독일에서 어떤 행위를 행정행위라고 할 때 실체법상 행정행위라는 의미와 소송법상 취소소송의 대상이라는 의미로 나뉜다.

한국의 행정계획은 실체법상으로 행정행위와 구별되지만 소송법상 처분의 범위에 들어간다. 독일의 행정절차법상 행정계획은 실체법상 행정행위와 구별되지만 소송법상으로는 취소소송의 대상으로서 행정행위가 된다. 다만 독일 도시계획은 조례로 제정되고, 행정소송법상으로는 규범통제소송으로 다투어진다.

3. 한국현실에 입각한 견해의 정리

(1) 처분성 인정설(적극설)

적극설은 도시계획 전반에 대해 처분성을 인정하는 견해로, 현재의 다수설이다. 처분성을 인정하는 것에 용도지역제 도시계획, 도시계획시설계획 등 도시계획의 종류를 가리지 않는다.

(2) 처분성 부인설(소극설)

소극설은 행정계획에 해당하는 도시계획의 처분성을 인정하지 않고, 그 공정력도 부인하는 견해이다. 현재 전면적 부인설을 주장하는 학자는 없다. 일본의 판례는 도시계획, 사업시행계획과 같은 행정계획의 처분성을 부인한다.

(3) 부분적 부인설

도시계획 중에서 건축허가요건에만 영향을 주는 용도지역제 도시계획의 처분성은 부인하고, 도시계획시설계획과 같이 구체성이 강한 계획에 대해서만 처분성을 인정하는 견해이다. 소수의 학자들이 이 견해를 취하고 있다.

(4) 판례(적극설)

우리의 판례는 용도지역제 도시계획, 지구단위계획, 도시계획시설계획 등에 대해 도시계획의 종류를 구분하지 않고 일관되게 처분성을 인정하고 있다.

참고 녹지지역지정의 처분성

시행령에서 녹지지역에서는 공동주택을 지을 수 없다고 정하는 경우, 당해 토지가 녹지지역에 편입되는 순간 바로 사인의 공권이 침해되는 것은 아니며(추상성), 건축허가신청을 하여 거부당했을 때 비로소 불이익해진다(구체성). 이런 점에서 도시계획은 건축허가거부보다 추상적이라고 평가된다.

참고 도시계획시설결정의 처분성

도로를 설치하기 위해 도시계획시설결정이 고시되면 그것만으로 도로가 바로 설치되는 것은 아니고 장차 도로가 건설될 것이 확정된다(장래에 대한 계획). 그러나 도로가 설치될 것은 확정적이므로 토지소유권을 박탈당할 것도 어느 정도 확정된다. 그래서 도시계획시설결정에 대한 취소소송은 처분성을 인정하기에 상대적으로 쉽다.

주요판례 대법원 1982. 3. 9. 선고 80누105 판결.

도시계획결정은 특정 개인의 권리 내지 법률상의 이익을 개별적이고 구체적으로 규제한다는 점에서 행정청의 처분에 해당한다고 본 판례.

주요판례 대법원 2003. 9. 23. 선고 2001두10936 판결.

도시계획변경 거부처분의 취소소송에 있어 영업법상 지위에 근거한 신청권을 인정할 수 있다고 본 판례.

4. 검토 : 처분성 인정과 권리구제의 상관관계[180)]

행정계획의 처분성을 인정하면 취소소송이 적법하게 제기될 수 있으므로 본안판단을 받을 수 있는 가능성이 열린다. 다만 취소소송의 본안에 들어가도 처분청의 재량이 워낙 광범위하기 때문에 승소할 가능성이 매우 희박하며 최근에 들어서야 형량하자를 이유로 처분을 취소해주는 판례들이 등장하기 시작하고 있다.

다른 한편 행정계획의 처분성을 인정하게 되면 취소소송이 제기되지 않은 행정계획들에 대해서도 모두 처분성이 인정되고 공정력 또한 인정되는 결과로 이어진다. 즉 도시계획의 처분성을 인정하는 것이 반드시 국민의 권리구제를 두텁게 하는 것은 아니라는 점에 유의해야 한다.

Ⅲ 행정계획의 수립절차

1. 개 관

행정계획은 커다란 계획재량을 누린다는 점에서 그 실체에 대한 입법적·사법적 통제가 어렵다. 따라서 행정계획의 적정성, 민주성 확보 및 이

180) 자세히는 김종보, 도시계획과 취소소송의 처분성, 행정작용법(김동희·최계영 편), 박영사, 2005, 689면 이하, 김종보, 도시계획변경거부의 처분성, 행정법연구 11호, 2004. 5, 243면 이하 등 참조.

해관계인의 절차적 참가 등 절차적 통제가 중요한 의미를 갖는다. 행정절차법은 일반법적 성격을 가지므로, 특별법이 있으면 행정절차법은 적용되지 않는다. 예컨대 도시계획의 경우 국토계획법상 계획수립절차가 정해져 있으므로 행정절차법은 적용되지 않는다고 해석한다.

2. 수립권자 – 입안권자와 결정권자의 분리

도시계획의 수립은 입안과 결정을 포함하는 개념이며, 입안이란 초기에 도시계획의 형태를 만드는 행위를 말하고, 결정이란 입안권자가 제시한 도시계획안을 확정하는 행위를 말한다. 통상 기초자치단체장이 입안권자이고, 광역자치단체장이 결정권자가 된다. 입안권자가 진행하는 절차는 주민참가, 자치단체의회의 의견 등이고, 결정권자가 진행하는 절차는 도시계획위원회 심의, 관계 행정청과의 협의, 결정고시 등이다.

소송은 입안권자와 결정권자를 공동 피고로 해야 효과를 볼 수 있는데, 실무상 행정소송에서는 결정권자만 취소소송의 피고가 된다. 하지만 도시계획의 수립에서 실제로 주도권을 쥐는 자는 입안권자인 경우가 일반적이므로 도시계획의 실무와 소송의 실무가 불일치하는 문제가 있다. 예를 들어, 화성시 일부 지역에 수립되는 지구단위계획은 화성시장이 입안하지만, 결정은 경기도지사가 하게 된다. 경기도지사가 그 내용을 잘 알기 어렵고 지구단위계획을 수립하게 되는 계기도 대부분은 화성시 내부적인 것이다.

3. 개별 절차

(1) 주민참가

도시계획안이 입안권자에 의해 어느 정도 윤곽이 정해지면, 주민들의 의견을 묻는 공람공고 절차가 진행된다. 이때 주민이란 일차적으로 당해 도시계획에 의해 규율되는 토지소유자이고, 이차적으로는 도시계획의 수범자가 아니어도 일정한 법적 이익이 있다고 소명하는 자가 된다.

주민의 참가를 보장하는 공람·공고 절차는 필수 절차이므로 이를 위반한 것은 절차의 하자가 되어 당해 도시계획을 위법하게 만든다. 예를 들어, 법령상 14일간 공람하도록 정해져 있는데 13일만 공람했다면 도시계획의 절차상 하자가 된다. 절차상의 하자가 입증되면 당해 처분은 위법해지므로 취소판결을 받게 된다.

(2) 기초조사

국토계획법은 도시계획에 관한 기초조사의 근거규정을 두고 있고(제27조 및 동법 시행령 제21조), 기초조사의 내용은 인구, 경제, 사회, 문화, 토지이용, 환경, 교통, 주택 등이다(동법 제13조). 기초조사절차를 규정하고 있는 국토계획법 규정은 강행규정이다.[181] 그러므로 행정청이 다시 동일한 도시계획을 수립할 수 있다고 예상되는 경우에도 기초조사의 하자는 도시계획의 취소사유가 된다.[182] 다만 기초조사절차의 위반을 당연무효의 사유라고 보기는 어렵다.[183]

(3) 지방의회의견

도시계획의 입안자는 그 입안의 과정에서 도시계획안에 대하여 지방의회의 의견을 물어야 한다(국토계획법 제28조 제6항). 지방의회의 의견을 들어야 할 사항은 용도지역의 변경 등 법령에 정해져 있다(동법시행령 제22조 제7항).

(4) 도시계획위원회의 심의

도시계획의 결정에 있어서 도시계획의 결정권자는 국토계획법에 근거하여 조직되는 도시계획위원회의 심의를 거쳐야 한다(국토계획법 제30조 제3항). 앞의 절차들과는 달리 도시계획위원회의 심의절차는 도시계획의 안이 결정권자에게 제출된 이후에 결정권자에 의해 진행되는 절차이다.

---

181) 기초조사규정의 연혁에 대해 약간 자세히는 정태용, 도시계획법, 법제연구원, 2001, 99면 각주 55 참조.

182) 대법원 1988. 5. 24. 선고 87누388 판결; 부산고법 1993. 8. 18. 선고 92구251 판결.

183) 대법원 1990. 6. 12. 선고 90누2178 판결.

(5) 관보 또는 공보에 고시

국토교통부장관이나 시 · 도지사는 도시계획을 결정하면 관보 또는 공보에 그 결정을 고시해야 한다(국토계획법 제30조 제6항, 동법시행령 제25조 제6항). 도시계획결정의 고시는 구속적인 행정계획을 처분의 상대방에게 통지하는 하나의 방식이다. 따라서 행정행위가 통지에 의해 효력을 발생하는 것과 마찬가지로 고시는 도시계획의 효력발생요건이다.[184] 관계 행정청은 도시계획결정을 개별 통지하여야 할 법적인 의무가 없고 이러한 개별통지가 없었다고 해도 행정청의 의무위반이 되는 것은 아니다.[185]

수범자가 다수이기 때문에 개별적 통지를 요구하면 통지를 받는 날짜에 따라 효력발생시기가 다 달라지므로, 고시를 통해 일시에 효력을 발생시키는 것이다. 만약 고시가 되지 않았거나 관보가 아닌 일반 일간지 등에 고시했다면 전체가 무효가 된다.

(6) 지형도면의 고시

도시계획의 결정권자는 도시계획의 결정고시 이후 지적이 표시된 지형도에 도시계획사항을 명시한 도면(지형도면)을 작성해서 고시해야 한다(국토계획법 제32조). 종래 국토계획법은 도시계획 결정고시는 고시 후 5일 후 효력이 발생한다는 조문을 두고 있었으나, 현재는 개정되어 지형도면의 고시가 있어야 비로소 도시계획 결정고시의 효력이 발생하는 것으로 바뀌었다(동법 제31조 제1항). 이 개정조문에 의해 도시계획 자체의 고시에 대한 법적 평가도 달라질 수밖에 없게 되었다.

4. 절차위반의 효과

절차위반이 있으면 하자의 일반이론에 따라 통상 도시계획이 위법한 것으로 되어 무효 · 취소 사유가 된다. 따라서 내용에 대한 하자가 아니더라도 사실상 원고가 승소할 가능성이 높아진다. 물론 취소판결이 내려지는 경우

184) 대법원 1985. 12. 10. 선고 85누186 판결.
185) 대법원 1993. 3. 23. 선고 92누8613 판결.

행정청은 절차를 다시 거쳐 절차위반이 치유된 동일한 내용의 계획을 수립할 수도 있다. 그러나 실무상 계획의 내용에 영향을 미치는 경우도 적지 않다.

> **참고 집중효와 의제조항**
>
> 집중효란 대규모사업계획이 승인, 확정된 경우 타 법규에 규정된 승인 또는 허가를 받은 것으로 간주하는 효력을 말한다. 이는 독일의 이론이 수입된 것이다. 집중효는 행정계획의 수립 절차에 다수의 이해관계인이 참가해서 자신의 견해를 표명한 뒤, 수립절차가 종결되고 나면 하나의 처분에 다른 절차의 행정처분이 모두 포함되어 행해지는 형태로 진행된다. 대규모사업을 시행할 때 일일이 수많은 허가나 승인을 받아야 하는 번거로움을 없애는 기능을 한다. 이에 비해 한국 실정법에서 의제조항이란 실정법상 하나의 인·허가를 받으면 다른 허가, 인가, 특허, 신고, 등록 등을 받은 것으로 의제하는 조항을 말한다. 독일의 집중효와 유사한 기능을 한다. 건축허가나 사업허가 관련 조문에 의제조항이 다수 존재한다.

Ⅳ 계획재량과 형량원리

1. 계획재량의 의의

(1) 의 의

계획재량이란 행정계획을 수립·변경함에 있어 행정청에게 광범위하게 인정되는 형성의 자유 또는 재량[186)]을 말하고, 이는 행정행위의 일반적인 재량과 구분된다. 행정계획은 다수의 이해관계인을 대상으로 하고, 동원될 수 있는 수단이 매우 다양하기 때문에 행정계획을 수립하는 주체(입안권자 및 결정권자 모두)가 광범위한 형성의 자유를 갖는다. 예컨대 '공익에 부합하는 도시 기능'이라는 목표를 이루기 위해 다양한 '공간배치' 수단이 사용될 수 있다.

(2) 계획재량과 일반 행정재량의 구분

1) 학 설

가) 질적 차이 긍정설(다수설)

질적 차이 긍정설은 계획재량과 일반 행정재량이 재량의 내용 면에

186) 대법원 1996. 11. 29. 선고 96누8567 판결.

있어 다르다는 견해이다. 일반 행정재량은 요건과 효과에서 인정되는 반면, 계획재량은 목표의 설정과 수단의 선택에서 인정된다는 점에서 차이가 있다고 본다. 현재의 다수설이다.

나) 질적 차이 부정설

질적 차이 부정설은 계획재량과 일반 행정재량이 행정청에게 선택의 자유를 인정한다는 점에서 동일하다는 견해이다.

2) 판 례

판례는 계획재량이 통상적인 재량과 다를 수 있다는 것을 인정하고 있다.

2. 형량의 원리

도입사례 18-1

도시환경정비사업의 시행자인 갑은 자신의 사업대상지에 존재하는 대학병원을 수용해서 그 부지도 모두 아파트단지에 포함시키는 내용의 정비계획을 수립해서 입안을 제안하였고, 이는 광역시장에게 승인되어 결정고시 되었다. 병원 을은 오랜 기간 지켜 온 병원을 헐고 아파트를 짓는 것에 큰 불만을 가지고 있다. 정비계획에 대한 취소소송을 하면 을에게 승소가능성이 있을 것인가?

(1) 의 의

형량의 원리란 행정계획을 수립함에 있어 공익과 공익, 사익과 공익들을 비교교량 해야 할 의무를 행정주체에게 요구하는 원리를 말한다. 형량의 원리는 계획재량에서의 비례의 원칙과 같이 행정청의 형량하자를 도출하는 기준으로 작동한다. 형량의 원리는 형량명령 또는 비교교량의 원칙 등으로 표현된다.

참고 형량명령

독일 도시계획법전(BauGB)에 있는 형량원리와 그에 대한 학설상의 논의가 한국에 수입되면서 독일어를 직역해서 형량명령이라고 부르는 학자들이 다수 있다. 한국의 법학용어로는 형량명령보다 형량의 원리 정도의 표현이 더 적합하다.

(2) 내 용

행정계획결정 시 반드시 이익형량을 하여야 하고, 다음의 단계를 모두 거쳐야 한다.

1) 계획과 관련된 제반 이익의 조사 및 확인

계획청은 관련된 공익과 사익을 모두 포함시켜야 한다. 이 때, 법령에 의해 정해진 법정고려사항은 물론 법령에 규정되지 않은 이익도 포함해야 한다.

2) 이익의 내용 및 중요성에 대한 평가

계획청은 다양한 공·사익을 빠짐없이 정확하게 파악하고 평가해야 한다.

3) 최종적인 비교·형량

이익의 조정은 개개 이익의 객관적 가치에 비례하여 행해져야 한다. 개개 이익을 과소, 과대평가해서는 안 된다. 또한 목표를 달성할 수 있는 여러 수단 중 침해를 최소화하는 방안을 선택해야 한다.

(3) 형량하자의 효과

형량하자가 있는 경우 도시계획이 위법해서 취소될 수 있지만, 대법원이 형량하자를 이유로 청구를 인용하는 경우는 극히 이례적이다. 행정청이 형량의 원리에 반하여 명백한 잘못을 저지른 경우에 한해 형량하자가 인정된다. 그렇지 않으면 계획재량을 인정하는 취지가 몰각될 수 있다고 보기 때문이다. 다만 현재 대법원이 생각하는 형량하자는 행정계획의 내용 자체의 잘못에 머물고 있을 뿐, 공익과 사익에 대한 평가나 이익조정의 내용이 기술되지 않았다는 등의 사유 자체를 형량하자로 보는 것은 아니다.

도입사례 18-1의 해결

계획재량에 관해 계획수립의 주체는 무한대의 계획재량을 누리지만, '형량의 원리'에 따라 공익과 사익, 사익과 사익 간 비교교량 해야 할 의무 또한 부담한다. 사인이 운영하고 있던 병원을 헐고 새로운 아파트를 짓는 것은 얻게 되는 공익에 비해 사익이 지나치게 침해되는 경우로 볼 수 있다. 그러나 실무상 을이 승소할 가능성은 거의 없다.

주요 키워드 계획재량, 형량의 원리, 형량하자

주요판례 대법원 2005. 3. 10. 선고 2002두5474 판결.

행정계획의 무한대의 계획재량에 대한 통제수단으로서 '형량의 원리'를 제시한 판례. 당해 사안에서는 형량의 원리가 제대로 지켜졌다고 보았다.

주요판례 대법원 2006. 4. 28. 선고 2003두11056 판결.

행정계획의 무한대의 계획재량에 대한 통제수단으로서 '형량의 원리'를 제시한 판례. 당해 사안에서 형량이 제대로 이루어지지 않았다는 원심의 결론을 유지하였다.

주요판례 대법원 2007. 1. 25. 선고 2004두12063 판결.

청계산 도시자연공원 인근에 휴게광장을 조성하기 위한 구청장의 도시계획결정에 대한 취소소송에서, 토지 전체를 사업부지로 편입한 것은 형량 하자라고 보았다.

주요판례 대법원 2012. 1. 12. 선고 2010두5806 판결.

장기미집행 도시계획시설결정변경신청에 대한 거부처분 과정에서 형량이 제대로 이루어지지 않았다는 원심의 결론을 유지한 판례.

V 도시계획시설과 사업인정의 의제

1. 도시계획시설의 의의

도시계획시설이란 도로, 공원 등 도시계획결정에 의해 설치되어야 하는 공공목적의 기반시설로서 도시계획시설계획(도시계획시설결정), 실시계획인가의 절차를 거쳐 설치된다. 도시계획에 대해 다투어지는 사례 중의 절반 이상은 도시계획시설의 설치와 관련된 것이므로 행정계획에서 도시계획시설이 차지하는 비중이 매우 높다는 점에 유의해야 한다. 독일 행정절차법(제72조 이하)상 계획수립절차(Planfeststellungsverfahren)에서 규율되는 행정계획은 한국의 도시계획시설의 실시계획과 대응관계에 있다는 점도 알아두면 좋다.

2. 실시계획의 인가

도시계획시설이 설치되기 위해서는 도시계획시설결정, 실시계획의 인가, 수용재결, 건설공사 등의 절차가 진행된다. 도시계획시설결정은 시설의 위치와 면적을 확정하는 도시계획이며 취소소송의 대상이 된다. 이에 후속하는 실시계획의 인가는 대상 시설의 설계도의 기능을 하며 사업시행자는 실시계획의 인가로 공사에 착수할 수 있는 포괄적인 법적 기초를 얻는다(국토계획법 제88조 참조).

도시계획시설은 도로, 공원, 학교와 같이 물리적 시설을 전제로 하므로 당해 시설이 설치될 부지에 대한 소유권이 확보되어야 한다. 국토계획법은 실시계획의 인가에 토지보상법상 사업인정을 의제함으로써 도시계획사업에 수용권을 부여하고 있다. 이처럼 실시계획의 인가와 같은 공익사업을 위한 인허가에 토지수용권을 인정하기 위한 수단이 현행 제도상 사업인정의 의제이다.

3. 사업인정의 의제

헌법 제23조는 제1항에서 국민의 재산권을 보장한다는 원칙조항을 두고, 제3항에서 예외적으로 공공필요에 의한 재산권의 침해가 법률에 의해 가능하도록 허용하고 있다. 토지보상법상 사업인정이란 수용이 필요한 경우에 토지보상법이 정하고 있는 공익사업에 해당한다는 점을 확인하고 그에 따라 수용권이 부여될 수 있음을 선언하는 행정처분을 말한다. 물론 사업인정에 의해 발생하는 법적 효과는 사업시행자에게 수용권이 부여된다는 설권적 형태로 나타나지만, 그 본질적인 징표는 '공익사업에 해당한다고 인정'하는 것이다. 사업인정은 당해 공익사업의 대상지역에 대한 토지세목을 포함하여 고시되는데(토지보상법 제22조 제1항), 이는 개별 필지에 대한 수용권발동의 기초가 된다.

국토계획법에 따라 실시계획의 인가는 토지보상법 제20조 제1항 및 제22조에 의한 사업인정 및 그 고시로 의제되고 사업시행자는 도시계획사업에 필요한 토지 등을 수용할 수 있다(동법 제96조 제2항).[187] 만약 이 조항이 없다면 사업시행자는 실시계획의 인가 후 다시 토지보상법상 별도의 절차를 밟아 사업인정을 받아야 한다.

4. 사업인정의 의제와 협의제도

토지보상법이 지체 사업은 거의 없이 다른 법률에 의해 활발하게 이용되는 상황이 지속되면서 토지보상법상 사업인정에서 요구되는 공익사업에 대한 공공성 판단의 기준은 거의 사문화되는 현상이 벌어졌다. 토지보상법은 헌법적 요청에 부응해서 헌법상 공공필요를 충족하는 사업을 공익사업으로 정하고 이러한 사업이 공공성을 충족한다는 것을 확인하는 의미에서 (공익)사업의 인정이라는 절차를 두고 있다. 그러나 개별법들은 토지보상법이 헌법적 기준에 따라 공익사업임을 인정하는 기준과 실질에는 관심을 두

187) 헌법재판소 2007. 11. 29. 선고 2006헌바79 결정, "도시계획시설사업의 실시계획 인가를 사업인정으로 의제하는 국토계획법 제96조 제2항 본문이 적법절차원칙 및 헌법 제23조 제3항에 위배되는지 여부(소극)"

지 않고 단순하게 토지보상법상 사업인정을 의제하는 조항을 두는 것에 만족하였다. 그 결과 수용권이 토지보상법의 절차를 우회해서 개별법상의 실시계획 인가 등에 의해 사업시행자에게 쉽게 인정되고 토지소유권에 대한 위헌적인 침해의 우려가 높아졌다.

2016년 7월에 시행된 토지보상법은 이와 같은 문제점을 인식하고 개별 법률들에 의해 사업인정이 의제되는 법률들을 검토하고 동법률에 의한 사업인정의 의제의 요건으로 중앙토지수용위원회의 의견을 묻도록 하는 조항을 도입했다(동법 제21조 제2항). 이 조항과 함께 사업인정을 의제하는 타 법률 120여개를 토지보상법이 직접 나열함으로써(제4조의2) 개별법률 단위로 흩어져 있던 수용과 보상에 관한 절차가 하나로 통합되는 강력한 효과가 발생했다.

시행 후 약 3년에 가깝게 운영되어 온 중앙토지수용위원회의 의견청취 제도는 초기의 불안정한 시기를 거쳐 점차 공익성 판단을 엄격화하는 방향으로 운영되고 있다. 이 조항의 도입 이후 실무의 운영과정에 다양한 문제점이 제기되면서 단순한 의견청취가 아니라 중앙토지수용위원회와의 협의가 명문화되었다. 이 조항은 2019년 7월에 처음으로 시행되었다.

Ⅵ 도시계획시설의 장기미집행과 실효제도

기반시설을 설치하려면 그 시설의 종류·명칭·위치·규모 등을 미리 도시관리계획으로 결정하여야 하며(국토계획법 제43조 제1항), 이러한 도시계획시설결정은 엄격할 절차를 거쳐 발급되는 공식적 행정처분이다. 그러나 이에 의해 수용권이 바로 부여되는 것이 아니므로, 실시계획의 인가가 뒤따르지 않으면 사업시행자도 수용재결을 신청할 수 없고 토지소유자도 재결신청을 청구할 수 없다(토지보상법 제30조 제1항).[188] 이런 상태가 장기간 지속되는 시설을 장기미집행 도시계획시설이라 부르며, 이에 대해서는 국토

188) 헌법재판소 1996. 11. 28. 선고 92헌마237 결정.

계획법이 별도로 매수청구, 도시계획시설결정의 실효 등을 정하고 있다(법 제47조, 제48조). 도시계획시설결정이 공식적인 절차에 의해 발급되는 중요한 처분임에도 불구하고 그것만으로 수용권이 인정되지 않는 것은 아직 설계도에 의해 구체화되지 않은 공익사업에 대해 수용권을 인정하는 것이 부당하기 때문이다.

1999년 헌법재판소는 장기미집행 상태의 도시계획시설들이 국민의 재산권을 부당하게 침해한다는 점에서 위헌이라 선언하였다.[189] 이에 따라 전부개정된 도시계획법(2000년)과 이를 잇는 현행 국토계획법은 도시계획시설이 결정되고 10년이 지난 경우 토지소유자에게 매수청구권을 인정하고(법 제47조 제1항),[190] 장기미집행 도시계획시설결정에 대해서는 20년이 경과하면 실효되도록 하는 강력한 조항을 두고 있다(법 제48조). 다만 헌재 결정에 따라 도시계획시설의 실효제도를 도입하던 당시 이미 존재하고 있었던 도시계획시설들에 대해서는 2000년 7월 1일에 결정된 것으로 보는 경과규정이 마련되었는데(국토계획법 부칙 제16조), 이에 의해 오래된 도시계획시설들도 일정한 기간 실효되는 것을 모면할 수 있었다.

그러나 2000년으로부터 20년이 경과하는 동안 국가 및 지방자치단체들은 장기미집행 도시계획시설문제를 거의 해결하지 못하고 방치해 오고 있었다. 특히 도시계획시설결정으로 부지 내 개발행위를 제한하는 것만으로 만족했었던 도시공원들이 문제였다. 실효 전 실시계획인가를 완료한 곳도 있었으나 많은 지방자치단체들이 2020년 7월 실효 전 '도시자연공원구역'으로 지정하는 경우가 많았다. 도시자연공원구역 지정으로 개발행위를 제한하면서 도시계획시설과 같은 매수청구권이나 실효조항의 부담으로부터 해방되고자 했기 때문이다. 도시계획시설 부지의 소유자들의 재산권이 침해되는 위헌적인 상황이 우회적인 방법으로 지속된다는 점에서 장기미집행 도시계획시설 문제는 계속되고 있다.

189) 헌법재판소 1999. 10. 21. 자 97헌바26 결정.
190) 대법원 2007. 12. 12. 선고 2006두4738 판결.

제19장 행정상 사실행위

> **도입사례 19-1**
>
> 2008년 세계적 금융위기 이후 한국 정부는 금융시장의 안정화를 중요 정책목표로 설정하였다. 2012년에 접어들면서 금융시장의 불안정성이 높아지자, 금융위원회는 A은행의 '위험가중자산에 대한 자기자본비율'이 100분의 8미만으로 떨어졌다고 판단하여, A은행에 대해 부실자산을 처분하라는 '경영개선권고'를 하였다. 그러나 금융위원회의 위 판단은 잘못된 것임이 밝혀졌다. A은행은 '경영개선권고'를 취소소송을 통해 다툴 수 있는가?(2013년 **제1차 변호사** 모의시험)

I 개 념

행정상 사실행위란 법률효과의 발생을 목표로 하지 않고, 단순히 사실상의 결과만을 발생시키는 행정주체의 행위 일체를 말한다. 사실행위는 법적 효과가 수반되지 않는 것이 원칙이므로 처분성도 인정되기 어렵고 그로 인해 권리구제를 받기도 쉽지 않다. 행정상 사실행위 중 법적 쟁점이 있는 것은 권력적 사실행위, 행정지도 등이 있다.

II 권력적 사실행위

1. 의 의

권력적 사실행위란 사실행위이지만 권력적 요소가 있어 상대방의 공법상 지위에 영향을 줄 가능성이 매우 높은 행위를 말한다. 예컨대 전염병예방법에 따른 격리조치가 이에 해당한다. 위법한 사실행위로 국민에게 손해가 발생한 경우, 국가는 국민에게 손해배상의무를 지고, 국민은 손해배상청구권을 갖는다. 권력적 사실행위가 과연 행정소송의 대상이 될 수 있는가에 논의가 집중된다.

2. 법적 성질

(1) 처분성

권력적 사실행위는 그 자체로서 국민의 실체법상 권리의무를 신설하거나 변경하는 힘은 없지만, 행정소송법이 말하는 '공권력 행사'의 징표를 충족하므로 처분성이 인정될 여지가 있다. 판례는 권력적 사실행위로서 단수처분, 교도소재소자의 이송조치 등의 처분성을 인정한 바 있다.

(2) 소의 이익과 관련된 문제

사실행위는 성격상 법적 효과를 수반하지 않으므로 사실행위가 이루어지고 나면 다툴 수 있는 법적 효과가 남아있지 않은 경우가 일반적이다. 이는 권력적 사실행위의 경우에도 마찬가지로, 법적 효과가 남아있지 않은 상태에서 취소소송을 하면 소의 이익이 인정되지 않아 각하될 가능성이 높다. 예를 들어, 시위진압과정의 폭력이나 1인 시위자에 대한 화상실 사용금지 등의 사실행위에 대해 다투고자 해도 이미 행정작용이 종료된 경우가 대부분이므로 소송의 승소를 통해 얻을 수 있는 이익이 인정되기 쉽지 않다. 권력적 사실행위는 효과가 지속되는 구금, 국외추방, 단전 등의 경우에 취소소송의 대상으로 인정될 수 있지만, 그 외에는 처분성을 논하는 실익이 높지 않다.

Ⅲ 행정지도

행정지도는 행정기관이 사무처리 권한에 근거해서 일정한 행정목적을 위해 특정인에게 작위, 부작위를 권고하거나 조언 등을 하는 사실행위를 말한다(행정절차법 제2조 참조). 행정지도는 비권력적 사실행위에 속하므로 상대방은 그 지도에 따를 공법상 의무는 없고 본인의 판단에 따라 지도받은 행위를 할 것인지를 결정한다.

행정법관계에서 다양한 행정지도가 이루어지는데, 새로운 행정영역이 늘어나고 분쟁을 사전에 회피할 필요가 있으며, 국민에게 행정이 보유한 정보를 제공할 필요성 등 다양한 관점에서 행정지도가 필요하기 때문이다. 다만 행정지도는 책임소재를 불명확하게 하고, 형식상 행정지도라 해도 국민에 대한 사실상의 압박이 공권력행사에 준하는 경우가 있을 수 있으나[191] 취소소송이 어렵다는 점 등에서 문제점이 지적되고 있다. 행정지도에 대해서는 행정절차법에 과잉금지, 불이익조치금지, 상대방의 서면교부 청구권 등의 조항이 마련되어 있다(행정절차법 제48조 이하).

Ⅳ 행정조사

1. 행정조사의 의의

행정조사는 행정기관이 행정활동을 위해 필요한 정보를 수집하는 행정작용으로서 사실행위의 일종이다. 이에 대해 행정조사기본법이 제정되어 있으며 현장조사, 서류열람, 시료채취 등 다양한 활동을 행정조사의 내용으로 정하고 있다(동법 제2조). 행정조사는 일반적으로 비권력적인 자료의 수집을 내용으로 하지만, 법률에 근거해 권력적인 행정조사도 다수 존재하고 있다. 은행법(35조의5), 독점규제 및 공정거래에 관한 법률(19조의2), 법인세법(122조)상의 조사 등이 그 예이다.

2. 행정조사 관련 쟁점

일정한 행정조사는 행정강제를 취하기 위한 전제가 된다는 점에서 행정

191) 대법원 1994. 12. 13. 선고 93다49482 판결 참조.

강제와도 연결되어 있다. 행정강제란 행정법상 의무가 이행되지 않은 경우에 의무의 이행을 확보하기 위해 법령이 정해놓은 각종의 불이익조치들을 말한다(행정강제에 대하여는 제23강 참조). 또 행정조사에 헌법상 영장주의의 원칙이 적용되는가에 대해서도 견해가 대립하고 있다. 판례는 행정조사에 대한 영장이 꼭 필요한 것은 아니라는 입장이다.[192] 권력적 행정조사는 취소소송의 대상이 될 수 있다.**(제7회 변호사시험)**

도입사례 19-1의 해결

경영개선권고는 행정청의 행정지도에 해당하며, 상대방에 대하여 직접 권리를 부여하거나 의무를 부과하지는 않으므로 행정상 사실행위의 성격을 갖는다.
그러나, 「은행업감독규정」에 따르면 경영개선권고를 받은 기관이 이를 성실히 이행하지 않으면 경영개선요구를 받게 되고, 이 또한 이행하지 않으면 경영개선명령을 받게 된다. 결국 경영개선권고는 그 자체가 직접 법적 지위에 변화를 가져오지는 않으나, 그것이 침익적 처분의 요건으로 규정되어 있으므로 공권력 행사에 준하는 행정작용으로서 처분성이 인정될 필요가 있다.

주요 키워드 행정상 사실행위, 행정지도

192) 대법원 2013. 9. 26. 선고 2013도7718 판결(관세법상 우편물 통관검사).

제20장 공법상계약

도입사례 20-1

갑은 국립대학교 을과 협약을 맺어 을에게 30억 상당의 건물을 지어 기부채납하고, 을은 갑에게 20년간 무상으로 이 건물에 대한 사용수익허가처분을 해주기로 약속하였다. 건물을 기부채납한 갑은 을에게 사용수익허가를 신청하였는데, 을은 그 건물을 교육용으로 사용할 긴급한 필요가 있다고 보고 사용수익허가를 거부하였다. 갑과 을이 맺은 협약의 성격은 무엇이며, 이 협약은 사용수익허가거부처분 취소소송에서 어떤 기능을 할까?

I 공법상계약의 의의

공법상계약이란 공법적 효과의 발생을 목적으로 하여 복수당사자의 쌍방적 의사합치로 성립하는 공법행위를 말한다. 공법상계약에 해당하기 위해서는 그 계약의 내용이 공법적 효과의 발생을 목적으로 해야 한다.

II 공법상계약의 유형

1. 처분계약

처분계약은 행정행위에 갈음한 공법상계약을 말하며 법적 근거가 있는 경우에 한정하여 체결할 수 있다. 행정행위에 갈음하여 체결되는 계약이므로 쟁송절차에서 그 위법성을 판단함에 있어 행정행위와 유사한 잣대가 적용된다. 예컨대 공무원 채용계약은 임용처분에 갈음한 처분계약에 해당한다.

한편 처분계약에는 행정행위를 포함하는 내용의 계약 역시 포함된다. 예컨대 유원지 조성을 위한 행정청과 사업자 간 포괄적 협정 안에는 사업시행자 지정처분이 포함된 것으로 해석되므로 이 포괄적 협정은 처분계약을 포함하는 것이다.

> **참고 협의매수**
>
> 토지보상법에 따른 사업인정이 있고 나면 사업시행자는 토지소유자를 찾아 토지의 매수를 시도한다. 이때 양당사자 사이에 협의매수가 이루어지는 경우 작성된 협의매수조서에 대하여 행정청의 확인을 받으면 수용재결과 동일한 효과가 발생한다. 즉, 협의매수는 수용재결에 갈음하는 처분계약에 해당한다.

2. 처분약속계약

처분약속계약이란 처분의 발급을 약속하는 내용의 공법상계약을 말한다. 처분약속계약은 별도의 법적 근거 없이도 허용되지만, 행정주체가 권한이 없는 처분을 약속하는 경우 계약이 무효로 판단될 수 있다. 실무에서는 행정행위를 갈음하거나 그 내용 안에 행정행위가 포함되는 처분계약은 극히 드물게 체결되고, 처분약속계약을 통해 행정청에게 장차 행정행위를 발급할 의무가 있음을 합의하는 것이 일반적이다(이른바 협약 또는 MOU). 통상 처분약속계약은 그 내용이 법질서 전체에 반하지 않는 한 유효하다고 해석한다. 당해 계약이 유효하다면 그 내용에 행정청이 구속되므로 행정청의 재량이 축소된다. 따라서 사후적으로 처분의 취소소송절차가 진행될 때 원고는 당해 처분약속계약의 구속력을 주장할 수 있다.

> **참고 도로를 설치하고 기부채납하면 도로점용허가를 발급하기로 하는 협약**
>
> 예를 들어 도로를 설치하고 기부채납한 자에게 행정주체가 20년간 무상으로 도로점용허가를 발급하기로 약속하는 협약이 체결되었다면 행정주체는 도로점용허가 발급의무를 부담한다. 만약 행정주체가 협약의 내용과 다른 기간을 정하여 점용허가를 발급한 경우라면 상대방은 협약의 내용을 근거로 처분 취소소송을 하고 승소할 수 있다.

3. 처분과 무관한 공법상계약

공법상계약 중에는 처분과 무관하게 공법상의 권리·의무를 정하는 계약이 다수 존재한다. 분쟁이 발생했을 때 처분과 무관한 공법상계약은 통상 민사상 합의에 준한 것으로 보므로 민사소송의 형태로 소가 제기된다. 이에 해당하는 계약의 예로는 공공기관 연수를 위한 공공기관과 대학 간의 협약을 들 수 있다. 이론적으로는 이에 대한 소송들도 모두 공법상 당사자소송으로 해결하는 것이 옳다.

도입사례 20-1의 해결

갑과 을이 체결한 계약은 처분약속계약에 해당한다. 처분약속계약의 내용이 법질서 전체에 반하지 않는 한 이 계약은 유효하므로 을은 사용수익허가처분을 발할 의무를 진다. 따라서 갑은 이 계약을 근거로 사용수익허가 거부처분이 위법함을 주장할 수 있다.

주요 키워드 공법상계약, 처분약속계약

제21장 행정절차

≫ 도입사례 21-1

불법도박장을 운영하던 갑은 행정청으로부터 영업장 폐쇄명령을 받았다. 그러나 이 처분의 발급과정에서 주소불명이었던 갑에게 의견청취의 기회가 제공되지 않았다. 갑이 절차하자를 이유로 폐쇄명령 취소소송을 하면 법원은 어떻게 판결할 것인가?

I 행정절차의 의의

행정절차란 행정청이 행정행위를 발급하는 등의 경우에 사전적으로 거쳐야 하는 절차를 말한다. 미국의 경우 사법부는 행정절차가 엄격히 지켜졌는지 심사한 뒤, 절차가 준수된 경우 실체 판단을 거의 하지 않는다. 이에 비해 독일의 경우 법적으로 절차보다는 실체를 중시하는 경향이 강해 절차의 위반이 실체에 영향을 주지 않는 이상 중요한 의미를 갖지 않도록 설계되어 있다.

우리 법원은 원칙적으로 절차하자를 독자적 위법사유로 보고, 절차하자가 명확히 인정되면 처분의 위법을 인정한다. 실무상으로는 절차통제와 실체통제를 동시에 진행하는 경향이 있으며, 대체로 절차하자를 정황증거로 보는 경우가 많다.

Ⅱ 행정절차법의 연혁

1998년에 행정절차법이 시행되면서 행정행위 등 행정작용을 발급하기 전에 행정청이 거쳐야 할 여러 절차들이 법정되었다. 당시 행정절차법의 도입에 행정부는 강하게 반대했는데 이는 행정절차가 입법화되면 행정청으로서는 재량행사가 어려워지고, 나아가 사후적으로 사법부의 재판에 의한 행정통제가 강화될 것이기 때문이었다. 이러한 역사적 사실만으로도 행정절차는 행정에 대한 강한 통제적 기능을 갖는다는 것을 알 수 있다.

Ⅲ 침익적 처분의 절차(제3회, 제10회 변호사시험)

1. 처분기준의 설정 · 공표(행정절차법 제20조)

침익적 처분이란 상대방의 권익을 제한하거나 상대방에게 의무를 부과하는 처분을 말한다. 이때 복효적 행정행위는 제3자에 대한 침익적 처분으로 보지 않는다. 행정청은 그 처분을 발급하는 기준을 설정 · 공표하여야 하므로 처분기준의 불비는 절차적 하자로 독자적 취소사유가 된다. 다만 처분기준이 존재하나 처분 전에 미리 공표하지 않은 경우라면, 곧바로 취소사유로는 볼 수 없고 법의 일반원칙을 위반하였거나 객관적으로 합리성을 결여하는 등 특별한 사정이 있어야 위법하다고 인정된다[193].

2. 처분의 사전통지(제21조)

처분의 사전통지는 당사자 등이 추후의 의견청취절차에서 관련 자료에 기반한 진술 등을 하여 자신을 권익을 보호할 수 있도록 행정청이 정보를 미리 당사자 등에게 알려주는 것을 말한다.[194]

---

193) 대법원 2020. 12. 24. 선고 2018두45633(중국전담여행사지정취소처분취소) 판결.
194) 김동희 · 최계영, 행정법 I, 402면; 김철용 행정법, 408면 등.

3. 의견청취절차(제22조)

의견청취절차는 의견제출 기회부여(제22조 제3항), 청문(제22조 제1항), 공청회(제22조 제2항)로 다시 세분된다. 의견제출은 행정청이 어떠한 행정작용 전에 당사자등이 의견을 제시하는 절차로서, 청문이나 공청회에 해당하지 아니하는 절차를 말한다(제2조 제4호). 청문은 행정청이 결정에 앞서 그 결정의 당사자 또는 이해관계인으로 하여금 자신에게 유리한 증거를 제출하고 의견을 진술하게 함으로써 사실조사를 하는 절차를 말한다(제2조 제5호). 공청회란 행정청이 공개적인 토론을 통하여 일정 행정작용에 대하여 당사자등, 전문지식과 경험을 가진 사람, 그 밖의 일반으로부터 의견을 널리 수렴하는 절차를 말한다(제2조 제6호).

주요판례 대법원 2018. 3. 13 선고 2016두33339 판결.

변호사가 징계위원회 심의에 출석하여 진술하려고 하였음에도, 징계권자나 그 소속 직원이 변호사가 징계위원회의 심의에 출석하는 것을 막았다면 징계위원회 심의·의결의 절차적 정당성이 상실되어 그 징계의결에 따른 징계처분은 위법하다는 판례.

4. 처분의 이유제시(제23조)

처분의 이유제시란 처분의 발급 당시 행정청은 처분의 주된 법적 근거 및 사실상의 사유를 구체적으로 제시하는 것을 말한다. 이유제시의 하자는 독립된 무효 또는 취소사유가 된다(다수설, 판례). 이유제시가 전혀 없거나 매우 불충분하면 행정처분이 무효가 되며, 단순히 불충분하면 취소사유라는 것이 다수설이다. 판례는 이유부기 하자를 취소사유로 본 바 있다.[195] 다만 처분 당시 당사자가 그 이유과 근거를 충분히 알 수 있어서 행정구제절차로 나아가는 데에 별다른 지장이 없었던 것으로 인정되는 경우라면 처분이 위법한 것으로 된다고 할 수는 없다고 판시하여 이유제시 정도의 완화

195) 대법원 1983. 7. 26. 선고 87누420 판결.

가능성을 인정한 바가 있다.[196)]

주요판례 대법원 1983. 7. 26. 선고 87누420 판결.

과세처분을 하면서 그 납세고지서에 과세표준, 세율, 세액의 산출근거 등의 기재가 누락되면 과세처분 자체가 위법하여 취소대상이 된다는 판례.

5. 거부처분의 포함여부(제2회 변호사시험)

수익적 처분에 대한 거부처분 역시 침익적 처분에 해당하는지와 관련하여 적극설은 당사자가 수익적 처분의 발급을 신청하여 긍정적 처분을 기대하고 있는 이상 그 수익적 처분의 거부처분은 침익적 처분에 해당한다고 한다. 반면 소극설(다수설, 판례)은 당사자가 수익적 처분의 발급을 신청하였다고 해도 아직 당사자에게 권익이 부과된 것은 아닌 것으로 보아 신청에 대한 거부처분을 통해 당사자의 권익이 제한되는 것은 아니라고 한다. 그러므로 통상 거부처분의 절차는 후술하는 수익적 처분의 절차가 적용되는 것으로 이해하면 된다.

주요판례 대법원 2003. 11. 28. 선고 2003두674 판결.

임용거부처분의 취소를 구하는 사안에서 신청에 따른 처분이 이루어지지 아니한 경우에는 아직 당사자에게 권익이 부과되지 아니하였으므로 신청에 대한 거부처분이라도 '당사자의 권익을 제한하는 처분'이 아닌바 처분의 사전통지대상이 되지 않는다는 판례.

Ⅳ 수익적 처분의 절차

1. 적용대상이 되는 수익적 처분의 범위

행정절차법은 수익적 처분의 절차의 적용범위와 관련하여 명시적으로

196) 대법원 2009. 12. 10. 선고 2007두20362 판결; 대법원 2013. 11. 14. 선고 2011두18571 판결 등.

규정하고 있지 않다.

2. 처분기준과 처리기간의 설정 · 공표(제20조)

처분기준의 설정 · 공표는 행정처분에 관한 공통절차로서 침익적 처분뿐만 아니라 수익적 처분절차에도 포함된다. 행정절차법은 특별히 수익적 처분절차에서 신청인의 편의를 도모하고 신청에 대한 처분의 처리지연에 따른 신청인의 불이익을 방지하고자 행정청으로 하여금 처리기간을 설정 · 공표하도록 정하고 있다.[197]

3. 거부처분의 이유제시(제23조)

거부처분의 이유제시는 행정처분에 관한 공통절차로서 침익적 처분뿐만 아니라 수익적 처분의 절차에도 인정된다.

Ⅲ 문서주의(제24조)

행정청이 처분을 할 때에는 다른 법령 등에 특별한 규정이 있는 경우를 제외하고는 문서로 하여야 하며, 전자문서로 하는 경우에는 당사자 등의 동의 내지 신청이 있어야 한다. 다만 신속히 처리할 필요가 있거나 사안이 경미한 경우에는 말 또는 그 밖의 방법으로 할 수 있다. 문서주의는 처분 내용의 명확성을 확보하고 처분의 존부에 관한 다툼을 방지하여 처분 상대방의 권익을 보호하기 위한 취지로 입법된 것이다. 이를 위반한 처분은 하자가 중대 · 명백하여 무효이다[198].

Ⅴ 절차하자의 법적 효과(절차하자의 독자성)

절차하자가 독자적 취소사유가 되는가와 관련하여 절차하자가 실체 판

197) 김동희 · 최계영, 행정법 I, 399면; 김철용, 행정법, 406면 등.
198) 대법원 2011. 11. 10. 선고 2011도11109 판결 등.

단에 영향을 주는 경우에만 취소사유가 된다는 견해와 실체 판단에 영향을 주었는가와 무관하게 취소사유가 된다는 견해가 대립한다. 우리 법원은 후자의 태도를 취하는 것으로 평가된다.[199] 행정절차가 사전적 권리구제방식으로서 행정에 대하여 강력한 통제적 기능을 한다는 점에서, 절차하자를 독자적 취소사유로 보는 것이 옳다.

도입사례 21-1의 해결

영업장 폐쇄명령은 침익적 처분에 해당하므로 행정절차법 제22조에 따라 의견청취절차를 거쳐야 한다. 사안의 경우 의견청취의 기회가 제공되지 않았으므로 절차하자가 인정된다. 판례가 절차하자를 독자적 취소사유로 보고 있음을 고려할 때 법원은 처분의 위법을 선언할 가능성이 높다.

주요 키워드 공법상절차, 절차하자의 법적 효과, 절차하자의 독자성

199) 대법원 1991. 7. 9. 선고 91누971 판결, 대법원 1983. 7. 26. 선고 82누420 판결 등.

제22장 정보공개 및 개인정보보호

I 정보공개제도

1. 의 의

정보공개제도는 국가 등 공공기관이 보유하는 정보를 개인의 청구에 의해 공개하는 제도를 말한다. 이를 위한 법률로 「공공기관의 정보공개에 관한 법률」(이하 정보공개법)이 제정되어 운용되고 있으며, 이 법에서 말하는 공공기관의 범위는 공적 임무를 수행하는 자로 시행령에 의해 확장되고 있다(동 시행령 제2조).[200)]

2. 제도의 특징

정보공개법의 가장 큰 특징은 종래 사실행위의 영역에 머물던 정보공개 문제를 행정처분의 틀 속으로 편입한 점에 있다. 법률 제정 이전에는 국가나 자치단체 등 공공기관에 대해 정보를 공개해 줄 것을 청구할 수 있는 권리가 인정되지 않았으며, 또 정보의 공개여부는 사실행위로서 이를 거부해도 취소소송의 대상이 될 수 없었다. 정보공개법에 따르면 개인의 정보공개청구에 대해 정보공개여부를 결정하도록 되어 있으며(제11조), 이에 대해 불만이 있는 상대방은 취소소송을 제기할 수 있다(제20조).

정보공개법의 또 다른 특징은 정보공개청구를 위한 이해관계 등이 필요하지 않다는 점에 있으며 따라서 모든 국민은 공공기관의 정보공개를 청구할 수 있다(제5조). 정보공개법은 청구권자가 공개 요청된 정보와 어떤 관련

200) 관련판례, 대법원 2006. 8. 24. 선고 2004두2783 판결.

성을 가질 것으로 요구하거나 정보공개청구의 목적에 대한 특별한 제한이 없으므로 취소소송의 요건이 넓게 확장되어 있다.[201]

3. 비공개정보

정보공개법은 공공기관의 정보가 원칙적으로 공개되어야 한다는 전제하에 입법되어 있지만, 행정주체가 예외적으로 정보공개를 거부할 수 있는 비공개 정보를 나열하고 있다(제9조 제1항 단서). 법률상 추가 제약요건이 부가되어 있지만 다음 각 호의 정보들이 원칙적으로 비공개의 대상으로 검토될 수 있는 정보이다.

1. 다른 법률 등에 따라 비밀이나 비공개 사항으로 규정된 정보
2. 국가안전보장 등에 관한 정보
3. 국민의 생명·신체 및 재산의 보호와 관련된 정보
4. 진행중인 재판에 관련된 정보 등
5. 감사·감독·인사관리 등의 정보 및 연구개발 등의 정보
6. 성명·주민등록번호 등 개인에 관한 정보.
7. 법인·단체 또는 개인의 경영상·영업상 비밀에 관한 정보.

Ⅱ 개인정보 보호제도(개인정보보호법)

1. 개인정보보호법

개인정보 보호제도는 개인정보로서 살아 있는 개인에 관한 정보로서 성명, 주민등록번호 및 영상 등을 통하여 개인을 알아볼 수 있는 정보의 수집, 공개 등으로 인해 개인의 사생활 등이 침해되는 것을 막기 위한 법률상의 제도이다. 기본이 되는 법률은 「개인정보보호법」으로서 초기에 제정되었던 「공공기관의 개인정보 보호에 관한 법률」이 폐지되고 개인정보 보호의 영역이 공공과 민간부문을 통합하는 형태로 변경되었다.

---

201) 대법원 2017. 9. 7. 선고 2017두44558 판결.

또 대부분의 정보가 인터넷 등 통신망에 의해 처리되고 전달되는 현재 상황을 고려하면 개인정보보호법의 일반적 규율만으로 충분한 개인정보의 보호는 어려웠다. 이를 반영하여 구 「정보통신망 이용촉진 및 정보보호 등에 관한 법률」, 구 「신용정보의 이용 및 보호에 관한 법률」 등에 개인정보의 보호를 위한 조항들을 두었으나, 관련 내용이 지나치게 다양한 법령에 산재해 있다는 비판을 면하기 어려웠다. 이에, 법령 체계를 정비하는 차원에서 2020년 2월 개정으로 위 법령상 조문들은 삭제되고 개인정보보호법 제39조의3 이하에 별도의 장이 신설되었다(제6장 정보통신서비스 제공자 등의 개인정보 처리 등 특례).

정보통신서비스 제공자에게 다양한 의무가 부여되며 이에 따르면 서비스 제공자는 이용자의 개인정보를 수집하는 경우 개인정보의 수집·이용 목적, 수집하는 개인정보의 항목, 개인정보의 보유·이용 기간 등을 이용자에게 알리고 동의를 받아야 하며(제39조의3), 수집된 개인정보의 이용내역을 주기적으로 통지해야 한다(제39조의8). 보통신서비스 제공자등이 개인정보에 관하여 법령을 위반한 경우 과징금을 부과할 수 있다(제39조의15).

개인정보보호법은 개인정보 처리자에게 민감정보, 고유식별정보, 주민등록번호 등의 처리를 제한하는 한편(법 제23조 이하), 개인정보가 분실, 도난, 유출되지 않도록 다양한 책임을 부과하고 있다(법 제29조 이하). 정보주체에게는 개인정보의 열람 및 정정·삭제 요구권(법 제35조, 제36조) 등을 부여하고 손해배상 등에 대한 조항을 마련하고 있다.

제23장 행정강제

도입사례 23-1

작은 마을에서 식당 영업을 하던 갑은 식당이 너무 좁아 마당에 지붕을 덧대서 10평 정도의 추가공간을 얻었다. 행정청은 이를 적발하여 불법증축된 부분을 철거하도록 명하였으나 갑은 이에 응하지 않았다. 행정공무원은 어린 시절부터 알고 지내던 식당주인 갑의 품성이 매우 사납다는 것을 겁내며 강제철거를 하기는 어려울 것이라 생각한다. 행정공무원에게는 어떤 방법이 있겠는가?

I 행정강제의 의의

행정상 의무이행확보 수단이라고도 불리는 행정강제는 행정법상 의무가 이행되지 않은 경우에 의무의 이행을 확보하기 위해 법령이 정해놓은 각종의 불이익조치들을 말한다(행정기본법 제30조 이하 참조). 행정강제는 직접적 강제수단인 행정상 강제집행, 즉시강제와 간접적 강제수단인 행정벌, 기타 수단(과징금, 공표)으로 구성된다.

II 행정상 강제집행

행정상 강제집행이란 행정법상 의무가 이행되지 않는 경우에 그 의무를 이행시키기 위해 가해지는 장래를 향한 수단을 말한다. 행정상 강제집행의 체계는 개별적으로 강제집행의 절차를 정하는 근거법률로 구성된다. 행정상 강제집행에는 이행강제금, 대집행 등이 있다.

1. 이행강제금

이행강제금이란 행정법상 의무를 이행하지 않는 경우 그 이행을 강제하기 위해 부과하는 금전부담을 말한다.[202] 이행강제금은 대집행과 선택적 관계에 있다. 예를 들어 불법건축물 철거명령을 내렸으나 철거하지 않은 경우 대집행을 통해 직접 건물을 철거할 수도 있지만, 건축주가 자진 철거할 때까지 금전적 불이익인 이행강제금을 과할 수도 있다.

이행강제금은 금전적 불이익을 가한다는 점에서 행정벌과 비슷하다. 그러나 현재 위반되고 있는 의무를 장래를 향해 이행시키려는 수단이라는 점에서 집행벌로 분류되고, 과거에 있었던 의무위반에 제재를 가하는 행정벌과 그 목적에서 구별된다. 이행강제금부과처분에 불복하는 경우 법조문에 따라 취소소송을 하거나 비송사건절차에 따라 다툴 수 있다.

주요판례 대법원 2010. 8. 19. 선고 2010두8027 판결.

건축물대장 기재사항의 변경신청의무 위반 건축물이 개정된 건축법에 의해 용도변경신고의 대상이 된 사안에서 그 소유자에 대하여 용도변경신고의무 위반을 이유로 행정청이 두 차례 시정명령 후 이행강제금을 부과한 처분이 적법하다고 본 판례.

도입사례 23-1의 해결

행정공무원은 갑에게 이행강제금을 부과하여 금전적 부담을 줌으로써 갑이 자진하여 불법건축부분을 철거를 하도록 유도할 수 있다. 대집행절차인 강제철거와 이행강제금은 선택적 관계에 있으며, 이행강제금은 여러 차례 반복하여 부과할 수 있다.

주요 키워드 행정강제, 행정상 강제집행, 이행강제금, 이행강제금과 대집행의 관계

202) 김동희 · 최계영, 행정법 I, 473면.

2. 대집행

>> 도입사례 23-2

도시계획도로의 개설로 토지와 주택이 수용된 갑은 주택에 대해 철거명령을 받았으나 이사를 하지 않고 버티고 있다. 결국 대집행이 계고되고 철거반원들이 왔지만 갑은 집을 비워줄 생각이 없어 보인다. 철거반원들은 갑의 점유를 강제로 배제시킬 수 있는가?

(1) 대집행의 의의

대집행이란 일반적 행정법규에 의해 철거명령, 시정명령 등 대체적 작위의무가 부과되었으나 자발적인 이행이 없을 때 행정청이 이를 스스로 행하거나 제3자로 하여금 이를 행하게 하고 그 비용을 의무자로부터 징수하는 행위를 말한다. 대집행은 '대체적 작위의무' 위반에 대한 강제수단이므로 의무불이행자의 의무가 대체적 작위의무인지 여부에 따라 대집행이 적용될 수 있는지 여부가 결정된다. 실무상 대집행의 권원 속에 명도를 명하는 하명이 포함되는지 문제되고 법원은 이를 부인하는 것으로 해석되고 있다.[203)]

주요판례 대법원 1998. 10. 23. 선고 97누157 판결.

도시공원시설 점유자의 퇴거 및 명도의무는 대체적 작위의무에 해당하는 것이 아니어서 행정대집행에 의한 대집행의 대상이 되지 않는다는 판례.

(2) 대집행의 절차

대집행의 계고, 대집행영장에 의한 통지, 대집행의 실행, 대집행에 필요한 비용의 납부명령으로 구성된다.

---

203) 대법원 1998. 10. 23. 선고 97누157 판결.

(3) 대집행에 대한 항고소송

1) 처분성

대집행의 계고와 대집행영장에 의한 통지는 준법률행위적 행정행위에 해당하며 독립하여 취소소송의 대상이 된다. 또한 대집행에 필요한 비용의 납부명령은 행정행위로서 취소소송의 대상인 처분이다.

2) 소의 이익

대집행 계고에 대해 취소소송을 할 때 법원은 대집행이 이미 실행되었다면 대집행의 계고를 취소할 법률상 이익이 없다고 보고 소의 이익이 없음을 이유로 각하판결을 내린다[204]. 따라서 의무자로서는 항고소송을 제기하면서 집행정지신청을 하여 대집행 실행을 막을 필요가 있다.

3) 하자의 승계

통설·판례에 의하면 철거명령과 대집행 절차는 별개의 법적 효과를 발생시키는 행위이므로 철거명령의 하자가 대집행 절차를 이루는 각 행위에 승계되지 않는다. 단, 철거명령이 무효이면 대집행 절차를 이루는 행위도 그 법적 기초를 상실하므로 대집행 요건 위반으로 무효가 된다.

한편 대집행절차를 이루는 대집행의 계고, 대집행영장에 의한 통지, 대집행의 실행, 대집행에 요한 비용의 납부명령은 그 네 개의 행위가 하나의 법적 효과를 목적으로 하므로 선행처분의 하자가 후행처분에 승계된다는 것이 통설·판례이다.

주요판례 대법원 1996. 6. 28. 선고 96누4374 판결.

법령에 유형적 결과의 시정을 명하는 행정처분의 권한을 인정하는 규정이 없는 한, 부작위의무로부터 결과 시정을 위한 작위의무를 당연히 끌어낼 수는 없으므로 원상복구명령은 권한 없는 자의 처분으로 무효가 되며 후행처분인 계고처분 역시 무효라는 판례.

204) 대법원 1993. 6. 8. 선고 93누6164 판결.

도입사례 23-2의 해결

대집행절차에 따라 대집행의 계고 및 대집행영장에 의한 통지가 있었다면 대집행의 실행이 가능하다. 다만 판례에 따르면 명도의무는 대체적 작위의무에 해당하는 것이 아니므로 철거반원들은 갑의 점유를 배제할 수 없고 사전에 별도의 민사소송을 제기해야 한다.

주요 키워드 행정강제, 행정상 강제집행, 대집행, 대집행의 절차

Ⅲ 즉시강제

즉시강제란 행정법에 따른 의무를 위반한 자에 대해 시간적 여유를 갖고 의무이행을 명할 수 없는 경우에 이루어지는 강제집행을 말한다. 예컨대 불법주차 견인, COVID-19 감염자 격리 등이 있다.

Ⅳ 행정벌

행정벌이란 과거에 있었던 행정법상 의무위반에 대한 제재적 목적을 가지는 행정강제수단을 말한다. 불이행된 의무를 이행시키는 것을 직접적 목적으로 하지 않는다는 점에서 앞의 행정강제와 구별된다.

1. 형벌(행정형벌)

벌금 등 행정형벌은 원칙적으로 법원이 부과하므로 이를 취소소송으로 다툴 수 없다. 국가에 의해 형벌권이 발동되는 사례 중에 많은 부분이 행정법규에 위반된 자들에 대한 형사처벌이다. 따라서 행정법에 대한 정확한 이해가 없으면 행정형벌의 범죄구성요건을 이해하기도 매우 어렵다.

2. 과태료(행정질서벌)

과태료는 행정청이 부과하는 처분이므로 이를 다투기 위해서는 원칙적으로 과태료부과처분 취소소송을 해야 하지만, 종래에는 개별법에 비송사건절차법에 의하도록 별도의 규정을 두고 있었다. 현재는 과태료부과절차와 불복에 대한 일반법으로 질서위반행위규제법이 제정되어 있으며, 이에 의해 과태료에 대한 재판에는 비송사건절차법이 준용된다(법 제28조).

주요판례 헌법재판소 2003. 7. 24. 2001헌가25 전원재판부 결정.

행정기관인 공정거래위원회로 하여금 부당내부거래를 한 사업자에 대하여 부과할 수 있도록 한 과징금은 국가형벌권의 행사인 '처벌'에 해당하지 않으므로 형사처벌과 아울러 과징금의 병과를 예정하고 있어도 이중처벌금지원칙에 위반하지 않는다는 판례.

저자 소개

- 서울대학교 법과대학과 동대학원 졸업(법학박사)
- 서울대학교 법학전문대학원 원장

저 서

- 행정법 입문, 피데스, 2022.
- 건설법 입문, 피데스, 2021.
- 건설법의 이해, 피데스, 2018.
- 새로운 재건축 · 재개발이야기(2인 공저), 도시개발연구포럼, 2010.
- (법학자의 눈으로 본) 도시와 건축, 피데스, 2010.
- 생활속의 건축법, 피데스, 2005.

주요활동

- 중앙토지수용위원회 위원(2016~2019. 8.)
- 국민권익위원회 위원(2014~2017)
- 한국토지주택공사 미래계획위원회 위원(2014. 10.~2016. 9.)
- 서울대학교 건설법센터장(2011~)
- 행정법이론실무학회장(2012)
- 변호사시험(제1회) 출제위원(2012)
- 국무총리행정심판위원회 위원(2008)
- 법무부 행정소송법 개정위원회 위원(2006)

행정법 入門(제3판)

3판 1쇄 발행 2022년 9월 7일

저 자 김 종 보
펴낸이 신 창 동
펴낸곳 fides 도서출판
주 소 서울 관악구 봉천로 485 삼우B/D 3층
전 화 (02)876-2246
팩 스 (02)876-2237
홈페이지 cafe.naver.com/fidesbook
e-mail fidesbook@naver.com
등 록 1997년 11월 28일, 제320-2001-44호

ISBN 978-89-6479-576-7 93360
정 가 20,000원